CONTRATACION INTERNACIONAL

JOSE LUIS ROCA AYMAR es licenciado en Derecho y Letrado del Consejo Superior de Cámaras de Comercio, Industria y Navegación de España. Ha cursado estudios de especialización en arbitraje, en la Cámara de Comercio Internacional de París.

Abogado, Miembro de la Unión Internacional de Abogados y desde 1993, ponente español en su comisión de Arbitraje Comercial. Es miembro de la International Association of Lawyers y miembro fundador del Foro de la Abogacía.

Actualmente es profesor de Empresa Multinacional en la Facultad de CC.EE. y EE. de ICADE; profesor de Contratación y Arbitraje Internacional en la especialidad de Comercio Exterior del MBA del Instituto de Empresa de Madrid; profesor del área legal internacional en el Máster de Dirección en Comercio Internacional de ESIC; profesor de contratos internacionales en CECO y en ICADE.

Además, es Académico Correspondiente de la Real Academia de Jurisprudencia y Legislación y Secretario General de la Corte Española de Arbitraje.

José Luis ROCA AYMAR

CONTRATACION INTERNACIONAL

Ediciones Mundi-Prensa
Castelló, 37 • 28001 Madrid
1994

Depósito legal: M-9.572-1994
ISBN: 84-7114-473-5

Libro coeditado con:

CRISA, Serrano, 191. 28002 MADRID
Telf.: 562 80 00 - Fax: 562 72 82

IMPRESO EN ESPAÑA - PRINTED IN SPAIN

artes gráficas palermo, s.l. - cno de hormigueras, 175 nave 11 - 28031 madrid

INDICE

I.- Introducción a la contratación internacional, 9

I.1 Importancia del contrato en las transacciones comerciales internacionales: problemas que surgen en la contratación, 9

I.2 Noción y caracteres principales del contrato internacional, 15

I.3 Modalidades de contratos, 16

I.4 Etapas del contrato internacional, 19

I.5 Formación del contrato: oferta y aceptación, 21

I.6 Negociación y contratos, 24

II.- Radiografía de un contrato de compraventa internacional, 29

II.1 Introducción, 29

II.2 Concepto, 30

II.3 Naturaleza jurídica, 31

II.4 Requisitos fundamentales, 32

II.5 Elementos básicos, 33

II.6 Comentarios al clausulado, 36

III.- Contratos de intermediación comercial, 57

III.1 Introducción, 57

III.2 Conceptos: representación, agencia, comisión, distribución y franquicia, 58

III.3 Características generales, 63

III.4 Clases de contratos de intermediación, 66

III.5 Directiva 86/653 de 18 de diciembre de 1986 y Ley española de 27 de mayo de 1992, sobre contrato de agencia, 67
III.6 Clausulado convencional: la responsabilidad por daños de productos defectuosos, 74
III.7 Contrato de franquicia y el derecho de la competencia, 98

IV.- Contratos de cooperación empresarial: transferencia de tecnología, 117
IV.1 Introducción, 117
IV.2 Concepto y precisiones, 119
IV.3 Características generales, 120
IV.4 Modalidades, 120
IV.5 Cesión de tecnología como vía de implantación en mercados exteriores, 123
IV.6 Clausulado estandard, estructura del contrato y sus claúsulas, 126

V.- Resolución de conflictos internacionales: arbitraje comercial, 133
V.1 Introducción, 133
V.2 Factores de riesgos más usuales, 135
V.3 Recomendaciones para prevenir posibles controversias, 140
V.4 El recurso a Tribunales de Justicia, 142
V.5 Jurisdicción arbitral: Ley de 5 de diciembre de 1988 y adopción de medidas cautelares, 145

VI.- Conclusión del negocio: éxito o fracaso, 165

VII.- Anexos, 169

I.- INTRODUCCION A LA CONTRATACION INTERNACIONAL

I.1. IMPORTANCIA DEL CONTRATO EN LAS TRANSACCIONES COMERCIALES INTERNACIONALES

Nadie discute hoy la importancia de operar en el comercio internacional. El mayor valor añadido de las exportaciones, la apertura y complementariedad de los mercados, y la internacionalización de la empresa española, son ya realidades. Como lo es también, el Mercado Unico, desde el 1 de enero de 1993, y el Espacio Económico Europeo a partir del primero de enero de 1994.

En este contexto de competitividad creciente y de mayor complejidad de las transacciones, se incrementan paralelamente los litigios al aumentar los riesgos e incertidumbres.

Por ello, si cabe hoy más que nunca, la importancia del contrato es fundamental. Un contrato claro y conciso, al igual que una oferta o un pedido, evitarán ulteriores complicaciones que pongan en peligro la colaboración comercial, entre los sujetos que intervinieron en el negocio.

Para operar en comercio exterior, además de tener diseñados los productos y elegidos los mercados a donde se van a comercializar, bajo unas marcas que los prestigien, además, de contar con una red de asistencia y postventa que los garanticen, requerirá la formulación de unos contratos idóneos, tras una negociación inteligente.

La noción de mercantilidad, como es bien sabido, implica la obtención de un cierto equilibrio de las prestaciones, que permitan a los operadores económicos la obtención de sus legítimas ganancias.

En la esfera mercantil doméstica, un gran porcentaje de negocios se realiza sin contrato formal o con un acuerdo escrito que describe los términos y condiciones de la operación, en una forma y contenidos muy genéricos.

En caso de conflicto, la práctica más tradicional y corriente es intentar un arreglo entre las partes implicadas. Incluso, en ocasiones, se recurrirá directamente a los tribunales de justicia.

En el ámbito comercial internacional, cuando dos empresas tienen relaciones que proceden de hace tiempo, o cuando las dos fueron presentadas por una tercera de confianza recíproca, no se creerá imprescindible un detallado contrato por escrito.

Cuando el negocio se enturbie por diferencias importantes, antes de acudir a procesos judiciales, es probable que intenten un arbitraje para poner fin a la controversia que les separa. Antes de romper los vínculos comerciales, se intentará la solución arbitral.

Desde el pragmatismo empresarial más vale un acuerdo de compromiso que un brillante litigio, ante el riesgo de perderse un cliente valioso para siempre.

Los hábitos y culturas de las empresas, así como factores del entorno legal, económico y sociopolíticos donde actuan, pueden condicionar la estrategia y la táctica con la que desarrollen sus transacciones comerciales. Bien en el ámbito nacional o doméstico, bien en la vertiente exterior o internacional.

Sin embargo, nadie pone en cuestión la evolución y globalización de los mercados. Es también una preferencia culturalmente determinada, la aversión hacia los pleitos, llegando a considerarse como causa de verguenza para las partes implicadas en ir de antemano a los tribunales, a través de procesos judiciales largos, costosos y complejos. Sería el caso de las compañías japonesas, por ejemplo.

Cada vez es mayor el número de los Estados o empresas públicas que operan en el ámbito del derecho económico y comercial, contratando formalmente con empresas privadas y sometiéndose a arbitrajes. La honestidad de los árbitros y la confianza de las partes por esta vía paccionada, cada vez es mayor, con la creciente expansión y liberalización del comercio y los servicios en el mundo, se va imponiendo imperativamente contratar a través de acuerdos claros y precisos, cubriendo las posibles contingencias que puedan surgir en el desarrollo y ejecución de las transacciones comerciales.

A pesar de la mayor utilización por la vía de las condiciones generales de carácter contractual en el comercio internacional, siguen surgiendo cierta cantidad de problemas, sobre todo en empresas de escasa cultura exportadora y de limitadas experiencias en el ámbito mercantil exterior.

Las funciones de prevención de conflictos comerciales internacionales, proporcionando publicaciones y evacuando consultas, administrando y gestionando procedimientos de arbitraje, tanto en derecho como en equidad o eminentemente técnicos, son algunos de los servicios que prestan las Cortes, Centros o Tribunales Permanentes de arbitraje.

En España, el primero fue la Corte Española de Arbitraje, creada en febrero de 1982, en virtud de un Real Decreto de 22 de Mayo de 1094. Como servicio adscrito al Consejo Superior de Cámaras de Comercio, tiene acuerdos de colaboración con organismos empresariales y profesionales, entre los que destacan el de cooperación con la CEOE, y con la American Arbitration Association. Desde entonces, viene contribuyendo al desarrollo del arbitraje en nuestro país, como fue su decisiva aportación científica al cambio de la legislación arbitral derogándose, la que databa de 22 de diciembre de 1953, por la vigente Ley de 5 de diciembre de 1988, de arbitraje tanto doméstico como internacional.

PROBLEMAS QUE SURGEN EN LA CONTRATACION

Dado lo complejo de la realidad mercantil actual y del incremento de las transacciones comerciales, se multiplican los problemas y riesgos.

Al evaluar los riesgos, por ejemplo de productos agrícolas en cuanto a las medidas sanitarias o fitosanitarias, se deberán tener en cuenta: los testimonios científicos existentes; los procesos y métodos de producción pertinentes; los sistemas de inspección correspondientes, muestreo y prueba; las condiciones ecológicas y ambientales pertinentes y otras.

En general, como posibles riesgos que pueden surgir en el comercio exterior, se pueden concretar en ciertos supuestos:

1) Cuando el importador o exportador, nacional o extranjero, no están familiarizados con la utilización de contratos formales, tienden a llevar los asuntos a su práctica nacional de operar sin contratos.

2) Cuando cualquiera de ambas partes han recurrido sistematicamente a reproducir determinados contratos modelos, que circulan irregularmente por circuitos más teóricos y académicos que prácticos, sin estar conectados con la realidad del sector.

3) Cuando tampoco tienen experiencia con la utilización de contratos, o cuando por diversas razones, el contenido del mismo no puede ser tan específico, como sería de desear, para evitar conflictos.

En definitiva, pueden surgir problemas y riesgos que afecten al contenido obligacional, a la calidad de los productos y servicios, diferencias entre la mercancía solicitada y la revisada, demoras, embalajes incorrectos, o simple deseo del vendedor de cancelar o modificar el contrato, por razones de incremento en el costo de las materias primas.

Se plantea la importancia de las denominadas *informaciones precontractuales,* tan típicas de los sistemas jurídicos anglosajones. En los contratos de franquicia se pueden ver éstas, como por ejemplo en la legislación federal norteamericana existente. Se pretende, a través de ellas, reducir los posibles abusos y estafas a la parte teoricamente más débil. En este ejemplo, sería el franquiciado frente al omnipotente y poderoso franquiciador.

Otros temas referentes a cuestiones financieras y de solvencia económica y comerciales, como el control de calidad, gestión de stocks, sistemas de pedidos, devoluciones, cobros y pagos, constituyen puntos sensibles que deberán aclararse antes de que se suscriba el contrato. La responsabilidad civil por productos defectuosos que hayan producido lesiones a terceros consumidores, la ley aplicable al contrato, los tribunales o el arbitraje, deberán contemplarse previamente y pactarse punto por punto.

Por otra parte, los conflictos que surgen estrictamente de costumbres comerciales y sociales —pueden evitarse por medio de:

a) La utilización de una empresa comercializadora o "trading", familiarizada con los mercados extranjeros donde se vayan a vender las mercancías.

b) La inclusión de cláusulas en el contrato, que contemplen contingencias tales como cambios en las normas del país del importador.

c) La utilización eventual de acudir a un procedimiento arbitral más rápido que el judicial tradicional, que permita a las partes dirimir definitivamente sus controversias contractuales, al haberse incluido en el contrato un convenio arbitral válido.

Además, problemas de cómo proteger a través de la confidencialidad el know-how que se utilizará, cuestiones derivadas de las diferentes costumbres comerciales y sociales que afecten a los contratos, pueden variar mucho de un país a otro.

Algunos operadores tienen la misma adversión hacia documentos legales detallados y litigios, que muestran, por ejemplo, las firmas del mercado nacional japonés. No obstante, las grandes compañias están acostumbradas a manejar contratos redactados en inglés, y preparados según las normas legales internacionales.

En otros países, por el contrario, pueden plantearse problemas si se especifica con demasiada claridad, las cantidades expresadas en el contrato, debido a la reducción e interpretación de las leyes tributarias. Los cambios en los contratos producen también serias dificultades en sus normales desarrollos y cumplimientos. El incremento del coste en la producción, la modificación de las condiciones relativas al precio de la mercancía, pueden ser factores que desestabilicen la normalidad contractual. Pero existen sistemas para evitarlos, como se verá al tratar la compraventa, y en los contratos de intermediación, así como recomendaciones para prevenir controversias en general.

La experiencia nos demuestra que podrán surgir problemas más frecuentemente, cuando una empresa con menos experiencia concluya un acuerdo relativamente informal, para una transacción de escasa cuantía. En estas ocasiones, las dos partes suelen tender a no adoptar las necesarias precauciones de preparar eficientemente un contrato que evite el mayor número de riesgos.

Por tanto, se sugiere operar con criterios de prudencia, dejándose aconsejar por el experto asesor legal.

En el contexto actual se pueden constatar las siguientes realidades:

1.- El incremento de las operaciones comerciales internacionales. Con el nuevo Tratado del GATT, de 1994, se liberalizan los servicios globalmente unido a las mercancias y productos en general.

2.- La tendencia creciente del carácter público de la economía, al ser partes de un contrato los Estados o algunas empresas públicas.

3.- La pluralidad y complejidad científico-técnica, aplicada al desarrollo de los contratos, y no sólo al objeto de los mismos.

4.- La multiplicidad de culturas y sensibilidades de los diferentes sistemas legales, que condicionan en cierta medida el resultado de los procesos.

5.- La utilización del arbitraje para prevenir y resolver conflictos, en el ámbito mercantil nacional e internacional.

6.- La colaboración en alza entre árbitros y jueces estatales, garantía suprema del arbitraje, otorgando seguridad en la ejecución de los laudos o sentencias arbitrales.

Por otra parte, varios son los hechos que vienen a confirmar el valor estratégico del contrato, en la globalidad de la transacción comercial internacional:

1.- La pluralidad de sistemas jurídicos que coexisten en la actualidad. Desde el derecho continental o codificado, hasta el derecho islámico basado en el Corán, pasando por el derecho angloamericano que tiene como referencia el precedente.

2.- La diversidad de usos y costumbres comerciales que conforman la denominada LEX MERCATORIA. En este sentido, cabe citar la contribución de la Cámara de Comercio Internacional (CCI), sistematizando prácticas comerciales como las relativas a las reglas y usos uniformes para el pago de las transacciones, las relativas a las garantías contractuales o los propios INCOTERMS.

3.- La carencia de una legislación contractual internacional, de aplicación universal, que rigiera el contenido obligacional con plenas garantías.

4.- La inexistencia de una instancia o tribunal mercantil, en el ámbito del derecho privado, con carácter internacional, que resolviese con prontitud los litigios.

Finalmente, deberá tenerse en cuenta, que toda transacción girará sobre los siguientes principios:

— La buena fé, que se presume, salvo prueba en contrario.

— La diligencia de un buen comerciante.

— La autonomía de la voluntad de las partes.

Sin embargo, existen excepciones aplicables a esa libertad de pactos como son el orden público, la moral y las buenas costumbres.

La excepción de orden público sólo podrá invocarse cuando se plantee una amenaza verdadera y suficientemente grave para uno de los intereses fundamentales de la sociedad.

I.2 NOCION Y CARACTERES PRINCIPALES DEL CONTRATO INTERNACIONAL

Se afirma, y con razón, que existen tantas clases de contratos como operaciones se dan en el marco de las transacciones internacionales.

Previamente debemos recordar la noción de contrato y sus caracteres, con independencia del marco legislativo en el que se encuadre la operación comercial.

Contrato: Acuerdo de voluntades, anteriormente divergentes, por virtud del cual las partes crean, modifican y extinguen una relación jurídica de carácter patrimonial, teniendo las mismas sus domicilios o residencias en estados distintos.

Nuestro Derecho, en su artículo 1.254 del Código Civil establece que: "El contrato existe desde que una o varias personas consienten en obligarse respecto de otra u otras, a dar alguna cosa o prestar algún servicio".

Caracteres principales

— Exige una pluralidad de partes, que presten consentimiento.

— Su objetivo es dar vida, modificar o extinguir una relación.

— Relación jurídica, es decir, protegida por el Derecho.

— Debe tener carácter patrimonial.

I.3 MODALIDADES DE CONTRATOS

De la rica doctrina tradicional que configuran las numerosas clasificaciones en torno a los contratos, veamos las más usuales y de interés general:

A) *Por la autonomía de la voluntad,* en función de los límites de la misma.

— *De adhesión:* En los que el contenido es obra de una de las partes, aceptando o adhiriendose la otra al esquema y condicionado prefijado unilateralmente. Ejemplos: leasing, factoring y franchising.

— *Normados:* Los contratantes solo pueden establecer sus condiciones dentro de unos límites por el poder público, en vista de la función social del respectivo contrato. Ejemplos: contratos laborales, arrendamiento rústico y urbano.

B) Por la naturaleza de sus vínculos

— *Unilaterales:* Los que solo originan obligación para una sola de las partes. Ejemplo: donación, en principio.

— *Bilaterales o sinalagmáticos:* Los que crean obligaciones recíprocas para las partes. Ejemplo: compraventa.

C) Por su finalidad

— *Onerosos:* Aquellos en los que cada parte aspira a obtener un beneficio mediante su equivalente prestación. Ejemplo: compraventa.

— *Gratuitos o lucrativos:* En los que no existe contraprestación ni precio. Ejemplo: donación.

Normalmente, los contratos onerosos son a su vez bilaterales y los gratuitos unilaterales.

D) Por la forma del contrato

— *Consensuales:* Se perfeccionan por el mero acuerdo de voluntades. Ejemplo: El mandato.

— *Reales:* Además del consentimiento, precisan la entrega de la cosa por una de las partes, o por ambas. Ejemplo: El depósito.

— *Solemnes:* Los que precisan forma reglada para su celebración. Ejemplo: Adquisición de inmuebles.

E) Por su naturaleza

— *Preparatorios:* Son los que crean un estado necesario y aplicable a la celebración de otros contratos. Ejemplo: Contrato de sociedad.

— *Principales:* Los que cumplen por si mismos un fin contractual propio, sin relación con ningún otro contrato. Ejemplo: contrato de arrendamiento.

— *Accesorios:* Los que solo existen por consecuencia o en relación con otro contrato anterior. Ejemplo: subarriendo.

F) Por su ejecución

— *De tracto único:* Ejecución única e instantánea. Ejemplo: compraventa, al contado.

— *De tracto sucesivo:* Cuya prestación ha de ser realizada de modo continuado. Ejemplo: Suministro.

G) Por su regulación legal

— *Típicos o nominados:* Regulados en Códigos o Leyes. Ejemplo: contrato de comisión.

— *Atípicos o innominados:* Carecen de regulacion codificada o tipificación. Ejemplo: contrato de distribución.

H) Por la naturaleza de los bienes

— *Agropecuarios:* Los que tienen por objeto productos perecederos de esa clase, bien para el destino animal o bien para el consumo humano. Ejemplo: exportación de cítricos.

— *Industriales:* Aquellos cuyos objetos requieran la denominación y homologación correspondiente. Ejemplo: exportación de bienes de equipo.

I) Por la nacionalidad de las partes

— *Domésticos:* Realizados por partes con domicilio o residencia en un mismo Estado.

— *Internacionales:* Cuando las partes tengan sus domicilios o residencias en Estados distintos, o por la localización del objeto, o por el lugar de celebración o ejecución.

TIPOS DE CONTRATOS

EN FUNCION DE LA AUTONOMIA DE LA VOLUNTAD →	DE ADHESION NORMADOS
POR SUS VINCULOS →	UNILATERALES BILATERALES
POR SU FINALIDAD →	ONEROSOS GRATUITOS
POR LOS REQUISITOS PARA SU FORMALIZACION →	CONSENSUALES REALES SOLEMENES
POR SU NATURALEZA E INDENPENDENCIA →	PREPARATORIOS PRINCIPALES ACCESORIOS
POR SU EJECUCION →	TRACTO UNICO TRACTO SUCESIVO
POR LA REGULACION LEGAL →	TIPICOS O NOMINADOS ATIPICOS O INNOMINADOS
POR LA NATURALEZA DE LOS PRODUCTOS O SERVICIOS →	AGRO-PECUARIOS INDUSTRIALES
POR LA NACIONALIDAD DE LAS PARTES →	DOMESTICOS O NACIONALES INTERNACIONALES O CON EL EXTRANJERO

I.4 ETAPAS DEL CONTRATO INTERNACIONAL

En el ámbito mercantil, cuando dos o más operadores ponen en marcha una serie de transacciones y negocios, deben resumir sus posiciones respectivas en un contrato.

El conjunto de pactos conteniendo los derechos y obligaciones de cada parte, se enmarcan en el contrato.

Previamente, ha tenido lugar un cruce de informaciones comerciales, financieras y, en ocasiones, hasta tecnológicas. Documentos de carácter preliminar como la factura PROFORMA, PRECONTRATO, PROMESA UNILATERAL DE VENTAS o simple CARTA DE INTENCIONES, son ejemplos.

En la génesis de todo contrato, conviene conocer cuales son sus etapas hasta que, por voluntad de las partes y previa negociación de sus condiciones recíprocas, entra en vigor obligando a las partes a su cumplimiento.

De lo contrario, la ignorancia de las leyes no excusa de su cumplimiento. Difícilmente se podrá construir y redactar un buen contrato, claro y conciso, si se desconocen los pasos previos que deben darse para su existencia correcta y natural regulación.

A menudo, los pleitos suelen ser el resultado de lagunas, términos equívocos e indefiniciones de carácter contractual. Surge el debate, verdadero núcleo de todo pensamiento conflictual. Es frecuente que con el debate, atacamos las ideas que existen en lugar de plantear otras nuevas. Se buscan culpables en lugar de soluciones.

Un contrato irregular e imperfecto propicia esta dinámica, que a toda costa hay que evitar. El resultado que en la práctica puede darse será, sin duda, negativo para la colaboración comercial de las partes en el negocio que las unía hasta entonces. La ruptura y divorcio, propiciado por discusiones a la hora de interpretar y ejecutar un contrato, pondrá fin a aquella cooperación fructífera.

Además, debe tenerse presente que la firma de contratos no sólo vincula directamente a quienes lo suscriben, sino que podrán crear consecuencias a terceros. La figura del tercer adquiriente de buena fé, surge confirmando tal aseveración.

De igual manera, recuérdese que es nula la interpretación de parte de un contrato. Unicamente el juez o el árbitro competente, podrán colmar lagunas e interpretar el mismo. En el caso de arbitraje, conviene especificar por escrito en la cláusula o convenio, esta misión y competencia que podrá asumir el árbitro..

Concluyamos estos breves comentarios, reconociendo que un contrato no está formado exclusivamente por términos legales. Aspectos económicos como el precio y la forma de pago, cuestiones científico-técnicas, como rendimientos y tolerancias de equipos y materias primas, homologaciones, y hasta temas de financiación, y de naturaleza comercial, constituyen el entramado normativo del contrato. Una traducción de esta compleja realidad, debe poner énfasis en los tecnicismos vertidos frente aspectos estrictamente comerciales. No siempre se corresponden estos con aquellos, al moverse en universos distintos.

Pensemos, por ejemplo, que desde el punto de vista de un marketiniano, el agente es un representante del exportador. Jurídicamente, si es agente no es representante y viceversa. El lenguaje legal, no siempre se corresponde con el puro comercial. Consultar al experto, en cada caso que se considere oportuno, será no sólo prudente sino lo profesional.

Analicemos, seguidamente, de forma resumida el "iter" de todo contrato hasta su entrada en vigor.

Como principales *etapas del contrato internacional,* comunes a todo contrato en general, se pueden observar las siguientes:

1) *Preparatoria,* de los actos que conforman la base del futuro contrato, es decir, el conjunto de antecedentes que servirán para crear obligaciones y derechos.

2) *Formación,* del contrato por la coincidencia de voluntades de las partes, perfeccionándose la relación jurídica constituida por aquellas. Conjunción, en definitiva, de la oferta y su aceptación.

3) *Ejecución,* de los derechos y obligaciones del contrato, que previamente se perfeccionó y, ahora entra en vigor, desarrollando las prestaciones que constituyen su contenido obligacional.

Esta secuencia cronológica de etapas en la creación del contrato, tiene su punto clave en la conjunción de la oferta y de la declaración de su aceptación o consentimiento sobre la causa, que constituye el contrato, en sí.

I.5 FORMACION DEL CONTRATO: OFERTA Y ACEPTACION

Como se ha anticipado, el mero concurso de la oferta con la declaración de aceptación se denomina formación de un contrato.

Conviene conocer lo más exactamente posible, como se descompone y cuales son las *fases de la declaración unilateral de voluntad,* de quien emite la oferta u oferente.

1) *Manifestación*, del oferente en querer llevar a cabo un contrato en base a su manera de concebir la oferta. Por tanto, existe un elemento volitivo y del intelecto, respectivamente, en la esfera interna. Pero deberá hacerla patente al futuro comprador, proyectándola para que la conozca en todo su contenido y así pueda aceptar o no, las condiciones que haya contemplado en dicha oferta.

2) *Comunicación*, que deberá ser válida y completa a fin de que llegue a su destinatario y pueda pronunciarse con suficientes elementos de conocimientos, frente a posibles competidores. Los sistemas de comunicación ofimáticos y telemáticos usuales, juegan un papel transcendental. La revolución tecnológica en esto campos hace, que el reconocimiento legal de los mismos tenga un considerable desfase en la actualidad.

Acudir a la jurisprudencia de cada país, para conocer el alcance y los efectos de estas medidas de transmisión de documentos e informaciones, suele ser conveniente.

3) *Conocimiento,* en todo su contenido y extensión, recepcionándolo de tal manera que su eventual discusión a posteriori, no plantee el inicio de un pleito. Una vez más, se confirma la vital importancia de su localización, autentificación y medio de prueba para demostrar o no la recepción, con sus problemas, del contenido de la oferta.

4) *Comprensión,* es el resultado decisivo en todo este proceso de formacion de un contrato, máxime cuando las partes

operan a miles de kilómetros de distancia. La buena fe se presume, salvo prueba en contrario. No obstante, el destinatorio de la oferta tendrá que saber el contenido de esta y su eventual aceptación deberá coincidir con todos los puntos ofertados. Mal podría conocer, si previamente no ha comprendido la oferta en toda su extensión. Téngase presente en la práctica siempre, esta afirmación.

PROCESO CIRCULAR EN LA FORMACION DE UN CONTRATO

OFERTA - ACEPTACION

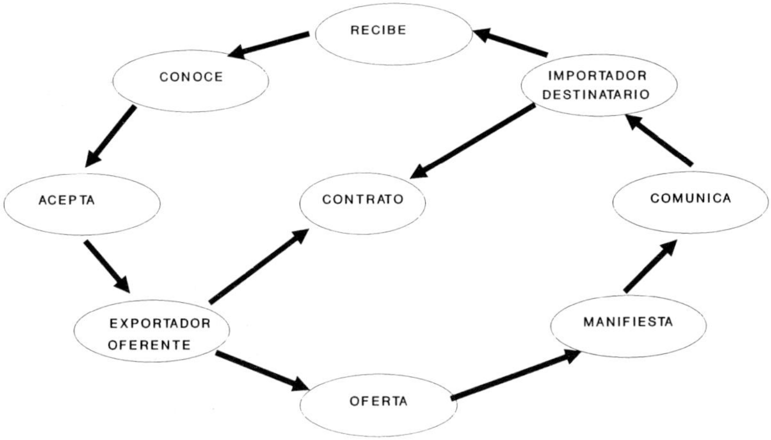

Con este diseño del denominado proceso estructural circular, pretendemos visualizar esquemáticamente las diversas fases que determinan la formación de un contrato.

a) Se inicia con la declaración del oferente —futuro exportador— dirigida al destinatorio —futuro importador—.

En la primera elipse, se encuentra el contrato y, en la segunda, se describe el proceso circular de formación del contrato.

b) Con la manifestación o exteriorización del contenido de la oferta y su comunicación al destinatario, se parte del desarrollo en la segunda elipse.

Su trayectoria continúa con la recepción y el conocimiento hasta la aceptación por el destinatario, quien la transmite al oferente, cerrando el proceso de formación del contrato al coincidir la oferta con la declaración de aceptación, en todos sus extremos.

En resumen, entendemos por oferta la que emite el oferente declarando su intención de cerrar un contrato. La naturaleza de esta declaración de voluntad es recepticia. Para ser válida no será suficiente con que se comunique, sino que además deberá llegar al interesado en todos sus extremos.

Existen diversos tipos de ofertas. La denominada en firme o irrevocable, que no podrá variarse su contenido. La oferta indivisible, que no se fraccionará. La oferta indicativa, a título de ensayo o muestra. También pueden ser individuales realizadas a comerciantes, a empresas o sociedades o, incluso, al público de manera genérica.

La aceptación, supone una declaración del destinatario que confirma su interés por todo el contenido expresado en la oferta, para llegar a concluir un contrato o transacción comercial, industrial o de servicios. Deberá al menos, coincidir en lo que la doctrina denomina "elementos esenciales": Descripción del producto o del servicio, precio, forma de pago, calidades, condiciones de suministro y garantías.

Teniendo en cuenta la pluralidad de derechos existentes en el concierto mundial, el valor del silencio o falta de respuesta a una oferta puede ser distinta de un sistema legal a otro. Por ejemplo, en algunas legislaciones se exige la respuesta escrita negativa para que deje de vincular judicialmente al destinatorio con el oferente que formuló la oferta.

Desde el plano jurídico, tanto la oferta como su declaración de aceptación, requerirán unas condiciones previas para su validez y eficacia.

— CONDICIONES DE LA OFERTA

1) Expresará la voluntad de obligarse con el destinatario de la oferta, en los términos establecidos en esta. Tendrá naturaleza receptiva.

2) Fijará con claridad todos los elementos, tanto esenciales como accesorios.

3) Sin formalidad especial, salvo que lo exija la ley, o se pacte por las partes.

— CONDICIONES DE LA DECLARACION DE ACEPTACION

1) Implicará la voluntad de contratar con carácter definitivo, siendo también de naturaleza receptícia.

2) Deberá coincidir, en todos los términos, con los manifestados en la oferta.

3) Carecerá, igualmente, de formalidad o solemnidad alguna, salvo las excepciones precitadas en relación con las condiciones de la oferta.

4) Deberá efectuarse en el plazo fijado en la oferta, o con arreglo a los usos y costumbres de cada sector.

Un ejemplo que ilustre la peculiaridad de la ACEPTACION de una oferta, podría ser el caso de aquel fabricante inglés, que ofertó a su DISTRIBUIDOR suizo la venta de ciertos productos. Para el derecho inglés, se perfeciona el contrato desde el momento en que puso la oferta en el correo.

Según el sistema suizo, el contrato se concluye por la recepción de la aceptación por el oferente.

El fabricante inglés, no recibe la carta de aceptación del operador suizo, y le reclama daños y perjuicios, por las ventas intentadas.

Aseguresé de que la ACEPTACION se haya recibido, porque según un derecho u otro, existirá o no, obligación de cumplir el contrato.

I.6 NEGOCIACION Y CONTRATOS

La imperiosa necesidad de adaptarse a los cambios que la dinámica de la relación comercial implica, pasa inexorablemente por una correcta negociación.

El resultado deberá plasmarse en el contrato. Este será el reflejo de lo pactado, cuyos límites estarán en la Ley que lo regule.

¿En qué consiste toda NEGOCIACION?

La negociación consiste en un proceso de resolución de un conflicto de intereses, mediante un acuerdo positivo para las partes. Satisfacer las necesidades de las partes, en mayor o menor medida, ganando según el propio sistema de valores de las mismas.

Analizada la globalidad de las informaciones, y obtenidos los resultados, respecto a las perspectivas de un producto en un determinado mercado, se optará por el sistema que canalice más eficientemente las ventas.

Llega el momento, elegido el medio, de tener que iniciar la negociación. Preparar documentos, perfilar estrategias, diseñar tácticas. Comunicar, persuadir, analizar y flexibilizar comportamientos.

En definitiva, ¿cómo llegar a ser un verdadero experto negociador?

La experiencia, el instinto, y sobre todo, una sólida formación, contribuirán al futuro éxito.

Pero, ¿qué se entiende por negociación?

La negociación es un proceso en el que intervienen dos o más partes, en el que existen intereses comunes e intereses opuestos y en el que es necesario alcanzar acuerdos, o resolviendo diferencias.

La práctica negociadora es consustancial a la existencia de toda empresa. E incluso, a la vida de cada persona.

Como parte clave de una estrategia, el planteamiento negociador debe estructurarse de acuerdo con una actitud coherente a sus intereses.

A lo que se desea conseguir. En lo que no se puede ceder.

Condiciones imprescindibles de todo negociador son:

— Cualificación.

— Flexibilidad.

— Integridad.

— Sentido común.

— Persuasión.

De la correcta aplicación de toda negociación, depende un buen contrato.

Saber negociar es saber activar los resortes que mueven a la gente a decir "sí", en vez de "no". Se trata de convencer y no de humillar.

Porque no podemos olvidar, que es la NEGOCIACION la actividad que contiene el mayor porcentaje de FACTOR HUMANO dentro de la empresa. Significa enfrentarse cara a cara con un empresario, un abogado, un técnico, que defenderán sus intereses o los de sus clientes, en detrimento de los nuestros, pero siempre es posible encontrar un punto de acuerdo. El justo medio, entre lo "bueno" y lo "menos malo".

Como en todo proceso existen unas reglas de procedimiento, unas actitudes, unas herramientas. Superar dificultades a través de un ACUERDO, supone encontrar soluciones sin tener que buscar culpables.

Deberá de tenerse en cuenta, a manera de resumen:

— El esquema global del proceso de negociación.

— Condiciones básicas, partiendo de las respectivas situaciones de las partes y del tipo de negocio.

— Planteamiento de preguntas, definir necesidades y su correspondiente satisfacción.

— Exposición de la propuesta.

— Reacciones a la propuesta.

— Necesidad-solución: compromiso o ultimatum.

Saber negociar correctamente es casi un verdadero arte. Hoy, es una imperiosa necesidad, que se debe enmarcar en la estrategia global de toda operación de comercio exterior.

Mezcla de técnica y experiencia profesional, tras un brillante proceso negociador, la "guinda" pasa por un contrato coherente y equilibrado. Todos deben ganar, y nadie debería perder.

La NEGOCIACION *no* es:

— Simular.

— Intimidar.

— Chantajear.

— Jugar.

— Polemizar.

Traigamos a colación aquel célebre pensamiento atribuido al Presidente Kennedy: "Comencemos nuevamente, recordando a ambas partes, que la consideración no es un signo de debilidad, que la sinceridad siempre está sometida a prueba, que nunca debemos negociar por miedo. Pero nunca también, debemos tener miedo a negociar".

A la hora de negociar un contrato, como cuestión de interés, debemos de cerciorarnos si el interlocutor puede adoptar decisiones directamente o no. Es importante tener en cuenta, que al contrario de la mayoría de paises occidentales, donde puede atribuirse toda responsabilidad para concluir y negociar un contrato, al presidente ejecutivo o al consejero delegado, e incluso, al gerente debidamente legitimado, en las empresas orientales, suelen distribuir la responsabilidad entre un mayor grupo de personas.

La autoridad última para adoptar una decisión residirá en un solo hombre. Lo que sucede es que, generalmente, no estará dispuesto a hacerlo sin haber considerado a fondo las opciones de sus colaboradores de más confianza. Por este motivo, suelen ser más lentos en la toma de decisiones que otras compañias europeas, por ejemplo. A no ser que especificamente se hubiera delegado en él, quien estaba en situación de hacerlo.

Deberá tenerse presente al negociar un contrato con un oriental, de manera especial que:

1) Debido a las diferencias lingüísticas, el término "sí", puede significar poco más que "si comprendo". Pero no es indicativo necesariamente de acuerdo total con lo que se está diciendo, ni tampoco con la intención de firmar un contrato o cerrar una operación en ese sentido.

2) No se deberá esperar que las personas que representen a las empresas extranjeras, adopten en el momento decisiones relativas al contenido del contrato o a modificaciones sobre el mismo. Habrá que dar tiempo, para que consulten con la persona autorizada a dar la última palabra.

Ahora bien, aunque las decisiones pueden tardar, su cumplimiento suele ser muy puntual.

3) Como consecuencia de posibles equívocos y malos entendidos cuyo origen se encuentran en puras conversaciones, o en acuerdos entre caballeros, la experiencia nos dicta como conveniente, insistir en un acuerdo escrito análogo a los de carácter formal.

4) Recuerdese que en algunas empresas más pequeñas, pueden ser excepciones a la regla general, de la toma de decisiones en equipo.

En síntesis:

— Negociar es:

  — Un proceso, una técnica, un arte, no un puro suceso.
  — Depende de la comunicación y persuasión.
  — Utilice la información y el poder para actuar sobre el comportamiento del interlocutor.
  — Escuche, observe, pondere y oferte contrapartidas.

— Recuerde que:

  — Es una de las habilidades más débiles de la persona.
  — No existe teoría que sirva para guiar siempre a un individuo en sus actividades cotidianas en negociación.
  — Gran parte de nuestro conocimiento sobre negociación, tiene su origen en nuestra limitada experiencia individual.

LA NEGOCIACION Y SUS FACTORES CLAVES

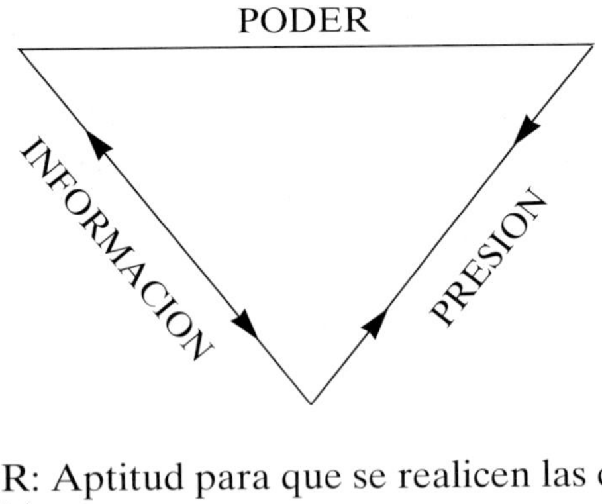

I) PODER: Aptitud para que se realicen las cosas, operándose el cambio.

II) PRESION: Dominio de la situación que se obtiene por medio del tiempo, expectativas, alternativas e historia.

III) INFORMACION: Procesamiento de datos formales e informales que concurren en todo proceso negociador. Necesidades y deseos de las partes.

II.- RADIOGRAFIA DE UN CONTRATO DE COMPRAVENTA INTERNACIONAL

II.1 INTRODUCCION

El empresario conoce a menudo, por experiencia, que al operar con el exterior ha de someterse a la dualidad de leyes, usos y costumbres comerciales, que representan para él toda transacción mercantil. Sin duda, dominar en detalle todas las Leyes de los distintos países con los que opera, raya casi en lo esóterico. En este punto, la experiencia nos demuestra una vez más, que la división internacional del trabajo debe de tenerse presente, también en estos casos. Por tanto, es conveniente asesorarse por abogados expertos para evitar riesgos adicionales, a los que toda operación comercial comporta, máxime cuando se trata de ventas o compras en el exterior.

Pero, ¿qué es vender? Conseguir que el cliente crea que necesita un producto, con un precio adecuado y lo adquiera. ¿En qué consiste comprar? Lograr que el cliente o consumidor obtenga un producto que satisfaga sus necesidades, teniendo una calidad razonable, un precio competitivo y un servicio postventa que garantice su utilización convenientemente, conforme a su destino.

Peculiaridades del contrato internacional

Al contratar con clientes extranjeros, deberemos tener en cuenta una serie de peculiaridades que lo diferencian de los contratos domésticos, nacionales o internos.

La influencia de los distintos aspectos legales, pueden poner en peligro no sólo la negociación sino el resultado del contrato.

La legislación aduanera, fiscal, comercial, industrial, la defensa y protección al consumidor, etc., hacen necesario planificar la contratación basada en un estudio pormenorizado de todos estos aspectos, que condicionarán el desarrollo del contrato.

Exportar e importar, son actividades que deberán afrontarse con criterios de profesionalidad, decisión y espíritu de equipo. El éxito se planifica.

Condiciones de entrega

Especial interés tiene la regulación internacional de las condiciones de entrega de las mercancías, reguladas fundamentalmente en los INCOTERMS.

Los plazos de entrega y de recepción de los productos objeto de la transacción, con la típica claúsula penal que imponga multas, tanto por el retraso en la entrega como en el de la recepción según lo pactado, son claves en todo contrato.

Gestión aduanera, de homologación y vías de resolución de conflictos

El tiempo invertido en estos trámites, así como la elección de la vía más adecuada para la resolución de las posibles diferencias derivadas de la interpretación o ejecución del contrato, son entre otras cuestiones, factores y cláusulas, que influirán en la compraventa internacional de forma decisiva.

La patología de la relación contractual es el conflicto. Prevenirlo, es actuar con una medicina indolora. Resolverlo, es operar quirúrgicamente, más o menos traumaticamente. El arbitraje evitará el recurso a los tribunales, siempre que lo pacten expresamente las partes.

En resumen, deberemos evitar las consecuencias negativas de un contrato de esta naturaleza por haberse formalizado, redactado y negociado sin preveer las posibles incidencias, de todas y cada una de las cuestiones lógicas y posibles que se den en su ejecución.

II.2 CONCEPTO

Con carácter previo, conviene resaltar la idea de "concepto", más que intentar definir la compraventa internacional. Y ello, porque dependerá de una serie de parámetros, como los objetos sobre los que recaiga y demás circunstancias que gire la transacción comercial. Con esta matización, veamos unos ejemplos:

— Todo convenio entre partes con domicilio o residencias en Estados distintos, que se obligan sobre materia o cosa determinada, y a cuyo cumplimiento pueden ser compelidas.

— Acuerdo mediante el cual, un vendedor de un determinado país, se compromete en entregar y garantizar a un comprador de otro país distinto, unos productos, bienes o servicios, enviando estos al destino pactado, y bajo precio determinado o determinable en dinero, de acuerdo con las normas y legislación de las relaciones comerciales en vigor.

Las citadas nociones, pretenden abarcar las peculiaridades de la mayor parte de los países, si bien existen tantas definiciones como compraventas de productos, bienes y servicios se den. Por tanto, estos conceptos se deben de tener presentes, a título meramente indicativos y como posibles referencias.

II.3 NATURALEZA JURIDICA

La compraventa internacional, es un contrato básicamente:

— *Consensual*, se perfecciona por el mero consentimiento entre comprador (importador) y vendedor (exportador), siendo la venta y el pago obligatorios.

— *Bilateral,* implica obligaciones recíprocas para ambas partes contratantes.

— *Oneroso,* se dan una serie de contraprestaciones en dinero o en especie, como pago de los bienes que se venden.

— *Conmutativo,* cambiando en general una cosa por otra, siendo las prestaciones recíprocas equivalentes y determinadas, pudiendo ser aleatorio y existiendo un posible riesgo para el comprador, cuando se pretendan adquirir cosas futuras.

— *Traslativo de dominio,* como título se podrá utilizar para las transacciones de propiedad.

II.4 REQUISITOS FUNDAMENTALES

Los requisitos fundamentales en este contrato y extensibles a todo tipo de operación, se resumen en:

— Consentimiento.

— Capacidad y legitimación de las partes.

— Objeto lícito.

— Precio cierto en dinero, determinado o determinable.

— Formas o solemnidades del contrato exigidas por la Ley del importador. Por ejemplo, el conjunto de documentos burocráticos administrativos-aduaneros requeridos por la legislación del país del comprador, tales como: conocimiento de embarque, packing-list, factura comercial, certificado de origen, certificados de homologación, etc.

EL CONSENTIMIENTO

Se requiere por ambas partes, aunando las voluntades de exportador e importador, oferta y demanda, a cambio de un precio determinado o determinable, como se ha referido anteriormente.

La oferta verbal aceptada por un cliente y confirmada formalmente, equivale a una obligación que da derecho a exigir, en caso de incumplimiento, una indemnización por los daños y perjuicios causados.

OTROS TEMAS DE INTERES

Los objetivos del contrato deben de estar redactados de forma clara y concreta, determinando al menos:

— La descripción del producto, bien o servicio.

— El lugar y fecha de la entrega o de su prestación.

— El precio y la forma de pago.

— La inspección, formas de verificación, aceptación de definitiva, etc..

En todo caso, dependerá de la naturaleza de la transacción, los objetivos que deberán plantearse.

El precio debe ser real y representado en dinero, indicándose la moneda de pago, e incluso, siempre que sea posible, el tipo de cambio aplicable con relación a una fecha concreta. Por ejemplo, el día del suministro de los productos.

En aquellos supuestos en los que no se haya determinado contractualmente el precio en dinero, por tratarse de una operación de trueque (barter), vendrá dado por el denominado precio testigo o de referencia, en función de la oferta y la demanda, fijada con relación a una fecha determinada. Por ejemplo, la exportación de trigo ucraniano que es pagado con máquinas y herramientas. El precio testigo, sería el fijado por la Bolsa Internacional de Cereales (Londres), en función de la cotización que tal mercancía tuviera en la fecha pactada, y viceversa

No se olvide de fijar la divisa en que se hará efectivo el pago del precio de la operación.

Se recomienda asegurar los riesgos inherentes a este tema o bien, contratar en la propia moneda.

II.5 ELEMENTOS BASICOS

Cualquier tipo de contrato consta, en su contenido, de unos elementos que lo conforman. Anteriormente, se citaron algunos de los requisitos básicos que ahora se complementan con los tradicionales elementos personales, reales y formales.

Personales

Las partes en el contrato tendrán, que estar capacitadas para obligarse o debidamente legitimadas, a efectos legales.

No todos los aspectos del clausulado de un contrato internacional, quedan bajo la ley del contrato. Así, cuestiones tan importantes como las diversas formas de ejecución, o los efectos reales del contrato, pueden determinar la validez, nulidad o anulabilidad de un contrato.

Sin embargo, dado que los operadores internacionales no pueden materialmente dominar todas las leyes del mundo, y dado que el derecho debe tender a facilitar —y no a dificultar— el intercambio comercial, vino a desarrollarse en Francia, a principios del siglo pasado, un "correctivo" tendente a proteger la buena fe negocial de aquellos que han contratado con un extranjero, al que creen capaz según la ley del estado de celebración del contrato, pero que resulta incapaz, según su ley personal. Así, la conocidísima sentencia "Lizardi", dictada el 16 de enero de 1861 por la Cour de Cassation francesa, constituye el más importante precedente sobre el tema. Esta sentencia, vino a zanjar el litigio surgido entre un nacional mejicano de 23 años (capaz de concluir contratos según la ley francesa entonces vigente), y un conjunto de comerciantes que le creían capaz, para la válida celebración de un contrato de compraventa. Concluido el contrato, Lizardi —el joven mejicano—, se negó al pago alegando que la transacción era nula, ya que él era incapaz según su ley nacional que resultaba de aplicación al caso) porque, la ley mejicana entonces vigente, establecía la mayoría de edad a partir de 25 años.

Los tribunales franceses, dieron la razón a los joyeros, reconociendo su derecho a exigir el pago, ya que habían obrado con buena fe.

Actualmente, el interés nacional goza de plasmación positiva en el artículo 10.8 del Código civil español, resaltando la doctrina como requisitos:

1. El subjetivo, por el que la ley nacional del incapaz, debe establecer una edad menor que la española, es decir, no podrá darse nunca, para determinados contratos, con personas menores de 18 años.

2. El objetivo, sólo es aplicable a contratos onerosos con independencia de su valor.

3. El territorial, celebrados dentro del territorio español.

La capacidad de obrar implica ser mayor de edad a efectos civiles y, tener el pleno ejercicio de los derechos de ciudadanía, es decir, no estar interdictado civilmente para ejercer un cargo, profesión o derecho ciudadano.

La legitimación supone contar con la autorización, en nombre de una persona jurídica o sociedad, la persona física que vaya a firmar el contrato. Dicha autorización adoptará, la forma de poder notarial, pero en cualquier supuesto, deberá haber constancia escrita de tal autorización o apoderamiento otorgado debidamente.

Reales

Pueden ser bienes muebles e inmuebles, corporales e incorporales, específicos o genéricos, presentes o futuros.

Se determinarán los bienes o derechos objeto de la compraventa, y el precio estipulado, como contraprestación de los bienes cedidos en venta.

Formales

Puede ser verbal o escrito, celebrándose entre presentes o bien entre ausentes.

a) Verbal.

También denominado "pacto entre caballeros". Tiene la dificultad en poder demostrar, ante el juez o el árbitro competente, las condiciones pactadas, salvo que existan testigos o se hayan adoptado otros medios para su comprobación (grabaciones, filmaciones, etc.). La validez de éstos, dependerá de la calificación del juez o del árbitro que sea competente, en base a la legislación de cada país.

— La forma no prejuzga la validez, en principio, del contrato, salvo imperativo legal o pacto en contrario.

— Se entiende celebrado entre presentes, cuando se encuentran las partes, física y simultáneamente en el mismo lugar geográfico. En caso contrario, el contrato se celebrará entre ausentes, utilizándose como medio habitual el teléfono. Hoy ya es factible también, negociar un contrato por videoconferencia, existiendo una red de salas públicas en distintas capitales y ciudades españolas, instaladas en las Cámaras de Comercio en número de quince.

b) Escrito

Se formalizará el contrato, entre presentes, a la manera escrita tradicional, y estará encabezado el mismo, generalmente, por los términos siguientes:

— Lugar y fecha.

— Intervienen, comparecen y acuerdan.

El contrato celebrado entre ausentes, se hará vía correspondencia, telegrama o intercambios de telexes y telefax. En arbitraje comercial internacional se pueden admitir estos posibles medios de prueba, siempre que de manera inequívoca reflejen la voluntad de las partes, en solucionar las posibles controversias, a través de la vía arbitral.

II.6 COMENTARIOS AL CLAUSULADO

Cada contrato de compraventa posee unas peculiaridades en función de los productos, de los mercados e, incluso, de la propia nacionalidad de las partes contratantes. Y sin pretender hacer una enumeración exhaustiva, se comentan seguidamente determinadas cláusulas básicas, en el contexto de este contrato arquetipo y paradigma del comercio exterior.

IDENTIFICACION DE LAS PARTES CONTRATANTES

Es necesario que las partes, tanto persona física (comerciante individual) como personas jurídicas (corporaciones o sociedades), fijen sus respectivas identidades a efectos de capacidad y legitimación, en cada caso. Y ello, porque existen en el comercio internacional, una serie de intermediarios (brokers, comisionistas, dealers, etc.) que a veces, pueden plantear problemas de cara a la responsabilidad ante posibles incumplimientos, ya que se pueden superponer con los que realmente compran o venden los productos objeto del contrato.

ESPECIFICACION DE LOS PRODUCTOS, BIENES O SERVICIOS

Calidad

Se hará referencia a la calidad intrínseca del bien objeto de la compraventa. Se evitarán términos vagos o equívocos, como por ejemplo novedad, nuevo y novedoso. Pudiendo dar lugar a interpretaciones diametralmente distintas. Es decir, toda novedad puede ser susceptible de patentar un producto, o bien, lo nuevo se interprete como de manufactura reciente.

También se detallarán las especificaciones técnicas así como las normas de homologación que existan, dependiendo de la naturaleza de los bienes.

Cantidad

Se podrán especificar las unidades, de cada clase, su peso bruto o neto, el número de las mismas, sus categorías y volúmenes.

Se deberán preveer los posibles cambios experimentados durante el desplazamiento físico de la mercancía, del punto de origen al de destino.

Determinar el margen y porcentajes de tolerancias, tanto en volumen como en peso, en función de la naturaleza de los productos, puede ser útil.

Muestras y modelos

Definir, si se trata de prototipos, debiendo consignarse —en todo caso— las normas aplicables y de homologación.

En qué condiciones se expedirán y tomarán, fijando el correspondiente procedimiento de análisis, según la naturaleza de productos perecederos o no, y con destino a la alimentación humana o a la utilización industrial.

Determinar su número, marca o signo que permita su identificación y facilite la verificación, tanto por parte de las autoridades aduaneras competentes, como por parte del importador o sus agentes, son cuestiones prácticas y de interés.

VERIFICACION E INSPECCION

Los procedimientos de control, inspección y aprobación comprenden, entre otros, los procedimientos de muestreo, prueba y certificación.

Estos conceptos se entenderán con la amplitud que determinen las normas y leyes, que en cada país rijan al efecto. La forma en que se lleven a cabo los controles de calidad, especificando el momento y que personas lo van a realizar, son temas que se deberán tener en cuenta. A veces, estas verificaciones se realizan durante las fases de producción, o incluso, concluido el producto objeto de la venta.

PROTECCION FISICA DE LA MERCANCIA

En función de las características de los productos o mercancías, se contemplarán el envase y embalaje más adecuado según la naturaleza de los mismos. Por lo general, será una obligación del exportador realizar las operaciones de envasar y embalar los productos ajustándose a los usos y costumbres de cada sector, en base al INCOTERM que se haya pactado.

Las exigencias del medio ambiente, han hecho evolucionar en los últimos años los envases y embalajes de manera decisiva, con profusión de normativas y reglamentaciones ad hoc.

Así pues, respecto al envase se citarán las normas específicas de aplicación a los bienes o productos. En su defecto, se deberá definir las características de los envases que se utilizarán en las mercancías objeto del contrato.

En cuanto al embalaje, es el medio de protección para evitar daños o deterioros por golpes, manipulaciones, caidas, etc., sobre las mercancías.

Su consistencia y solidez deberán de estar comprobadas para que puedan garantizar la necesaria protección de los productos, objeto de la operación comercial.

Desde un punto de vista práctico, conviene recordar:

— El buen embalaje suele ser caro, debiéndose tener en cuenta a la hora de cotizar los precios ofertados.

— Al hacer uso de la Norma, se tendrá que describir con detalle: dimensiones, volumen, espesores, cierres, materiales, etc.

— La unidad de medida que representa la más pequeña, por la cual es divisible la medida total, se denomina módulo.

— La unidad de carga, es el medio de transporte conjuntamente con el número de unidades (homogéneas o no) en medidas, tamaños y características que han de enviarse y que constituyen la unidad de carga.

— Analizar los tipos de embalaje, así como los factores que determinan su elección dependiendo de los productos y de las necesidades concretas, en cada caso.

— La observancia de las normativas comunitarias e internacionales.

Un correcto embalaje, no sólo protege la mercancía sino que prestigia al exportador.

Las marcas deberán de especificarse igualmente en cada mercancía, tanto interior como exteriormente.

Entre los datos más usuales, que podrán insertarse en el envase o embalaje, son:

— Destinatarios: domicilio, teléfono, fax, etc.
— Número de contrato.
— Código de identificación.
— Número unitario de bultos y número total.
— Dimensiones.
— Peso bruto y neto.
— Señales de posición.
— Expedidor: domicilio, teléfono, fax, etc.
— Etiquetado ecológico.

RECEPCION Y ENTREGA DE LAS MERCANCIAS

Esta cláusula es independiente, a la de "condiciones de entrega", aunque en estrecha relación con ella.

Es preceptivo y recomendable fijar el procedimiento de la recepción: se determinarán los paises, lugares y fechas donde se deban realizar. Se definirán y relacionarán todos los documentos que acompañen a los productos o mercancías, bien simultáneamente con los envíos, o bien, en ciertos plazos determinados en los contratos.

Facilitar la verificación de los productos y su correcta identificación, ayudara a dar un mejor servicio al importador.

A título de ejemplo, recuérdense los indicados bajo el epígrafe "Requisitos fundamentales" (formas o solemnidades del contrato).

De igual manera, estos documentos servirán para identificar las mercancías tanto por la autoridades aduaneras como por el propio importador, facilitando el despacho y la liquidación de los pagos, según los términos contratados. También pueden especificarse una recepción provisional o bien una recepción definitiva.

Dos condiciones son necesarias para el acto de la recepción:

a) Observar y corregir los defectos que pudieran existir.

b) Ejecutar las pruebas establecidas en el Pliego de Condiciones de Recepción, o en su defecto, las usuales para cada supuesto.

Al concluir el plazo de garantía se hará la recepción definitiva, levantándose el acta correspondiente y devolviéndose la garantías prestadas, si procediese.

DETERMINACION DEL PRECIO Y EVENTUAL REVISION

El precio realmente pagado o por pagar es el pago total que por las mercancías importadas haya hecho o vaya a hacer el comprador al vendedor o por el comprador a un tercero para satisfacer una obligación del vendedor.

Por otra parte el VALOR EN ADUANA, de las mercancías importadas será el valor de transacción. Para su determinación, se añadirán al precio realmente pagado o por pagar, por las mercancías importadas:

a) Los siguientes elementos, en la medida en que corran a cargo del comprador y no estén incluidos en el precio realmente pagado o por pagar de las mercancías:

1) Las comisiones y los gastos de corretaje, salvo las comisiones de compra.

2) El costo de los envases o embalajes que, a efectos aduaneros, se consideren como formando un todo con las mercancías de que se trate.

3) Los gastos de embalaje, tanto por concepto de mano de obra como de materiales.

b) El valor, debidamente repartido, de los siguientes bienes y servicios, siempre que el comprador, de manera directa o indirecta, los haya suministrado gratuitamente o a precios reducidos para que se utilicen en la producción y venta para la exportación de mercancías importadas y en la medida en que dicho valor no esté incluido en el precio realmente pagado o por pagar:

1) Los materiales, piezas y elementos, partes y artículos análogos incorporados a las mercancías importadas.

2) Las herramientas, matrices, moldes y elementos análogos utilizados para la producción de las mercancías importadas.

3) Los materiales consumidos en la producción de las mercancías importadas.

4) Ingeniería, creación y perfeccionamiento, trabajos artísticos, diseños, planos y croquis realizados fuera del país de importación y necesarios para la producción de las mercancías importadas.

c) Los cánones y derechos de licencia realizados con las mercancías objeto de valoración que el comprador tenga que pagar directa e indirectamente como condición de venta de dichas mercancías, en la medida en que tales cánones y derechos no estén incluidos en el precio realmente pagado o por pagar.

d) El valor de cualquier parte del producto de reventa, cesión o utilización posterior de las mercancías importadas que revierta directa o indirectamente al vendedor.

Cada país, según su propia legislación, dispondrá que se incluya en el valor en aduana o se excluya del mismo, la totalidad o una parte de los elementos siguientes:

a) Los gastos de transporte de las mercancías importadas hasta el puerto o lugar de la importación.

b) Los gastos de carga, descarga y manipulación ocasionados por el transporte de las mercancías importadas hasta el punto o lugar de la importación.

c) El costo del seguro.

Téngase presente que el VALOR DE TRANSACCION es la primera base para la determinación del valor en aduana, de conformidad con el Acuerdo relativo a la aplicación del artículo VII del GATT de 1994 (Acuerdo General sobre Aranceles Aduanero y Comercio). Vease anexo.

El comprador y vendedor, deberán mantener una comunicación muy estrecha sobre asuntos de precios para llegar a un entendimiento. Se determinará el plazo y medio de pago y el sistema de posibles bonificaciones.

Como anteriormente se expuso, el precio cierto en dinero tiene que estar determinado o ser susceptible de determinación en cualquier caso. Ahora bien, en los contratos a largo plazo será conveniente establecer fórmulas de revisión de los precios, como consecuencia de los cambios surgidos por causas ajenas a las partes y, que incidan en el precio final.

Habrá que especificar el procedimiento que se ha seguido para revisar tales precios, indicándose los parámetros, criterios y fechas en las que se aplicarán tales revisiones.

Muchas son las fórmulas que internacionalmente se utilizan en la práctica, pero todas ellas basadas en cálculos matemáticos, teniendo en cuenta una serie de factores independientes o no, referidos a variaciones experimentadas en los costes por tensiones del mercado internacional, que inciden en el nacional, como son:

— Coste de mano de obra.
— Costes energéticos y de materias primas.
— Costes de materiales empleados en la elaboración de productos intermedios.
— Costes fiscales.
— Recargos comerciales e industriales.
— Costes por adaptación a normativas ecológicas y medio ambientales.

La revisión del precio, se efectuará en base a parámetros objetivos, conocidos por ambas partes de antemano.

Se utiliza mucho esta fórmula con pago aplazado, en el marco de contratos a largo plazo, y en los que la inflación puede incidir decisivamente en las variaciones de tales costes.

Es conocida esta fórmula como "escalatoria", produciéndose por escalones y no de forma continua. Su finalidad es compensar al exportador de las posibles variaciones que experimenten sus costes en el tiempo, sin que se hipoteque el margen de beneficio, que fijó de antemano, en relación con los precios de los bienes que constituyen el objeto del contrato.

Escalación de precios será igual o equivalente a compensación de las variantes en los costes.

Es uso y costumbre en el comercio internacional establecer el beneficio. Se podría compensar la pérdida del mismo, a través de algún coeficiente corrector que convirtiese el beneficio, en un valor constante independiente de las variaciones del valor de las divisas fijadas como moneda de pago. También podrá, mantenerse fijo un fondo de reserva y amortización de las instalaciones.

GARANTIAS TECNICAS

Relacionada con la cláusula de productos, así como con la de penalización, determina la responsabilidad del vendedor frente al comprador en lo concerniente a:

— Calidades.

— Rendimientos.

— Consumos.

— Producción.

Se recomienda, que su aceptación sea comprobada en el momento de la recepción.

Deberá contener como puntos básicos los siguientes:

— Condiciones para la entrada en vigor de las garantías.

— Métodos y normas de verificación.

— Valores garantizados y tolerancias.

— Plazo de validez de la garantía.

En función de los productos y bienes, se ajustará a la garantía del fabricante.

El plazo de garantía, no deberá ser mayor del tiempo necesario para demostrar la calidad de los productos y materiales, así como el funcionamiento correcto de las mercancías. Podrá oscilar entre los seis meses a un año, si bien extraordinariamente podrá ser más corto. En todo caso, este plazo deberá figurar en el Pliego de Condiciones de Recepción y variará según los productos. Tratándose de bienes de equipo, es habitual hablar de horas efectivas de trabajo. Por ejemplo, las 15.000 primeras horas de funcionamiento de la máquina.

CONDICIONES DE ENTREGA

Relacionada también con la cláusula de penalización, se considera imprescindible en todo contrato de compraventa, describiéndose los plazos dentro de los cuales se verificará la entrega de todos los productos.

Los plazos pueden ser parciales, totales o periódicos, según las características de los productos y referidos a la fecha de entrada en vigor del contrato.

Deben establecerse condiciones a los plazos, sometidos a circunstancias, hechos u obligaciones que hayan de cumplir alguna de las partes contratantes. Podrán especificarse, de forma concisa y concreta. Un posible texto, por ejemplo, sería:

"Todos estos plazos estarán condicionados en su cumplimiento a las fechas pactadas en el presente contrato, salvo cláusula de fuerza mayor".

Podrán incluirse también, los preavisos y notificaciones que sean precisos para cada contrato así como la forma y la fecha de realizarlos. En todo caso, deberán constar por escrito e irán dirigidas a quien, cómo y cuando deban enviarse documentos, bien en el caso de entregas parciales o de entregas totales. Se recomienda que se hagan por telegrama o por conducto notarial, para que puedan quedar probados fehacientemente los mismos.

SANEAMIENTO

Cláusula por la que el vendedor se compromete a responder, con garantía de la cosa vendida, por vicios ocultos o por evicción. Se puede contemplar como una verdadera garantía obligatoria.

Vicios ocultos: Defectos no visibles en el objeto de la compra que lo hacen inservible o disminuyen su uso, de tal forma que, de haberlo conocido no se hubiere adquirido o se habría pagado un precio inferior.

Evicción: Existirá cuando se priva al comprador de la posesión de la cosa, en todo o en parte, por sentencia firme y en virtud, de un derecho anterior al momento de la compra.

La garantía de saneamiento por evicción, tiene plazos diferentes, dependiendo de la naturaleza de los bienes y de las propias legislaciones nacionales.

El comprador tendrá derecho a reclamar, y el vendedor responderá del saneamiento, existiendo los plazos siguientes:

— Reclamaciones sobre cantidad, calidad, peso o medida: Según el Derecho español (Código de Comercio) el comprador tendrá 4 días, contados a partir de la fecha en que fué entregada por el vendedor, según términos del contrato. En otras legislaciones, se deberá efectuar en el momento de la recepción.

— Reclamaciones por vicios ocultos: 30 días en el Derecho español y un año, en la legislación comparada, a partir del momento en que es privado el comprador por sentencia firme de los productos o mercancías.

— El Convenio de Viena de 1980 (BOE 30-1-1991) en vigor desde el primero de agosto de 1.991, establece 6 meses.

— Mercancía embalada o enfardada: 3 días, en el Derecho español. Variará en función de la legislación aplicable.

EXONERACION TOTAL O PARCIAL DE RESPONSABILIDAD

Deberá figurar cuando se piense, que el objeto de la compraventa puede estar sujeto a restricciones, por su peligrosidad o por regulaciones especiales, como por ejemplo, por aplicación de normas antitrust (antimonopolio) o bien porque estén patentados, en el momento de la redacción del contrato.

La liberación de responsabilidad implicará, que ambas partes se exoneran de las que puedan reclamarse mutuamente "per se", o por intervención directa o indirecta de terceros.

No se debe confundir esta cláusula con la de fuerza mayor, caso fortuito y hardship.

Fuerza mayor, es aquel hecho o circunstancia, que aunque se hubiere previsto hubiere sido inevitable. Por ejemplo, guerras. En la práctica tiene una amplia esfera. No siempre se emplea con un sentido definido y limitado, lo que dificulta extraordinariamente la interpretación de su significado y alcance. No obstante, la redacción más frecuente suele ser "sujeto a fuerza mayor" o "salvo fuerza mayor". Otra puntualización de esta importante cláusula, puede referirse a todo contrato, salvaguardándose las partes de todo obstáculo procedente de causa ajena a la voluntad de las mismas que pudiera impedir su ejecución. Su efecto, es la exoneración a las partes de sus obligaciones contractuales, pudiendo rescindir el contrato después de haber sido probada a satisfacción de la otra, su existencia. Pero puede referirse parcialmente al contrato, en cuyo caso solo afectaría a la prestación directamente afectada y no al resto del condicionado. Por ejemplo, "envío inmediato por barco a Hamburgo, salvo fuerza mayor", con el significado de que deberá hacerse por barco, quedará el vendedor liberado de tal obligación si concurriera fuerza mayor que impidiera la presencia o salida inmediata del citado barco. En el supuesto de que el barco, no llegara a Hamburgo en el plazo razonable. ¿Podrá enviarse por cualquier medio de transporte o por otro barco? Nada se indica sobre la forma en que deberá hacerse el envío, si tal circunstancia concurriera. Más correcto hubiera sido añadir .... "de no ser posible, por cualquier otro barco idóneo disponible".

También se entenderá por fuerza mayor el "apremio o coerción irresistible, que dispensen el cumplimiento de un contrato".

La interpretación de la "Fuerza mayor" se hace con carácter restrictiva por los tribunales.

La práctica nos demuestra, que conviene delimitar el alcance de la fuerza mayor, es decir: "Sujeto a fuerza mayor motivada por las siguientes causas: motines, restricciones comerciales, denegación de cupos o licencias y cualesquiera otras causas de naturaleza político administrativas, ajenas a la voluntad del vendedor".

Con ello, se facilita dilucidar sobre si existió o no, debiéndose demostrar en todo supuesto. ¿Cómo probar la fuerza mayor?

La fuerza mayor, como causa del incumplimiento de la obligación contractual, quedará siempre regida por la ley del contrato, independientemente del lugar donde se produzca, y, por tanto, sus efectos serán los determinados por la ley rectora de la obligación.

Sentada esta afirmación, es necesario sin embargo puntualizar que los medios de prueba adecuados para demostrar la fuerza mayor, serán aquellos admitidos por la jurisdicción competente, es decir, por el reglamento de la Corte arbitral elegida o, por el tribunal estatal que deba conocer del asunto. En general y dada la naturaleza catastrófica de los hechos que motivan la fuerza mayor, no será muy difícil demostrarla, en aquellos supuestos que sean de dudosa admisibilidad bajo la calificación de "fuerza mayor"; por ejemplo prohibiciones temporales y súbitas de importación de determinados productos, serán los juzgadores (árbitro/s-juez/ces) los encargados de determinar, en base a qué criterios y medios se considera el supuesto de fuerza mayor o no.

Caso fortuito, es aquel hecho o circunstancia que de haberse previsto, se hubiere evitado. Ejemplo, una huelga de estibadores portuarios preavisada a la autoridad laboral competente con diez días como mínimo de antelación. Su efecto será la suspensión y no cancelación de la obligación, que se haya visto afectada por esa circunstancia modificativa ajena a la voluntad de las partes. Tan pronto como desaparezca la causa que lo originó, vendrán las partes obligadas a cumplir lo pactado, en los términos previstos en el contrato.

Finalmente, la cláusula de **hardship** equivale al riesgo imprevisible, con efecto análogo al de la fuerza mayor. Suele incluirse, en contratos a largo plazo o de ejecución llave en mano.

SEGURO Y TRANSPORTE

Aunque no todas las operaciones de comercio exterior van con cobertura de seguros, y aunque se haga referencia a los INCOTERMS en otros supuestos, se recomienda especificar a quién incumbe la obligación de facilitar el seguro y el transporte (correr con los riesgos), así como cuantos datos puedan aclarar los conceptos de los INCOTERMS, y ampliar los mismos.

Deberán hacerse constar como mínimo:

— Modalidad de transporte: terrestre, marítimo, aéreo o transporte multimodal.

— Vehículo: tipo, nacionalidad, matrículas.

— Identificación de conductores y ayudantes.

— Pabellón o bandera del medio de transporte empleado.

— Fechas de llegada y salida de las mercancías.

— Seguro: modalidad, número de póliza y riesgos no cubiertos por el seguro.

EXAMEN DE LOS INCOTERMS

De interés vital para poder calcular los costes y riesgos de la transacción, la Cámara de Comercio Internacional elaboró los INCOTERMS, a fin de paliar los inconvenientes y dificultades de la disparidad y amplitud de legislaciones y disposiciones, en materia de contratación internacional.

La elaboración de los Incoterms data de 1936 y fueron revisados en 1953, 1967, 1976, 1980 y 1990.

Comentemos brevemente el concepto, características y tipos según la clase de venta y los gastos burocráticos-administrativos que corresponden al exportador e importador.

La utilización mayoritaria del inglés como idioma comercial, es una realidad. De ahí, que los INCOTERMS (International Commercial Terms) aunque publicados oficialmente por la Cámara de Comercio Internacional en cuatro idiomas (inglés, francés, alemán y español) sean mayoritariamente conocidos y utilizados en su versión original, la inglesa.

Con ello se facilita la comprensión de las condiciones establecidas en los contratos, preferentemente de compraventa internacional, pese a los intentos de unificación legislativa tanto de Naciones Unidas como de UNIDROIT.

A partir de julio de 1990, están vigentes los 13 términos siguientes, que se citarán en el epígrafe "clasificación".

Concepto

Cláusula insertada preferentemente en los acuerdos de export-import, que tiene por objeto regular los derechos y obligaciones de cada parte, en lo concerniente a las condiciones de entrega de las mercancías, determinando hasta que instante es responsable el exportador y, desde qué momento se hará cargo el importador asumiendo las consecuencias que se deriven de ello, según el tipo de INCOTERM pactado.

Características

Las trece cláusulas que existen en la actualidad tienen como misión, precisar las obligaciones recíprocas entre vendedor y comprador, en el marco de un contrato internacional.

• *Define,* con exactitud a partir de qué punto y momento, el comprador es responsable de la mercancía.

• *Determina,* con precisión los costes que el vendedor deberá asumir, permitiendo su identificación y consecuente incorporación en el precio de exportación de la mercancía.

• *Especifican,* de manera concreta los documentos, que deberán presentar comprador y vendedor en las diferentes fases de la operación.

Los Incoterms simplifican las condiciones de entrega de los bienes en el comercio internacional, facilitando los intercambios y las obligaciones y derechos de comprador y vendedor.

Clasificación

Los INCOTERMS, se clasifican según el tipo de venta realizada.

• *Venta a la expedición:* La mercancía viaja a cuenta y riesgo del comprador, efectuándose la entrega en el país de origen.

Incluyen las cláusulas:

1. EXW. En fábrica.
2. FCA. Libre transportista.
3. FAS. Libre costado del buque.
4. FOB. Libre a bordo.
5. CFR. Coste y flete.
6. CIF. Coste, seguro y flete.
7. CPT. Flete-porte pagado hasta.
8. CIP. Flete-porte y seguro pagado hasta.

• *Venta en frontera:* la mercancía viaja a cuenta y riesgo del vendedor, hasta una frontera determinada, donde se hará cargo de ella el comprador.

Incluye la cláusula:

9. DAF. Entregado en frontera.

• *Venta en destino:* La mercancía viaja por cuenta y riesgo del vendedor, realizándose la entrega en el país de destino.

Incluyen las cláusulas:

10. DES. Entregado a bordo del buque.
11. DEQ. Entregado en el muelle.
12. DDU. Entregado sin pago de derechos aduaneros
13. DDP. Entregado pagados los derechos aduaneros.

La elección correcta de un Incoterm, en relación con la cotización de precios por el exportador, supondrá un paso decisivo en la garantía y competitividad de la transacción.

CONDICIONES DE PAGO

Debe distinguirse entre el Plazo, Forma y Medio de Pago.

1) *El Plazo de Pago,* es el tiempo concedido por el vendedor al comprador para que efectúe el pago de los bienes adquiridos.

Influye decisivamente la naturaleza de los bienes, si se trata de Bienes de Consumo o de Bienes de Equipo.

El Pago puede realizarse a corto, medio y largo plazo:

— A corto plazo, son aquellas operaciones que oscilan entre noventa días y un máximo de dos años, aproximadamente.

— A medio plazo, oscilan entre dos a cinco años.

— A largo plazo, exceden de cinco años, por lo general.

2) *La Forma de Pago* se refiere al cuándo, cómo y dónde se efectuará el pago, en relación con la entrega.

El pago de las mercancías adquiridas puede realizarse antes, durante o después de la entrega.

— Antes de la entrega o pago previo.

— Durante la entrega o pago simultáneo.

— Después de la entrega o pago posterior.

3) *Los Medios de Pago,* son aquellos instrumentos que cancelan el compromiso de pago. Prácticamente la totalidad de las operaciones de pago internacionales tienen la colaboración de la banca. Estos están cambiando a nuevas fórmulas que requieren el asesoramiento del experto financiero. Deberán ser rápidos y seguros.

Los principales *medios* de pago son:

— Swift. (Society World Wide Interbank Finantial Telecomunications).
— Transferencia vía télex con clave (Tested télex).
— Cheque bancario.
— Cheque personal.

Como *tipos* de operaciones, caben citar:

— Orden de pago simple.
— Remesa simple.
— Remesa documentaria.
— Orden de pago documentaria
— Crédito o carta de crédito simple.
— Crédito documentario.

Los *tipos de operaciones,* variarán según la clase de transacción o en función de las necesidades del cliente.

Los *medios de pago,* son las formas en las que se materializarán la liquidación de los precios ofertados o pactados en un negocio.

No obstante, y salvo en el ámbito bancario, se admiten como medios de pago, en sentido amplio del término, también a los tipos de operaciones precitados.

INCUMPLIMIENTO DEL CONTRATO

El incumplimiento puede venir básicamente en los dos frentes: Problemas en la entrega de la mercancía y en el pago del precio estipulado.

Ante el incumplimiento total o parcial de las obligaciones del contrato, caben las siguientes acciones:

— El arreglo amistoso: conciliación, transacción, mediación.

— El arbitraje, que puede ser más o menos técnico (equidad), legal (de derecho) y mixto, según verse sobre aspectos técnicos de la mercancía, e interpretación del contrato, y cuando se confunden ambas cosas en el mixto.

— Proceso judicial, vía reclamación ordinaria.

— Procedimiento diplomático, vía gestión Consejero Comercial, Cónsul o el propio Embajador.

RESERVA DE DOMINIO

En las operaciones de comercio exterior, con pago aplazado en el tiempo y tratándose de bienes industriales susceptibles de ser inscritos en registro, puede ser interesante incluir una cláusula de "reserva de dominio". En ella se hace constar las consecuencias, que se derivarían en el supuesto de que el comprador no cumpla con el pago íntegro del precio convenido por los productos objeto del contrato. De tal modo que, mientras no se haya hecho efectivo su importe total, la propiedad de las mercancías, seguirán perteneciendo al vendedor.

En los países que lo exijan, se deberán inscribir en los registros competentes el bien objeto del contrato, indicando el número de registro y demás datos que faciliten la identificación del mismo. Dada la complejidad, se sugiere asesorarse por el experto legal, sobre la existencia o no en la legislación extranjera, donde se vaya a ejercitar la acción de reserva de dominio.

Por tanto, el comprador disfrutará de la posesión, pero no de la propiedad, ostentando el vendedor todas las acciones para reivindicar la propiedad de la cosa vendida. Ejemplo:

"La propiedad de las mercancías no se transferirá al comprador, hasta que por este se haya satisfecho la totalidad del precio pactado. El vendedor se reserva el dominio sobre dichas mercancías, pudiendo oponerse y exigirlas, incluso en caso de reventa de las mismas por parte del comprador".

Otras cláusulas como, jurisdicción competente (tribunales y/o arbitraje) garantía de pago, entrada en vigor, impuestos, etc. serán comentadas en contratos posteriores.

CANCELACION Y EXPIRACION

Las disposiciones que en el contrato de compraventa internacional puedan establecer las causas de cancelación y de expiración del mismo, deberán contemplar:

— Los requisitos de la notificación.

— Condiciones y causas de cancelación anticipada.

— Circunstancias por las que concluirá de forma natural por llegar a su término.

CLAUSULAS ADICIONALES

Por la amplitud de sus prestaciones y variedad de objetos, el contrato de compraventa internacional podrá tener diversas cláusulas adicionales.

Un ejemplo en la práctica contractual, sería la siguiente:

Disposición adicional

En el caso de que el COMPRADOR incumpliera con las condiciones estipuladas en el presente Contrato de adquirir un mínimo de .... máquinas, vendrá obligado en compensación de los daños y perjuicios ocasionados al fabricante español, a abonar una indemnización de .... PESETAS, por cada máquina que dejare de comprar, en concepto de CLAUSULA PENAL.

La indemnización deberá ser pagada por el COMPRADOR en el plazo máximo de DIEZ DIAS, a partir del Requerimiento fehaciente que le fuere notificado con tal objeto.

El COMPRADOR entregará simultaneamente a la firma del presente Contrato, un Aval Bancario que garantice solidariamente al COMPRADOR en favor del VENDEDOR, el cumplimiento de la presente Clausula Penal.

Todos los gastos tanto judiciales como extrajudiciales que se devenguen, como consecuencia de la reclamación hecha por el VENDEDOR al COMPRADOR de las indemnizaciones aquí pactadas, serán asumidas integramente por el COMPRADOR.

Conviene resaltar, en todo caso:

I. Las cláusulas adicionales deberán pactarse igualmente y formarán parte del contrato o del apéndice del mismo, con igual valor a aquel, por ejemplo la prórroga del contrato.

II. Podrán regular aquellas cuestiones o circunstancias que faciliten concretar sus peculiaridades en función de las mercancias o servicios. Por ejemplo, la obligación de prestar servicios de asistencia técnica, mantenimiento del stock de piezas de recambio y respuestos.

III. Aspectos originados por la especialidad del objeto del intercambio, su mayor complejidad y tecnicismo, como la tecnología de los equipos y sus rendimientos correspondientes, etc., por ejemplo, la obligación de secreto del Know How.

ASPECTOS NO REGULADOS POR LA LEY DEL CONTRATO

Si bien el fondo de todas las cláusulas de un contrato queda regido por una única ley —la ley del contrato; bien la elegida; bien la que resulte aplicable, en defecto de tal elección—, no todas las cuestiones que influyen en un contrato y que, incluso, pueden determinar su validez o no, se encuentran sujetas a la ley rectora de la obligación contractual. Así, escapan a tal regulación:

1. La CAPACIDAD, que se regirá por la ley personal de los contratantes, como ya se comentó.

2. Las MODALIDADES DE EJECUCION, que requieran la intervención de autoridades, cuestión en la que se tendrá en cuenta, la ley del lugar del cumplimiento.

3. La FORMA, en determinados contratos y siempre referida a la necesaria para la validez del contrato.

4. Los EFECTOS REALES del contrato, quedan generalmente regulados por la ley del lugar donde se encuentre el objeto del contrato.

LOS CONTRATOS COLIGADOS

La presencia de dos o más contratos, bien ligados por una causa económica como el contrato de transporte y de seguro, o jurídica, como el contrato de compraventa y de garantía o, simplemente documental, contrato de compraventa y suministro, en una relación de negocios, pueden generar claros problemas a la hora de dilucidar la ley aplicable a cada contrato. En este orden de cosas, resulta imprescindible establecer:

1. Es independiente un contrato de otro, y por tanto, pueden ser, y seguramente lo sean, aplicables dos leyes distintas.

2. Es irrelevante que las partes sean distintas, a efectos jurídicos, en ambos contratos.

3. Los efectos de un contrato sobre el otro se regulan por la misma ley que el contrato afectado.

Por todo lo expuesto, debemos determinar, antes de firmar el contrato, BAJO QUE LEY debe regirse cada contrato, eligiendo, según las circunstancias, la más adecuada al caso.

Con la finalidad de subrayar los temas más sensibles de una compraventa internacional, susceptibles de generar posibles conflictos, se resumen en el siguiente esquema conjuntamente con las posibles acciones que pudieran ejercitarse en la práctica contractual.

Puntos sensibles y acciones para resolver conflictos

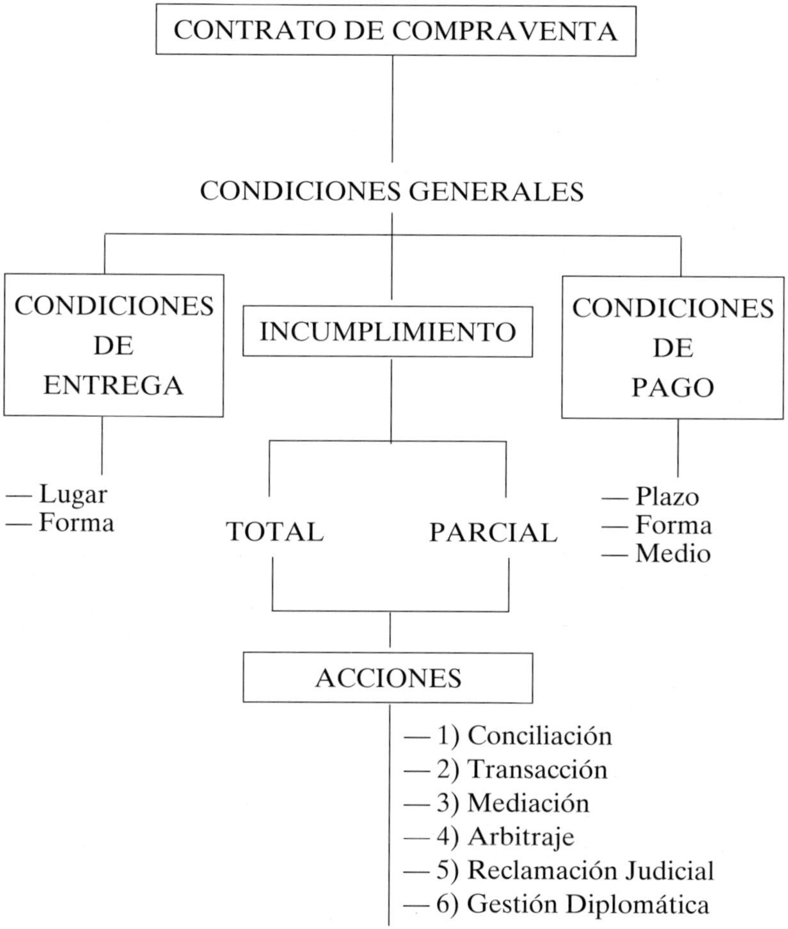

III.- CONTRATOS DE INTERMEDIACION COMERCIAL

III.1 INTRODUCCION

Una de las cuestiones más importantes para un exportador, es la correcta elección del canal de implantación de sus productos en los mercados internacionales. Obviamente no es lo mismo exportar a países del área del dolar como Canadá, EE.UU y Japón, que vender a países del MAGREB. Las vías de comercialización, deberán adaptarse a las peculiaridades comerciales de los productos y mercados.

A efectos puramente indicativos, pensemos que un exportador comienza operando por medio de agentes, excepto que decida exportar directamente. Los contratos con agentes no requieren apenas inversiones de capital. Cuando el volumen de sus ventas se incrementen, entonces podrán contratar los servicios de representantes, que fiscalicen y orienten a los agentes. El próximo paso será crear un servicio de comercialización en el extranjero, aunque se necesitará tiempo, a través de una sucursal propia, encargándose personalmente de la organización de sus ventas.

Actuar a través de una filial, creada bajo las leyes del país extranjero donde se implanta, supondrá tener un grado de madurez y consolidación importante, basado en el cúmulo de experiencias asimiladas. También podrá suscribir un acuerdo con otros empresarios a fin de crear un grupo de exportación, que adopte la forma de una JOINT VENTURE, consorcio, o similar.

El objetivo, en todo caso, será establecer una sólida y eficaz red de ventas en el país donde interese, para poder expander la demanda de sus bienes, así como para estar bien informados sobre las necesidades específicas de la competencia. El fin aquí, justifica los medios, se podría coloquialmente decir.

En la exposición sintetizada seguidamente, analizaremos, desde una óptica práctica y legal, las diferencias que existen con otras figuras y canales como el DISTRIBUIDOR y el COMISIONISTA. Concluiremos con el examen del contrato de franquicia.

En el contexto global del comercio mundial, con los cambios vertiginosos a que estamos asistiendo, tecnológicos y de globalización de mercados, sigue inalterable la presencia de los representantes y agentes comerciales.

Los productos y servicios no se venden por si solos, alguien tendrá que venderlos, máxime en los mercados exteriores con la competencia que existe cada día en aumento y la complejidad no supuesta, sino real, de operar. La liberalización progresiva del comercio mundial de productos y servicios, con el nuevo orden establecido por el GATT desde 1994, refuerza la importancia estratégica en seleccionar las vías de penetración más competitivas.

Dentro del universo de modalidades existentes, se puede afirmar simplificando que el cordón umbilical que une comercialmente al productor con el consumidor será, bien un representante o bien un agente. Existen comisionistas o brokers, distribuidores o dealers.

III.2 CONCEPTOS

Previamente conviene dejar constancia de la confusión doctrinal, de derecho positivo y jurisprudencia, que existe con respecto al representante frente al agente, en el ámbito tanto civil como mercantil, doméstico como internacional.

Por otra parte, desde la operativa comercial, no existe un lenguaje común a la hora de hablar de los denominados intermediarios comerciales. Desde el derecho anglosajón, basado en el precedente, pasando por el sistema del derecho continental nucleado entorno a la Ley escrita, y hasta el sistema arabe basado en el Corán, se cruzan y yuxtaponen concepciones distintas.

Sinteticemos los conceptos y mociones siguientes:

Contrato de representación

Acuerdo por el se obliga una persona -representante- a prestar el servicio de aportar clientela a otra -representada- por cuenta y encargo de ésta, recibiendo aquella una comisión pactada, como contraprestación a su intermediación.

En principio, el representante no podrá concluir en firme operaciones jurídicamente hablando, solo presentará al cliente abriendo un fondo de comercio o "goodwill", a favor de la representada.

Contrato de agencia

Por el que un empresario -AGENTE- mediante una remuneración y con cierta independencia, asume el encargo de otro empresario-MANDANTE- para preparar, promover o realizar contratos mercantiles por cuenta de este.

Se diferencia del COMISIONISTA:

1. Este actúa de forma aislada, no permanente.

2. El Agente tiene que estar inscrito en un Registro o Colegio, el Comisionista no.

Se diferencia del DISTRIBUIDOR

1. Este compra en firme para revender, actuando por cuenta propia fijando sus precios.

2. El Agente actúa por cuenta del MANDANTE (fabricante o exportador), y no fija directamente los precios de comercialización, salvo pacto en contrario.

En resumen:

— *El REPRESENTANTE, captará clientela pero no concluirá ni firmará ventas. Lo hará directamente la representada con el cliente extranjero. Percibirá a cambio, una comisión sobre el valor de la operación.*

— *El AGENTE, actúa por cuenta de su mandante -fabricante o exportador-, no adquiere ni la posesión ni la propiedad de las mercancías salvo que actuase en régimen de consignación. Solo tiene su disponibilidad para comercializarlas.*

Por tanto el AGENTE, podrá firmar y concluir contratos en nombre de su MANDANTE, pero circunscrito al territorio fijado en el contrato, con derecho exclusivo, principal o autorizado, concurriendo simultáneamente en este caso con otros vendedores, en un mismo mercado y con análogas competencias.

— El DISTRIBUIDOR, actúa por cuenta propia como el comisionista, tiene la posesión y propiedad de las mercancías. Viene obligado a dar un servicio técnico o postventa.

En el supuesto del DISTRIBUIDOR, por contrato se compromete con el fabricante o exportador a garantizar un stock mínimo de piezas de repuesto o de recambio -si son bienes industriales- y en todo caso a ofrecer un servicio de asistencia y mantenimiento a sus clientes. Revenderá, por conducto de sus subdistribuidores. La bonificación que le concede el exportador extranjero, suele ser más alta que la comisión del agente, ya que asume un riesgo mayor. A veces, el exportador puede prestarle ayuda creditícea para las existencias, en condiciones ventajosas.

Contratos de Distribución y Comisión

Con carácter general, el CONTRATO DE DISTRIBUCION, carece de reglas específicas. El DISTRIBUIDOR puede ser una persona física o una sociedad independiente que compra en firme mercancías a un fabricante, o a otro distribuidor, revendiéndolas a terceros. Responde de la insolvencia o de la falta de cumplimiento por parte de la persona a quien comercializa sus productos. El fabricante puede exigirle unos objetivos mínimos de compra, servicios postventa, uso de marcas propias o nombres comerciales específicos, etc.

Por su parte, el CONTRATO DE COMISION, suele tener regulación concretada en códigos. La comisión mercantil sería un ejemplo característico.

El COMISIONISTA, a diferencia del AGENTE, concluye contratos en nombre propio, pero por cuenta y riesgo del

COMITENTE. El preaviso, con un plazo razonablemente en función de la vigencia del contrato, se podrá ejercitar notificando a la otra parte el fin anticipado a la no prórroga del contrato. Bastará con unos meses, debiéndose notificar tal preaviso por escrito.

Dada la importancia creciente en la actualidad de los contratos de DISTRIBUCION en el comercio exterior, como forma de implantar en el extranjero un producto con o sin marca del exportador o, del propio Distribuidor, se resumen los principales derechos y obligaciones de las partes.

• Derechos y obligaciones del FABRICANTE EXPORTADOR

— Derecho a fijar y modificar, precios y condiciones de pago.

— Derecho a determinar las condiciones de suministro de los productos.

— Derecho a reservarse ciertos clientes, a los que podrá directamente vender sus productos.

— Derecho a especificar las referencias comerciales, financieras y tecnológicas de sus condiciones generales de venta.

— Derecho a limitar sus responsabilidades debidas a fuerza mayor, riesgos o causas imprevisibles.

— Derecho a rechazar pedidos por causas justificadas, como carecer de stocks.

— Derecho a visitar a los clientes investigando la contabilidad del Distribuidor.

— Obligación de capacitar al personal del DISTRIBUIDOR.

— Obligación de facilitar los apoyos promocionales y de financiación para las campañas publicitarias en el territorio del DISTRIBUIDOR.

— Obligación de informar de cualquier innovación, mejora o diseño en los productos, objeto de la distribución.

• Derechos y obligaciones del DISTRIBUIDOR

— Derecho a revender los productos con carácter exclusivo, principal o autorizado, en el territorio contractualmente delimitado.

— Derecho a toda clase de informaciones científico-técnicas, del fabricante o exportador.

— Derecho al apoyo promocional de catálogos, muestras, modelos y documentación necesaria para iniciar campañas publicitarias.

— Obligación de utilizar la marca de los productos, solo en relación a los productos del fabricante.

— Prohibición del uso de marca y demás derechos de propiedad industrial e intelectual, después de la terminación del contrato.

— Obligación de cuidar los intereses del fabricante para incrementar las ventas de sus productos.

— Cumplir los objetivos mínimos de compra pactados.

— Abstenerse de actos que supongan ir contra la libre competencia o realizar acciones de competencia desleal.

— Obligación de informar periódicamente de las reventas realizadas, precios de la competencia, nuevos productos y desarrollos del mercado, clientes, etc.

— Cumplir el deber de secreto profesional, incluso después de expirado uno o dos años el contrato.

— Responsabilidad por actividades publicitarias y liquidación de ayudas financieras para la promoción de los productos objeto de las distribución.

— Stock mínimo de productos, piezas de respuestos y de recambios.

— Requisitos mínimos sobre la competencia técnica del DISTRIBUIDOR.

• La distribución en el ámbito comunitario

Cuando se opera en el territorio de cualquier empresa con nacionalidad de un país perteneciente a la Unión Europea, debe tenerse al menos en cuenta:

1) En principio, los contratos o acuerdos de distribución exclusiva, están prohibidos por el art. 85 y siguientes del Tratado de Roma (prácticas restrictivas o colusorias, abuso de posición dominante y ayudas públicas).

2) Sin embargo cuando aporten ventajas para la colectividad de los consumidores, se han establecido EXENCIONES

a la aplicación del art. 85-3 por la Comisión, en base a su categoría. Por su carácter anticompetitivo se citán:

— Los acuerdos recíprocos de exclusividad entre fabricantes competidores, cuando la cifra de negocios de las partes es inferior o igual a 100 millones de ECUS.

— Los contratos o acuerdos recíprocos de dos empresas pertenecientes a estados miembros, operando en régimen de exclusividad en la reventa, en todo el territorio comunitario o en una parte determinada del mismo.

El Reglamento es el n.º 83, de 22 de junio de 1983.

III.3 CARACTERISTICAS GENERALES

Los contratos de intermediación comercial, carecen, en general, de una regulación unificadora en los diferentes sitemas legales. La autonomía de las partes juega un papel decisivo, así como los usos y costumbres de cada sector. Visualicemos algunas de sus características.

En una compraventa internacional por intermediación de agente, se deduce:

— Quien facturará será directamente el vendedor (EXPORTADOR) al comprador (IMPORTADOR).

— Habrá sido negociada esa operación, gracias a la intervención del AGENTE del exportador.

— Este percibirá a cambio, una comisión por el valor y cuantía de la operación, en función del sistema pactado en el contrato con su MANDANTE o EXPORTADOR.

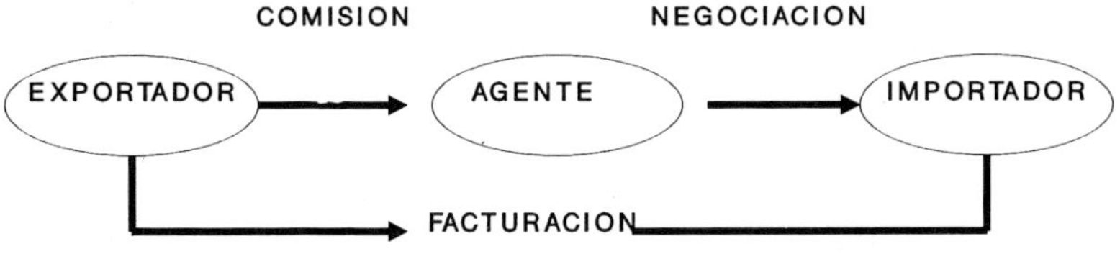

Será cuestión distinta, en el supuesto en que se opere con un DISTRIBUIDOR exclusivo, o DEALER.

Pasemos a ver esquemáticamente como funciona una compraventa internacional, desde la vertiente del explotador utilizando los servicios de su DEALER.

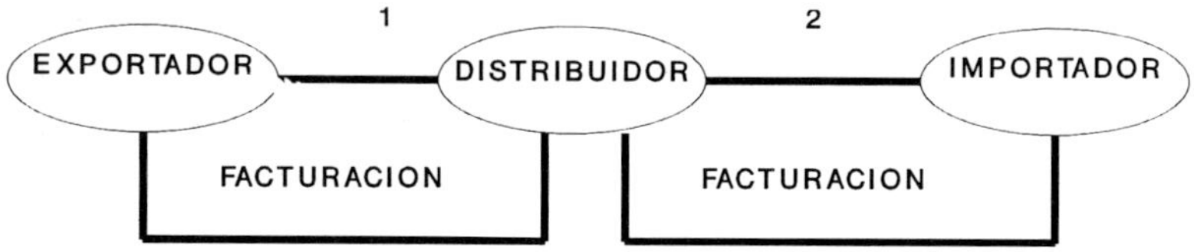

La operación se descompone en dos contratos: La venta primera al DISTRIBUIDOR. La reventa de aquel al cliente -IMPORTADOR-, en el territorio concedido, según el contrato suscrito con el Fabricante o exportador. El DISTRIBUIDOR, podrá conceder créditos a sus clientes según su propio criterio y, facilitará las instalaciones y servicios necesarios.

Las características básicas -ya que las peculiaridades de cada operación de intermediación varían en función del producto, mercado, situación económica, nacionalidad del importador, país de destino, homologaciones y demás trabas burocráticas administrativas aduaneras-, se pueden resumir en:

REPRESENTANTE COMERCIAL

1. Preferentemente persona física y no Sociedad.

2. Vínculo laboral como asalariado se presume, salvo prueba en contrario:

- Preaviso en caso de despido.
- Derecho a vacaciones anuales.
- Seguros sociales y de desempleo.

3. Como actividad profesional prioritaria se centra, en la toma de pedidos por cuenta del empresario. Estará en contacto con la clientela y promocionará los productos, por cuenta del empresario.

4. Ejercerá con carácter exclusivo, preferentemente, y constante la profesión de representante.

5. No podrá realizar operaciones comerciales a título personal.

6. Suelen tener un status o regulación específica.

7. Se especificarán en el contrato, los productos representados y el territorio atribuido.

8. La empresa determinará la clientela inicial que aporta al contrato con su representante. Este, tendrá derecho a una indemnización por clientela.

9. Si por tiempo determinado se ha pactado el contrato, sin posibilidad de renovación, al expirar el plazo no tendrá derecho a indemnizaciones, en principio.

Si lo fuera por tiempo indefinido, y se denuncia, sin que se atribuya al representante, éste tendrá derecho a una indemnización como asalariado además la indemnización por clientela -antes citada- fijada por el Juez de lo Social.

A título de ejemplo, se pueden hablar de uno o dos años de comisiones, dependiendo del país donde actúe y en función de los usos y costumbres de cada sector.

10 La jurisdicción competente, será la laboral, sin poder pactar cláusula arbitral alternativa.

A un representante en un país extranjero se le exigirán tres "C": carácter, capital y capacidad.

Es decir, profesionalidad, gran solvencia crediticia, organización de una red de ventas y buena reputación, en los medios y sectores comerciales.

Explíquele con precisión el objetivo y transmita las metas que su empresa espera alcanzar en el mercado, gracias a su gestión. Compartan dificultades y disfruten conjuntamente de sus éxitos.

No se deberá olvidar nunca que la Cooperación empresarial, es la base de todo Negocio. Compartir riesgos supone asumir responsabilidades Los contratos solo se suelen consultar, cuando se producen las dificultades. Evítese este error y podrá salvar su negocio.

AGENTE COMERCIAL

1. Puede ser una persona jurídica y, debe estar inscrito en un Registro especial.

2. Actúa autónomamente sin dependencia laboral. Aportará la prestación de servicios profesionales de su intermediación comercial.

3. Actividad profesional centrada en firmar y concluir contratos de comercialización, gestionados directamente y suscritos en nombre y por cuenta de su MANDANTE.

4. También podrá tener derecho a indemnizaciones por clientela, cuya cuantía fijada por el Juez, está en dos años de comisiones como media, variando segun país y sector.

5. Estos contratos se podrán negociar sometiéndose a otra ley diferente, así como la jurisdicción competente podrá ser, tanto vía tribunales como arbitraje.

Al analizar el clausulado de estos contratos, se volverá sobre esta crucial decisión.

III.4 CLASES DE CONTRATOS DE INTERMEDIACION

Desde una vertiente comercial, y en su más amplio sentido del término, los agentes comerciales se dividen en:

— Agente a comisión.

— Distribuidor.

Otra clasificación, es atendiendo a su mayor o menor autonomía.

— Representante (escasa).

— Agente (plena).

— Distribuidor (absoluta).

En función de :

a) La actividad:

— Compra.

— Venta.

— Alquiler.

— Prestación de servicios.

b) Los sectores donde actúen:

— Comercial: En la comercialización de:

- Productos
- Bienes
- Servicios.

— De seguros: Estos contratos tienen legislación especial.

— De marca: Corresponsales, con propia legislación.

Pasemos, seguidamente a comentar la regulación del contrato de agencia comercial que tiene en el ámbito de la actual Unión Europea, su trasposición en la Ley española de 27 de mayo de 1992.

III.5 DIRECTIVA 86/653 DE 18-XII-86 SOBRE AGENTES COMERCIALES INDEPENDIENTES Y LEY DE 27 DE MAYO DE 1992

La Directiva, publicada en el Diario Oficial de la Comunidad Europea sección Legislación (DOCE-L 382/17), obliga a los países miembros de la CEE, hoy ya Unión Europea, desde el primero de noviembre de 1993, a introducir en sus respectivos derechos nacionales un mínimo de protección para los AGENTES COMERCIALES, sin perjuicio de que cada país pueda contemplar un mayor grado de cobertura.

Su *ámbito de aplicación* es la CEE a partir de 1.990, excepto en Irlanda y el Reino Unido, que tienen un período transitorio hasta el 94.

Se excluyen los sectores de:

— Publicidad.

— Seguros.

— Inmuebles.

— Alquiler materiales.

— Bolsa.

— Viajes.

— Aduanas.

Se aplicará a los contratos en curso, que hayan sido concluidos antes de la recepción por el derecho interno o nacional, denominada trasposición.

En principio, la Directiva 18-XII-86 sobre Agentes va contra la retroactividad de las Leyes de numerosos países de la CEE.

Por sus efectos, se asemeja a un Reglamento Comunitario, ya que las partes no pueden eximirse de las obligaciones recíprocas, del derecho a obtener un escrito firmado, aunque no es una obligación para la validez del contrato. El plazo de preaviso ,-en función de la duración del contrato-, la vigencia máxima de la cláusula de no competencia -después de concluido el contrato-, disposiciones relativas a la comisión, el derecho del Agente a exigir justificaciones de las comisiones debidas y a ser indemnizado por el Mandante, son algunas de las cuestiones de interés de la Directiva comentada.

Hay obligaciones irrenunciables con efecto directo: Buena fe de las partes, información recíproca y diligencia.

El Agente viene obligado, ha elaborar algo más que un informe de su gestión.

El Mandante deberá informar del estado de la ciencia y de la técnica de sus productos, y sobre cualquier innovación o desarrollo. También facilitará al Agente, una relación de las comisiones devengadas.

La "diligencia" tiene una interpretación jurisprudencial muy restrictiva. No podrá hacer competencia desleal a su Mandante y, éste, a la recíproca, al Agente.

El Agente asume el riesgo del resultado de su gestión, a diferencia del Representante que transfiere el riesgo a través de la seguridad de su retribución.

El Agente organizará libremente desde su horario de trabajo, hasta sus actividades con la clientela y plan de acción autónomo. Actúa en nombre y por cuenta del MANDANTE. Se diferencia del COMISIONISTA, en que actúa por cuenta de un empresario, aunque representa sus intereses propios.

El comisionista actúa en nombre propio y por cuenta ajena.

Es decir, concluye directamente la venta por cuenta del COMITENTE.

En la práctica comparada de la CEE:

El acuerdo de garantía esta limitado al pago de la remuneración del Agente.

La cláusula DELCREDERE estipulada en un contrato, por la que el AGENTE se obliga frente al MANDANTE o PRINCIPAL, al cumplimiento por parte del cliente de las obligaciones contraídas con aquél.

Sólo cuando se inserte esta cláusula, el AGENTE será responsable de la insolvencia de un tercero con quien el MANDANTE haya firmado un contrato por su mediación.

Se conoce también como:

— CONVENCION DUCROIRE (Francia y Benelux).

— DELCREDERE KONVENTION (Alemania).

— DELCREDERE PROVISION (Gran Bretaña).

En la Convención del Benelux, este pacto está regulado expresamente, permitiendo al Juez intervenir para reducir la responsabilidad del AGENTE, cuando existe una gran y manifiesta desproporción entre el riesgo asumido por el AGENTE y la comisión pactada.

Concepto

La Directiva no se pronuncia sobre la naturaleza del mandato al agente. Según la Corte de Casación Francesa, es civil, "en nombre y por cuenta del Mandante" a diferencia de numerosos países de la CEE, que se le reconoce el carácter mercantil. En el Derecho español se tipifica en la figura del FACTOR mercantil (no confundirlo con el contrato de factoring) Artículo 286 del Código de Comercio. Pero, habrá que estar hoy ya, a lo dispuesto en la nueva Ley de 27 de mayo de 1.992 que regula el contrato de agencia. Se recomienda su estudio.

Por otra parte, la Directiva, define al AGENTE en su artículo 1.2 como "aquella persona que se encarga de negociar por cuenta de otra, la venta o compra de mercancías, ya sea de negociar y concluir estas operaciones en nombre y por cuenta del empresario".

Marca el acento, por otra parte, en la importancia de las INFORMACIONES PRECONTRACTUALES: Estudios de mercados, información y cooperación para preparar las ventas, llegando hasta la verificación sobre la solvencia de los clientes.

Concluido el contrato, el AGENTE se obliga:

— A recibir y consignar productos por cuenta de la empresa o MANDANTE.

— A cobrar créditos de los deudores.

— Atender y recibir reclamaciones por vicios de las mercancías.

Obligación clave

La EXCLUSIVIDAD, depende del ámbito geográfico o TERRITORIO en que se inscriba el contrato, pero sin afectar al personal.

Varía en las legislaciones nacionales de la U.E. Por ejemplo, en el derecho italiano se considera como un elemento esencial a diferencia de la Jurisprudencia, que lo contempla como elemento facultativo al contrato. En el Benelux, se considera como mera posibilidad o facultad y no como obligación. Es decir, las partes, pueden eximir expresamente la exclusividad en favor del agente. En el Derecho Anglosajón, no se podrá nombrar otro Agente en la zona o territorio, dando derecho a exigir responsabilidades por los perjuicios ocasionados por tal violación. Se distinguen: SOLE AGENT, el Mandante hace negocios en la zona sin mediación del Agente; EXCLUSIVE AGENT, no podrá el Mandante operar directamente por estar reservada a su Agente exclusivo. En el Derecho Francés, la excepción confirma la regla de la simple autorización, de manera semejante a nuestro Derecho.

Solo tendrá efecto la exclusividad, cuando se pacte en el contrato.

Obligaciones importantes

La conclusión del contrato de agencia, podrá dar derecho a la indemnización o no, según cual sea el motivo:

a) El contrato expirará por llegar a su vencimiento, si es de duración determinada. Aquí, la Directiva protege al AGENTE.

Los contratos de duración LIMITADA que sigan siendo ejecutados por ambas partes, después de transcurrido el plazo inicialmente previsto, se considerarán transformados en contratos de duración ilimitada o indefinida.

En los de duración ILIMITADA, la resolución ordinaria será válida si hay un preaviso a la otra parte, dentro de ciertos plazos. De 1 mes por año de vida, con un máximo de 6 meses en la Directiva. La resolución en este caso, podrá dar derecho a indemnización.

Las partes podrán pactar los plazos del preaviso en el contrato, en términos más amplios, pero el plazo del MANDANTE, no podrá ser más corto de 1 mes para 1 año, 2 meses para 2 años y 3 meses para 3 años.

En Alemania, es de 6 meses para 1 a 3 años, previo al término de un trimestre natural. En Francia, la Jurisprudencia fija 6 meses tanto para 1 como 6 años y, en Italia, entre 4 a 6 meses para 1 a 6 años. Ver la Ley española de 1992 de 27 de mayo, insertada en los anexos.

b) Resolución anticipada por incumplimiento de una parte, total o parcialmente, o por circunstancias excepcionales. En este caso, deberá siempre decretarla el juez.

Las causas de resolución o ruptura anticipada del contrato son parecidas en la U.E.

c) La indemnización por fin del contrato. No se ha conseguido la armonización Comunitaria. Se distinguen, no obstante:

— LUCRO CESANTE: comisiones no ganadas por el Agente, sobre previsiones. Por ejemplo, lo que se ha dejado de ganar, y no las perdidas por la fabricación de un producto que no se ha podido vender.

— DAÑO EMERGENTE: Pérdidas reales por los gastos y costes realizados por el Agente y no amortizados, sobre realizaciones. Por ejemplo, gastos en salarios de su red de ventas.

Da derecho a indemnizar, en principio:

1) Por fin del contrato a plazo.

2) Por muerte del Agente.

3) Por invalidez, enfermedad o edad avanzada, que impida la continuación del contrato.

Se excluyen del derecho a la indemnización:

1) Por incumplimiento culposo del Agente, que justificase la terminación del contrato, sin preaviso.

2) Por cesión a un tercero, de los derechos y obligaciones del Agente, sin autorización previa y por escrito del Mandante.

3) Por fin del contrato, sin causas excepcionales y justificables del Agente.

El importe máximo de indemnización, no podrá exceder de 1 año de remuneración, calculada sobre la media de los 5 últimos años. Si la vigencia del contrato es menor de 5 años, se calculará a partir de la media del período de duración.

La cláusula de "no competencia", supone no poder trabajar el Agente con otro mandante, que tenga un negocio similar.

- Deberá pactarse por escrito, sin formalidad especial.
- Limitada a la clientela, territorio y productos fijados en el contrato.
- No superará los 2 años de concluido el contrato, por lo general.
- Nada dice la Directiva, si podrá en este caso, tener derecho a indemnización.

La Directiva, finalmente, supone una protección del Agente, pero ésta es menor que en el Benelux o en la República Federal Alemana, por citar tan sólo dos casos.

LEY ESPAÑOLA DE 27 DE MAYO DE 1.992 SOBRE CONTRATO DE AGENCIA

Promulgada en gran medida para armonizar su contenido con la Directiva 86/653 de 18 de diciembre de 1986.

Reguladora de los agentes comerciales independientes, consta de 3 capítulos, 1 disposición adicional y otra transitoria. A lo largo de sus 31 artículos, modifica su antigua regulación del Código de Comercio. Destaca el carácter de intermediario y sus diferencias con figuras afines. Se sugiere su lectura. Ver anexos.

Como cuestiones de mayor interés a la relación mercantil entre los agentes comerciales y sus empresarios, caben destacar:

— El contrato obliga a un profesional o a una empresa de forma continuada o estable, a promover operaciones de comercio en nombre del mandante como intermediario independiente.

— La remuneración del agente puede consistir en una cantidad fija, una comisión o una combinación de dos sistemas precitados.

— No se considerarán agentes, los representantes que tengan una relación de carácter laboral con la persona con la que actúan.

— No es de aplicación esta Ley especificamente, a los agentes de mercados de valores.

— El agente puede actuar por sí, o por medio de sus colaboradores subordinados.

— Salvo pacto en contrario, puede el agente actuar profesionalmente para varias empresas.

— De la relación profesional entre el agente y la empresa o mandante, se generarán obligaciones y derechos recíprocos.

— Podrá pactarse la limitación de hasta dos años de las actividades del agente en el mismo sector, una vez concluido el contrato con la empresa.

— La extinción del contrato, salvo que fuera debido a culpa del agente, dará derecho a éste para ser indemnizado por la clientela que aportó durante su vigencia al empresario.

— Como jurisdicción competente ante cualquier litigio, será el juez del domicilio del agente comercial.

— Los contratos celebrados antes de mayo de 1992, no les será de aplicación esta normativa hasta el primero de enero de 1994.

III.6 CLAUSULADO CONVENCIONAL: LA RESPONSABILIDAD POR DAÑOS DE PRODUCTOS DEFECTUOSOS

Deberá tenerse siempre en cuenta, que estos contratos de intermediación, no contengan ninguna disposición incompatible con las disposiciones legales del país donde se ejecute y deba ser cumplido, total o parcial.

Sin animo de ser exhaustivos y de evitar reiterar acciones sobre cuestiones anteriormente tratadas, comentaremos las siguientes:

Contrato de Agencia

1. NOMBRAMIENTO

Reunión de partes contratantes. Se especificará la identidad. Es decir, la legitimación y la situación jurídica de las partes, como sociedad, indicándose el tipo, o como comerciante individual, si se trata de un particular. Deberán constar los datos de constitución y registrales, NIF, y demás informaciones que permitan la identificación de la empresa y ó, del comerciante.

Podrá determinarse, un domicilio a efecto de notificaciones distinto del social, para comunicarse las incidencias durante la vida del contrato.

2. ANTECEDENTES

Breve y clara descripción del objeto social de cada parte, y del acuerdo previo a desarrollar en el contrato.

Un contrato documentado y legal, implica la mejor protección para las partes y la mayor garantía de sus derechos. Tengase siempre presente.

3. OBJETO

Se fijará de forma precisa el carácter de exclusivo, autorizado o principal del representante o del agente, en su caso, precisándose la naturaleza jurídica de cada contrato.

4. TERRITORIO

Es el área contractual objeto de la venta, exclusiva o no. Se especificará por países más que por zonas geográficas. Ejemplo, si la zona designada es el caribe y existen dos contratos exclusivos con dos agentes, uno para dicha "zona" y otro para EE.UU, puede surgir conflicto con el MANDANTE español, por comercializarse en el Caribe por la vía del Agente EE.UU en Puerto Rico. Este se defiende, argumentando que es zona de su directa influencia, por ser un Estado Libre Asociado de EE.UU. El Agente del Caribe pide indemnización al MANDANTE español, por no haber protegido y previsto esta consecuencia lesiva para él.

5. MERCANCIAS Y BIENES

Especificar, de tal manera que puedan ser identificadas y verificadas tanto por las autoridades competentes como por el propio comprador. Se evitaran retrasos y pérdidas en trámites farragosos aduaneros. De ser posible, se determinará la naturaleza y el uso a que se destinan, reforzando la garantía.

Podrá precisarse si el representante o el agente comercial tienen facultades, para aceptar o no, la representación.

Se podrán determinar las cantidades máximas y mínimas de productos, que el mandante expedirá en plazos fijos, o a negociar por las partes.

6. CLIENTELA COMERCIAL

Se entiende por cliente comercial la relación de los clientes, por ejemplo, que un año antes, de su entrada en vigor del contrato, compraban ya los productos del Mandante. Para estos clientes tradicionales, se devengará una comisión mínima al agente. Para los que gestionen directamente, aportando nuevos clientes, se les reconocerá una máxima comisión.

7. SUMINISTRO

Se determinarán las condiciones de entrega, de acuerdo con los usos y costumbres del sector en cuestión.

La aceptación o condiciones impuestas en el contrato sobre los pedidos, no deberán admitirse, si la venta es en firme. Atención con las devoluciones. Establecer condiciones claras y por escrito.

La notificación de fechas y plazos de entrega y de recepción, en función del INCOTERM pactado, deberán hacerse por escrito y, ser conocido con la debida antelación por el representante, agente y cliente. Igualmente se procederá a determinar con claridad, las condiciones para la aceptación de todos o parte de los pedidos.

8. DEVOLUCIONES

Los productos, a veces, so pretexto de que no se ajustan a las calidades contratadas, se exigirán sus devoluciones.

También se pedirá alternativamente y en plazo perentorio, la devolución de esa partida que no se ajusta a lo contratado en firme (devoluciones a origen), y reposición a costa del exportador que tendrá que reimportarlos para sustituirlos y luego reexportarlos a su riesgo y costa. O finalmente, se solicitará una bonificación o descuento del precio de la operación.

Si la venta es en firme, se limitarán las posibles devoluciones al máximo por circunstancias excepcionales y debidamente probadas.

9. PRECIOS Y REVISIONES

Se exige dar un precio cierto en dinero, determinado en una moneda, o determinable, en función de la oferta y demanda del producto, objeto del trueque con relación a una fecha pactada. Por ejemplo: la fecha del suministro del producto o mercancía.

Las eventuales revisiones, en función de la naturaleza de las mercancías, deberán previamente determinarse en el contrato a base de fórmulas matemáticas y, preveyendo el incremento o eventual disminución, de todos los elementos cifrados objetivamente con relación a índices consensuados por las partes.

Tecnicamente se denomina cláusula ESCALATORIA la compuesta por una fórmula polinómica, en base a parámetros objetivos como el coste de materiales, mano de obra, de energía, etc.

10. FORMA DE PAGO

Siempre que sea posible, se exigirá al comprador, crédito documentario irrevocable y confirmado pagadero en las Cajas del Banco que indique el vendedor, por ejemplo, pagadero a 30 días fecha factura, o pagadera a la vista de los documentos tales como: factura comercial, certificado de origen, conocimiento de embarque, certificado de homologación, etc.

Otras formas empleadas son, remesa simple, pagaré y orden de transferencia.

Como ya se apuntó, constantemente están surgiendo nuevos medios de pago en el comercio internacional. Lo prudente será, antes de cerrar la operación asesorarse debidamente del medio más efectivo que garantice la manera de cobrar el precio pactado en el contrato.

Si la piedra angular de la operación comercial es el contrato, síntesis de derechos y obligaciones, la forma de pago será uno de los puntales, por su importancia práctica.

11. COMISION

Es la contraprestación económica que recibirá el intermediario.

Cuestiones que deberán contemplarse, entre otras, son:

- El porcentaje y base de su cálculo. Por ejemplo: 3% neto, -deducidos impuestos, fletes, seguros, etc.-, sobre el valor de la factura girada al cliente.

- Moneda de pago y tipo de cambio aplicable con relación a una fecha, si fuere posible pactada en el contrato: A la entrega de las mercancías, por ejemplo.

• Qué podrá suceder si se anula un pedido, falta de entrega de las mercancías por el vendedor, suspensión o quiebra del comprador, bonificaciones o descuentos. ¿Tendrá derecho a todo o parte de la comisión, el Agente?

• Período de liquidación, generalmente a trimestre vencido, salvo pacto en contrario.

• Momento en que nace el derecho al cobro. Por ejemplo, contra el pago de la factura girada al cliente.

• Derecho a cobrar comisión el agente por los primeras operaciones o por las subsiguientes, también cuando se dirijan las ordenes directamente al MANDANTE, sin mediar intervención positiva de su parte.

12. PUBLICIDAD Y PROMOCION

En ocasiones y para algunos productos, se podrán especificar en el contrato, en términos generales, la cantidad de personas encargadas para la promoción de las ventas, el porcentaje destinado al esfuerzo de comercialización, los métodos, y la responsabilidad para su programación y pago.

El empresario o Mandante, facilitará ayuda publicitaria en forma de folletos, modelos y material publicitario de cara al inicio de las campañas que organice el representante o el propio Agente, en el territorio consignado en el contrato.

También facilitará ayuda financiera en porcentajes decrecientes a la vigencia del contrato, pasando al tercer o cuarto año, a ser asumidas integramente estas inversiones por sus agentes.

La publicidad será inversión y no gasto.
Deberá estar supervisada por el Mandante.

13. GARANTIA

Su contenido deberá ser claramente expuesto por escrito.

Especificar qué comprende. La sustitución y/o reposición gratuita de los productos. En qué supuestos, plazos y de qué forma se efectuará.

En caso de discrepancia de la naturaleza del defecto o vicio -bien oculto o debido a la manipulación indebida del comprador- se acordará someterlo a una Institución especializada que dictaminará. Ej.: BUREAU VERITAS, TECNOS, ATISAE, EUROCONTROL, INTA, etc. Por la voluntad de las partes, será vinculante dicho dictamen para las mismas.

Relacionado con la garantía de los productos, las normalizaciones y homologaciones, deberán de cumplirse y explicitarse en cada caso, según la normativa vigente.

14. MEJORAS

Notificada puntual y formalmente cualquier innovación, mejora o desarrollo técnico por el vendedor a sus Agentes, para que puedan conocer las nuevas líneas de I + D del Mandante. En determinados sectores, será vital esta exigencia para poder competir con los demás, como en la electrónica, informática, robótica, etc.

15. PATENTES y MARCAS

Su reconocimiento, protección e investigación en el territorio concedido, deberán especificarse por cuenta de quien y que tipo de gastos supondrán, la debida protección registral.

Con la PATENTE, se adquiere un derecho exclusivo para explotar un invento durante veinte años, a partir de la solicitud. Para ello, deberá protegerse inscribiéndose y registrándose correctamente. Los interesados en el uso del objeto registrado, necesitarán la aprobación del titular de ese derecho, que es la PATENTE.

Cabe reseñar como condiciones para patentar un invento:

— Que suponga una novedad mundial y, que no sea accesible ni publicamente.

— Que se explote con fines industriales.

— Que sea resultado de la intervención humana, obteniéndose un producto material o un procedimiento, excluyéndose las meras ideas.

Una PATENTE es válida, en principio, para el país donde se registra. No obstante, los países que han firmado el Convenio Europeo sobre Patentes, conocido como Convenio de Munich, la protección se podrá extender a todo el conjunto de países y, no tan sólo, a los que lo han firmado. La Patente Europea supone un ahorro de dinero y de tiempo. Incluso, en estos supuestos, la concesión o no de una patente, dependerá de cada legislación nacional.

A nivel internacional, en virtud del Convenio de Cooperación en materia de Patentes (Washington 1970), suscrito por más de 35 países, se facilitan investigaciones sobre la novedad y originalidad de un invento, siendo reconocidos sus resultados en todos los países firmantes del precitado Convenio internacional.

Referido exclusivamente al ámbito estricto de la Unión Europea, se debe mencionar el Convenio de Luxemburgo de 1975.

Dada la complejidad de esta parcela del derecho de propiedad industrial, se sugiere solicitar asesoramiento previo al consultor experto en esta materia para evitar sorpresas posteriores y perjuicios de difícil resolución, en cuanto a las posibles opciones de protección.

Veamos un ejemplo. En Japón antes de 1972, se solia considerar como infración a los derechos otorgados por una PATENTE del fabricante extranjero, la importación por personas que no fueran el representante exclusivo del mismo, es decir, productos procedentes de otra fuente. Por esa razón, los contratos de tal naturaleza, se interpretaban como obligatorios no sólo para las propias partes contratantes, sino también se consideraban que constitutían un impedimento para las llamadas IMPORTACIONES PARALELAS realizadas por terceros. Conocido es el caso que en 1964 sucedió a un fabricante de plumas estilográficas que interpuso un pleito en Tokio, para impedir las IMPORTACIONES PARALELAS. El litigio se falló a su favor, por haberse violado los derechos de PATENTE del fabricante.

Posteriormente, en 1970, este fallo fue revocado por un tribunal de OSAKA, al igual que sentencias dictadas en otros países de la Unión Europea, sin que se prohiban tales prácticas, aunque se intentan legalmente obstaculizar ya que perjudican a los distribuidores oficiales. En el caso de que el producto importado no sea de buena fe, como en el supuesto de la empresa "X", cuya patente ha sido utilizada por una empresa sin ninguna relación con "X", podía llegar a prohibirse la importación de los productos fabricados bajo dicha PATENTE, basándose en que ésta, infringía los derechos exclusivos de la empresa "X".

Sin embargo, cuando el producto de dicha empresa "X", primero se vendiera a la empresa "Z", y luego lo importa a una tercera, que no sea el Distribuidor o el Representante exclusivo, se considerará que es un producto de buena fe y, por tanto, no sujeto a limitaciones de importación.

Esquema importación paralela

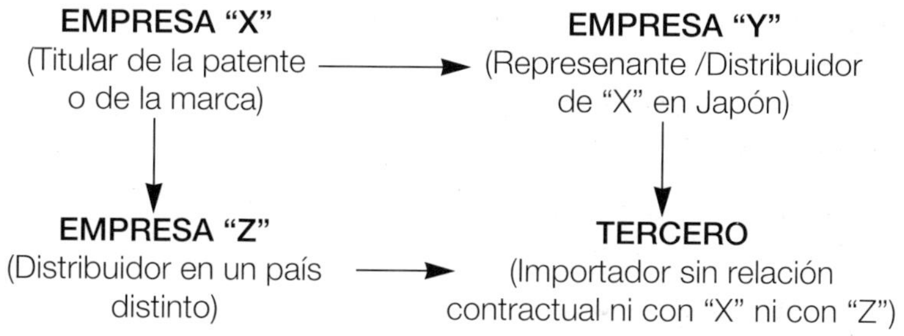

Marcas

En relación a las MARCAS, como signos distintivos que prestigian las ventas de productos y servicios en un país extranjero, deberán investigarse, si están disponibles o no, también en dicho país.

En octubre de 1993 se aprobó, que la futura sede de la Oficina de Marcas Europea resida en Alicante, esperando pueda ser operativa durante 1994-95.

Un tema de interés práctico es que cuanto más descriptiva sea la Marca, menor nivel de protección tendrá, ya sea de productos o ya sea de servicios. La razón está en que un término descriptivo, no puede ser monopolizado como Marca. Y, en el supuesto de conflictos con otras, se considera clave la fecha, e incluso, la hora, más antigua del depósito registral.

También podría oponerse el titular de una Marca al uso de otra, tratándose de mercancias o servicios distintos registrados. Sería el caso de aquellos de inferior calidad y categoria que pudieran suponer pérdida de prestigio. Por analogía, pueden no autorizarse cualquier otro uso en el mercado, de una Marca semejante, sin razones justificadas susceptibles de perjudicar los intereses del titular de la Marca.

Las Marcas podrán cederse a terceros, debiendo estar inscritas en el Registro correspondiente, las licencias o traspasos sobre las mismas.

El Depósito Internacional de Marcas, a partir del Convenio de Madrid de 1991, facilita el registro internacional de Marcas en más de 30 países, entre ellos España. Por tanto, en base a un depósito nacional de una Marca, el titular puede solicitar un depósito internacional para uno o más países de los mencionados. Es decir, permite este sistema registrar una Marca simultáneamente en varios, sin tener que hacerlo individualmente en cada uno de los países. La duración es de 20 años. Se debe tener en cuenta que si un depósito internacional fue solicitado, dentro de los 6 meses a contar desde la fecha del depósito inicial, aquel tendrá en cada país de aplicación, efecto retroactivo hasta dicha fecha, existiendo un verdadero derecho de prioridad.

Por otra parte, la Marca comunitaria, consiste en el derecho que tiene su titular en el ámbito de la Unión Europea, a diferencia del depósito internacional, pudiendo el depositante especificar en qué países solicita dicho depósito.

Coincidiendo con el cierre de la presente publicación, el Reglamento sobre la Marca Comunitaria aparece publicado en el Diario Oficial (DOCE) sección Legislación (L11/del 14 de enero de 1994). Aprobado en Bruselas el 20 de diciembre de 1993, entrará en vigor el 14 de marzo de 1994. La protección de la Marca Comunitaria será de diez años pudiéndose renovarse. Caducará a los cinco años por falta de uso.

La Marca Europea, no sustituye a los sistemas nacionales de protección de marcas, coexistiendo con aquella.

Finalmente, si una empresa hubiera utilizado con éxito una Marca en un país durante años, puede verse obligada a cambiarla en otro país, si es idéntica o semejante a una ya registrada o, si se utiliza por terceros para servicios iguales o similares.

Licencia, cesión y Royalties

Licencia:

Definimos la licencia como un *derecho,* sujeto a condiciones, concedido por un propietario de una patente, para que terceros —"licenciados"—, puedan poner en práctica todo o parte de lo patentado.

Una licencia, puede asimilarse a un negocio y cifrarse en un valor comparable al capital correspondiente a aquel. Bastará conocer cuáles son las royalties o regalias anuales medias y el porcentaje sobre ventas a aplicar, para llegar a una cifra indicativa.

No sólo debe contemplarse el patentar como una fuente de dinero, al permitir la venta de unos conocimientos. También proporciona la posibilidad de dialogar entre poseedores de las mismas negociando su intercambio. En realidad, esta situación conduce en muchos casos a una potenciación de las empresas dialogantes, que al demostrar una madurez técnica por estar en condiciones de intercambiar conocimientos, pueden llegar a una integración tecnológica, de investigación y desarrollo común en determinadas áreas, y mucho más fácilmente que en cualquier otra situación.

Cesión:

La cesión corresponde a un *traspaso de los derechos de propiedad, actuales o futuros,* sobre lo inventado, por patentar o patentado.

Al dar propiedad personal al inventor de la patente, la fórmula de "assignment" permite la investigación cooperativa y la utilización de los recursos de sociedades, al pasar éstas a ser propietarias de desarrollos. La investigación aplicada y el desarrollo, necesitan de fuertes desembolsos.

La legislación sobre este concepto se basa, en que se inventa con la utilización de medios cedidos por la firma. Si la invención no se realiza, en esta circunstancia el inventor queda propietario absoluto de la misma, aunque tenga firmado un compromiso de este tipo con su patrono.

En EE.UU., es habitual dentro de las condiciones de contratación usuales de las compañías, firmar un documento por el que un empleado se compromete a ceder la propiedad de sus invenciones y mejoras a su sociedad, siempre que utilice los medios de la misma, tanto en temas de su trabajo habitual como en otros de análoga naturaleza.

Comparación entre licencia y cesión:

La diferencia entre ambas fórmulas, que tratan de la comercialización de patentes es grande. Mientras que el *licenciador,* mantiene el título de propiedad y cede derechos de utilización de una propiedad sujeto a condicionamientos en el tiempo, lugar, etc., *la cesión*, supone un traspaso a otro nombre de la propiedad de la patente.

Las licencias pueden subdividirse, en general, en exclusivas o no.

La licencia en exclusiva o la cesión, parece presuponer un pago al contado por la patente. Cuando no se obtengan resultados financieros y el propietario inicial quiera reactivar su comercialización, es necesario que aquel recupere su propiedad mediante nuevas negociaciones.

La licencia exclusiva sólo tiene objeto si se tiene una fe y una confianza ilimitada en el licenciado y, en como éste desarrollará el mercado, ya que efectuado el contrato, el vendedor tiene que adoptar una postura pasiva.

La licencia en base no exclusiva, permite una cierta competencia entre licenciados y su mayor difusión aumenta, por las posibilidades estadísticas de una buena comercialización, aunque incrementa el riesgo de difusión de los conocimientos en ella implicados.

Cuando se licencia en base no exclusiva, suelen estipularse cláusulas que permitan la expiración del contrato, lo que flexibiliza y agiliza toda la operación en este momento.

Debe mencionarse que en la contratación de licencias, cualquier fórmula aceptable por las partes es válida, mientras que la cesión o la exclusividad supone o debía suponer la realización de fórmulas contractuales rígidas, ya que la operación así lo es. De ahí, que sólo en estos casos, pueda hablarse con propiedad de la utilización de formularios tipo que permitan realizarlo sin más, que rellenando las particularidades de los contratantes y la definición completa del objeto del acuerdo.

Estamos hablando de licencias y refiriendonos siempre a patentes. Sin embargo, es usual que haya una parte a veces más importante, economicamente hablando, que la propia suma pagada por la licencia que corresponde a un *"know-how o a una asistencia técnica"*, y cuya cantidad exacta suele ser difícil de conocer por razones de confidencialidad, política de compañía, etc., aún para el comprador.

Royalties

Pagos efectuados al propietario de una patente (o de un "Know-how") por un licenciador:

1. Esta cantidad puede basarse en el número de artículos vendidos o como un porcentaje de: materia prima consumida, producto final obtenido, precio de venta, de costo, en una fórmula fija, en "rappel", etc.

2. La forma de pago: al momento de la fabricación, a la venta, en otras condiciones, etc.

El criterio que importa para el cobro de un "royalty", es obtener la mayor cantidad posible de dinero durante el período de negocio. No obtener beneficios aislados, que pueden ser menores que los obtenidos por el conjunto de circunstancias; el problema, debe por tanto, abordarse con amplitud de miras.

16. TEXTO AUTENTICO

Es frecuente que el contrato se redacte en dos versiones, en idiomas distintos. De la versión original en alemán se traducirá al español, por ejemplo.

Después, podrán plantearse discrepancias sobre el contenido de una versión sobre la otra, derivada de la diferencia de criterios en torno a su traducción.

Recuerde: Dominar una lengua no supone conocer la jerga o tecnicismos vertidos en el contrato.

Determinar el texto o versión que dará fé, se conoce como cláusula de texto auténtico, "...dando fé el texto en versión española". Por ejemplo, aunque la versión original fuera en alemán. Deberá de negociarse su inclusión en el contrato.

17. VIGENCIA

Indicar la fecha en que entrará en vigor y la de expiración normal. Si es indefinido, determinar si existirá preaviso y manera de notificarlo, siempre por escrito.

Podrá determinarse un período de prueba en relación con su duración prevista, por ejemplo de 3 a 6 meses, durante el cual podrá resolverse, sin derecho a indemnización. Será factible la prórroga por tácita reconducción, por análogo periodo de tiempo al inicialmente pactado, debiendo constar por escrito.

18. EXTINCION

Además de las causas generales previstas por la Ley que se apliquen al contrato, se extinguirá por:

• Llegar a su vencimiento o plazo, estipulado en el contrato.

• Incumplimiento de las obligaciones de las partes.

• Imposibilidad legal, o ser contrario al orden público.

• Extinción de la personalidad jurídica, insolvencia, quiebra y por cualquier otra circunstancia, que modifique o pueda modificar, la situación personal o patrimonial de las partes.

19. INDEMNIZACION POR RESOLUCION

Dependiendo de la causa que la motive, deberá inmediatamente notificarse fehacientemente en el plazo establecido al efecto.

El importe o porcentaje y forma de calcularla, deberán determinarse así como la forma de pago y la moneda o divisa en que se hará efectiva.

20. LEY APLICABLE

Deberá informarse previamente a su negociación, la más idónea en cada supuesto, consultando al especialista por la influencia que en el conjunto del contrato, pueda suponer.

La norma general será, aplicar la Ley del país donde el agente ejercite sus facultades conferidas en los contratos. Es decir, aquél en que lleven a cabo cada uno de los actos en nombre y por cuenta del mandante.

Ahora bien, cuando tales actos son verdaderos contratos, se puede sostener que actuan en el lugar donde se perfecciona el contrato y no -aunque sea opinable- donde físicamente emita su declaración de voluntad.

En el ámbito comunitario, se estará a lo dispuesto en el Convenio de Roma de 1980 sobre ley aplicable a las obligaciones contractuales (Ley del vendedor). España firmó el 18 de mayo de 1992, conjuntamente con Portugal, y entró en vigor el 20 de julio.

Por su parte, el Convenio de la Haya de 1986, que excluye las ventas a los consumidores, fija la ley del lugar de cumplimiento, la del país del comprador. El lugar de celebración del contrato y el de ejecución, son puntos de conexión importante en el derecho internacional privado que se deberán tener siempre en cuenta.

Será de consulta, lo comentado al respecto en el apartado II.6, en relación con el contrato de compraventa.

21. JURISDICCION COMPETENTE

Para decidir el sometimiento a Tribunales de Justicia o a la vía arbitral, se deberá examinar previamente el contrato en su globalidad.

No obstante, y pese a ser analizado posteriormente, debemos anticipar las características del arbitraje comercial.

Este no es la panacea, pero en general,se adapta por sus especiales características mejor que la solución jurisdiccional tradicional.

Flexibilidad, mayor celeridad procedimental, especialización garantizada, economía, confidencialidad obligada, garantía y seguridad jurídica, son rasgos típicos de este sistema, no sólo de resolución sino también de prevención de controversias. Algunas de estas características, no se encuentran en los procesos judiciales.

Bastará, que las partes transcriban una cláusula tipo de la Institución o Corte de Arbitraje a la que se someten, comprometiéndose a cumplir el laudo sin dilación. El procedimiento vendrá regulado, por el Reglamento y Estatuto del Organismo, al que se hayan sometido.

22. CLAUSULA ACLARATORIA

De interés, con independencia de la naturaleza jurídica del contrato.

Si una de las partes dejara de exigir el estricto cumplimiento de cualquiera de las obligaciones establecidas en el contrato, no se considerará como renuncia a dicha obligación u obligaciones, ni sustraerá a la parte precitada su derecho a reivindicar después, su estricto cumplimiento.

Toda renuncia deberá hacerse de forma expresa y escrita aunque existen derechos que son irrenunciables.

LA RESPONSABILIDAD POR DAÑOS DE PRODUCTOS DEFECTUOSOS. DIRECTIVA 85/374/CEE

Ligada a la denominada responsabilidad profesional, por otra parte, hoy tan emboga por el incremento en proporciones geométricas más que aritméticas de los pleitos contra profesionales liberales, como el cirujano, arquitecto, abogado, etc., por actuaciones presuntamente negligentes, derivándose daños y perjuicios —en ocasiones— de importantes cuantías y consecuencias. El exportador, fabricante, el distribuidor y el importador, pueden ser responsables igualmente, pero con importantes matizaciones que vamos a comentar resumidamente. En los primeros supuestos se está básicamente ante la denominada *responsabilidad contractual,* derivada de la prestación de un servicio contratado profesionalmente. En el segundo de los casos citados, la víctima (consumidor) de un producto o servicio defectuoso, al carecer de vínculo contractual, podrá dirigir su reclamación a cualquiera de los intervinientes en el iter fabril que comprende desde la fabricación y prestación, hasta la distribución o el consumo. Aquí surge la *responsabilidad extracontractual,* referida a la existente entre el fabricante y distribuidor frente al cliente o consumidor. Es decir, pertenece al ámbito de la responsabilidad civil, atribuida a los fabricantes por los daños como secula de los fallos debidos a defectos de los productos que hubieren fabricado.

Centrados en la responsabilidad extracontractual por los perjuicios causados en productos defectuosos, la Directiva de 25 de julio de 1985 (85/374/CEE) viene a armonizar las disposiciones reglamentarias y administrativas de los países miembros de la U.E. Por otra parte, el Convenio sobre Ley aplicable a la responsabilidad por productos, hecho en La Haya el 2 de octubre de 1973, ratificado por España en 1989, se debe de tener en cuenta, recomendándose su lectura, especialmente los artículos del 3º al 7º, inclusive. Consultese el anexo.

Así pues, analicemos en la Directiva de 1985, que se entiende por productor, producto, defecto y daño, así como las causas de exoneración y las cuantías límites, de resarcimiento de daños y perjuicios.

Previamente el fabricante exportador deberá conocer, en función del producto, los riesgos inherentes al mismo y el eventual coste de prevención de tales riesgos. Las lesgilaciones nacionales y los denominados códigos de los consumidores, —en España se arranca en la era moderna en 1984 con la Ley General para la Defensa de los Consumidores y Usuarios de 19 de julio, distinguiéndose la responsabilidad por culpa del fabricante, de la responsabilidad objetiva o por riesgo del producto, que es la que nos interesa fundamentalmente ahora abordar. Pero se constata la necesidad de armonizar las leyes especiales, en aras de una mayor facilidad y conocimiento para los consumidores y fabricantes, en el ejercicio de sus recíprocos intereses.

Desde la perspectiva de la responsabilidad profesional, el Tribunal Supremo español, en cuatro sentencias, define el siniestro como el acto profesional erróneo o negligente y, el riesgo, como el hecho motivador y no la simple reclamación. El resultado de esta jurisprudencia en la realidad, se resume para el asegurado en problemas. Frente a las entidades aseguradoras y reaseguradoras, que no están interesadas por el pozo sin fondo que les puede suponer, ya que al cabo de varios años puede producirse un siniestro. Para el propio perjudicado, que puede después de cierpo tiempo ver reducida la cuantía, por las consecuencias de la inflación. Se impone la libertad contractual, asegurando los riesgos los propios profesionales, de la manera que estimen más oportuna.

I) Concepto legal de responsabilidad extracontractual por daño defectuoso en producto

La Directiva 85/374/CEE, la define como la obligación que surge del daño ocasionado por el responsable a la víctima o perjudicado en su persona o bienes, y que se basa en resarcir al mismo o a sus sucesores en las expectativas de los daños sufridos, siempre que no concurran alguna de las causas de exoneración y que se resumen en seis cuestiones que deberá justificar el propio productor o las personas asimiladas por analogía extensiva:

1) Que no pusiera en circulación el producto.

2) Que el defecto que causó el daño, no existiera al poner el producto en circulación o que apareciera más tarde.

3) Que no lo fabricara con fines económicos, ni lo distribuyera en el ámbito de su actividad profesional.

4) Que el defecto se deba a normas imperativas, dictadas por los poderes públicos.

5) Que cuando se circulara, el estado de los conocimientos científicos y técnicos, no permitieran descubrir la existencia del defecto.

6) Que en el caso del fabricante de una parte integrante, el defecto sea imputable al diseño del producto a que se ha incorporado, o a las instrucciones dadas por el fabricante del producto.

El caso de prototipos, contemplado en el apartado nº 3, queda fuera del ámbito de la Directiva ya que los mismos no se suelen comercializar.

La Directiva añade, por otra parte: "Que la responsabilidad del producto, podrá reducirse o anularse, considerando todas las circunstancias, cuando el daño sea causado por un defecto del producto y por culpa del perjudicado o de un tercero de quien el perjudicado sea responsable" (Art. 8.2).

Dada la ambigüedad del citado artículo, a la hora de la prueba, se verá como se aplicará en la práctica.

II) Concepto legal del productor

"Se entiende por productor la persona que fabrica un producto acabado, produce una materia prima o fabrica una parte integrante, así como toda aquella persona que se presente como productor, poniendo su nombre, marca o cualquier otro signo en el producto" (Art. 3º).

Si el fabricante del producto no pudiera ser identificado, cada suministrador del mismo, será considerado como productor.

Sin perjuicio de la responsabilidad del productor, toda persona que importe un producto en la CEE, para comercializarlo, alquilarlo, arrendarlo financieramente o cualquier otra forma de distribución, en el marco de su actividad comercial, será considerada como productor del mismo, a los efectos de la presente Directiva y tendrá la misma responsabilidad que el productor.

III) Daños

En lo tocante a los daños en las personas, se citan en el art. 9, la muerte, y, lesiones corporales, y daños superiores a 500 Ecus en los bienes. Quedan excluidos del ámbito de la Directiva:

- Los bienes públicos.
- Los bienes inmateriales, como una patente.

En estos supuestos, se podrá añadir al Código Civil español, el art. 1.902 y siguientes, y demás disposiciones legales vigentes sobre daños inmateriales.

IV) Producto

Cualquier bien mueble, excepto las materias primas agrícolas y los productos de caza, aún cuando estén incorporados a otro bien mueble o inmueble.

Producto defectuoso es cuando no ofrece la seguridad a la que una persona tiene legitimamente derecho, observándose todas las circunstancias, e incluso, la presentación del producto, el uso que razonablemente pudiera esperarse del mismo, y el momento en que el producto se puso en circulación.

Un producto no se considerará defectuoso por la única razón de que, posteriormente, se haya puesto en circulación un producto más perfeccionado.

Quizás más práctico sería, que hiciese alusión a la falta de idoneidad para el uso al que va destinado el producto, y para el cual fue diseñado.

Proyecto de Ley de Responsabilidad Civil por los daños causados por productos defectuosos.

A la hora de cerrar la presente obra, se haya en tramitación parlamentaria la futura ley española, de enorme trascendencia por los efectos que acarrea a la industria nacional.

La legislación comunitaria exige la armonización de las legislaciones nacionales a la Directiva del 85. Pero no debería ser más exigente el legislador nacional que el comunitario, si es por la vía de penalizar al industrial español.

Se incluye por su interés el Proyecto de Ley que se está debatiendo en el Congreso, esperando se perfeccione su contenido. Seguidamente, se transcribe a efectos informativos.

PROYECTO DE LEY

121/000026 Responsabilidad civil por los daños causados por productos defectuosos.

La Mesa de la Cámara, en su reunión del día de hoy, ha adoptado el acuerdo que se indica respecto del asunto de referencia:

(121) Proyecto de Ley.

AUTOR: Gobierno.

Proyecto de Ley de responsabilidad civil por los daños causados por productos defectuosos.

Acuerdo:

Encomendar su aprobación con competencia legislativa plena, conforme al artículo 148 del Reglamento, a la Comisión de Justicia e Interior.

Asimismo, publicar en el Boletín, estableciendo plazo de enmiendas, por un período de quince días hábiles, que finaliza el día 9 de febrero de 1994.

En ejecución de dicho acuerdo, se ordena su publicación de conformidad con el artículo 97 del Reglamento de la Cámara.

Palacio del Congreso de los Diputados, 14 de diciembre de 1993.—P. D., el Secretario General del Congreso de los Diputados, Ignacio Astarloa Huarte-Mendicoa.

Proyecto de Ley de Responsabilidad Civil por los daños causados por productos defectuosos

Exposición de motivos

Este proyecto de Ley tiene por objeto la adaptación del derecho español a la Directiva 85/374/CEE, de 25 de julio de 1985, sobre responsabilidad civil por los daños ocasionados por productos defectuosos. Fruto de un largo y complejo proceso de elaboración, la Directiva se propone conseguir un régimen jurídico sustancialmente homogéneo, dentro del ámbito comunitario, en una materia especialmente delicada, en razón de los intereses en conflicto.

Dado que ni el ámbito subjetivo de tutela ni el objetivo que contempla la Directiva coinciden con los de la Ley 26/1984, de 19 de julio, General para la Defensa de los Consumidores y Usuarios, se ha optado por elaborar un proyecto de Ley especial.

Siguiendo la Directiva, el proyecto establece un régimen de responsabilidad objetiva, aunque no absoluta, permitiendo al fabricante exonerarse de responsabilidad en los supuestos que se enumeran.

Como daños resarcibles se contemplan las lesiones personales y los daños materiales, con la franquicia en este último caso de sesenta y cinco mil pesetas.

Los sujetos protegidos son, en general, los perjudicados por el producto defectuoso, con independencia de que tengan o no la condición de consumidores en sentido estricto.

La responsabilidad objetiva del fabricante dura diez años desde la puesta en circulación del concreto producto defectuoso. Se trata de un período de tiempo razonable si se tienen en cuenta el ámbito de aplicación objetivo del proyecto, que se circunscribe a los bienes muebles y al gas y a la electricidad.

Por último, el proyecto hace uso de la posibilidad que ofrece la Directiva de limitar la responsabilidad global del fabricante por los daños personales causados por artículos idénticos con el mismo defecto.

Artículo 1. Principio general.

Los fabricantes y los importadores serán responsables de los daños causados por los defectos de los productos que fabriquen o importen respectivamente.

Artículo 2. Concepto legal del producto.

1. En esta Ley se entendrá por producto todo bien mueble, aun cuando se encuentre unido o incorporado a otro bien mueble o inmueble, excepto las materias primas agrarias y ganaderas y los productos de la caza y de la pesca que no hayan sufrido transformación inicial.

2. Se consideran productos el gas y la electricidad.

Artículo 3. Concepto legal de producto defectuoso.

1. Se entenderá por producto defectuoso, aquel que no ofrezca la seguridad que cabría legítimamente esperar, teniendo en cuenta todas las circunstancias y, especialmente, su presentación, el uso razonablemente previsible del mismo y el momento de su puesta en circulación.

2. Un producto no podrá ser considerado defectuoso por el solo hecho de que se ponga en circulación otro más perfeccionado de la misma clase después de la puesta en circulación de aquél.

Artículo 4 . Concepto legal de fabricante e importador.

1. A los efectos de esta Ley, se entiende por fabricante.

a) El de un producto terminado.

b) El de cualquier parte integrada de un producto terminado.

c) El que produce una materia prima.

d) Cualquier persona que se presente al público como fabricante, colocando su nombre, su marca o cualquier otro signo o distintivo en el producto o en el envase, el envoltorio o cualquier otro elemento de protección o de presentación.

2. A los mismos efectos, se entiende por importador quien, en el ejercicio de su actividad empresarial introduce un producto en la Comunidad Económica Europea para su venta, arrendamiento, arrendamiento financiero o cualquier otra forma de distribución.

3. Si el fabricante del producto no puede ser identificado, será considerado como fabricante quien hubiere suministrado o facilitado el producto, a menos que dentro del plazo de tres meses, indique el dañado o perjudicado la identidad del fabricante o de quien lo hubiera suministrado o facilitado a él di-

cho producto. La misma regla será de aplicación en el caso de un producto importado, si el producto no indica el nombre del importador, aun cuando se indique el nombre del fabricante.

Artículo 5. Prueba.

El dañado que pretenda obtener la reparación de los daños causados tiene que probar el defecto, el daño y la relación de causalidad entre ambos.

Artículo 6. Medios para enervar la imputación de responsabilidad.

1. El fabricante o el importador no serán responsables si prueban:

a) Que no habían puesto en circulación el producto.

b) Que, dadas las circunstancias del caso, es posible presumir que el defecto no existía en el momento en que se puso en circulación el producto.

c) Que el producto no había sido fabricado para la venta o cualquier otra forma de distribución con finalidad económica, ni fabricado, ni importado, suministrado o distribuido en el marco de una actividad profesional o empresarial.

d) Que el defecto se debió a que el producto fue elaborado conforme a normas imperativas existentes.

e) Que el estado de los conocimientos científicos y técnicos existentes en el momento de la puesta en circulación no permitía apreciar la existencia del defecto.

2. El fabricante o el importador de una parte integrante de un producto terminado no serán responsables si prueban que el defecto es imputable a la concepción del producto al que ha sido incorporada o a las instrucciones dadas por el fabricante de ese producto.

3. En el caso de medicamentos, alimentos o productos alimentarios destinados al consumo humano, los sujetos responsables de acuerdo con esta Ley no podrán invocar la causa de exoneración de la letra 3) del apartado 1 de este artículo.

Artículo 7. Responsabilidad solidaria.

Las personas responsables del mismo daño por aplicación de la presente ley lo serán solidariamente.

Artículo 8. Hecho de un tercero.

La responsabilidad del fabricante no se reducirá cuando el daño sea causado conjuntamente por un defecto del producto y por la intervención de un tercero. No obstante, el sujeto responsable de acuerdo con esta Ley que hubiera satisfecho la indemnización podrá reclamar al tercero la parte que corresponda a su intervención en la causación del daño.

Artículo 9. Culpa del dañado.

Cuando el daño sea causado conjuntamente por un defecto del producto y por la culpa del dañado, o de una persona de la que éste deba responder civilmente, la responsabilidad del fabricante podrá ser reducida o suprimida en función de las circunstancias del caso.

Artículo 10. Cobertura.

1. En el régimen de responsabilidad civil previsto en esta Ley, serán objeto de cobertura la muerte y las lesiones personales, físicas o psíquicas, así como los daños causados en cosas distintas del propio producto defectuoso, siempre que la cosa dañada se halle objetivamente destinada al uso o consumo privados y en tal concepto haya sido utilizada principalmente por el dañado. En este último caso se deducirá una franquicia de sesenta y cinco mil pesetas.

2. Los demás daños y perjuicios, incluidos los daños morales, podrán ser objeto de cobertura conforme a la legislación civil.

3. La presente Ley no será de aplicación para la reparación de los daños causados por accidentes nucleares, siempre que tales daños se encuentren cubiertos por convenios internacionales ratificados por los Estados miembros de la Comunidad Económica Europea.

Artículo 11. Límite total de la responsabilidad.

En el régimen de responsabilidad previsto en esta Ley, la responsabilidad civil global del fabricante o importador por muerte y lesiones personales causadas por productos idénticos que presenten el mismo defecto, tendrá como límite la cuantía de diez mil quinientos millones de pesetas.

Artículo 12. Prescripción de la acción.

La acción de reparación de los daños prevista en esta Ley prescribirá a los tres años a contar desde la fecha en la que el perjudicado conoció o hubiera debido conocer el defecto, el daño y la identidad del fabricante o importador. La acción del que hubiera satisfecho la indemnización contra los demás responsables del daño, prescribirá al año a contar desde el día del pago de la indemnización.

2. La interrupción de la prescripción se rige por lo establecido en el Código Civil.

Artículo 13. Extinción de la responsabilidad.

Los derechos reconocidos al perjudicado en esta Ley se extinguirán transcurridos diez años, a contar desde la fecha en que se hubiera puesto en circulación el producto concreto causante del daño, a menos que durante ese período hubiese iniciado la correspondiente reclamación judicial.

Artículo 14. Ineficacia de las cláusulas de exoneración o limitación de la responsabilidad

Son ineficaces frente al perjudicado las cláusulas de exoneración o de limitación de la responsabilidad civil prevista en esta Ley.

Artículo 15. Responsabilidad civil contractual o extracontractual

Las acciones reconocidas en esta Ley no afectan a otros derechos que el perjudicado pueda tener como consecuencia de la responsabilidad contractual o extracontractual del fabricante, importador o de cualquier otra persona.

DISPOSICION ADICIONAL

Unica. Responsabilidad del suministrador.

El suministro del producto defectuoso responderá, como si fuera el fabricante, cuando haya suministrado el producto a sabiendas de la existencia del defecto. En este caso, el suministrador podrá ejercitar la acción de repetición contra el fabricante o importador.

DISPOSICION TRANSITORIA

Unica. Productos en circulación.

La presente Ley no será de aplicación a aquellos productos que se hayan puesto en circulación antes de su entrada en vigor, que se regirán por las disposiciones vigentes en dicho momento.

DISPOSICIONES FINALES

Primera. Inaplicación de determinados preceptos.

Los artículos 25 a 28 de la Ley 26/1984, de 19 de julio, General para la Defensa de los Consumidores y Usuarios, no serán de aplicación a la responsabilidad civil por daños causados por productos defectuosos incluidos en el artículo 2 de la presente Ley.

Segunda. Nueva redacción del artículo 30 de la Ley 26/1984, de 19 de julio.

El artículo 30 de la Ley 26/1984, de 19 de julio, General para la Defensa de los Consumidores y Usuarios, queda redactado como sigue:

"El Gobierno, previa audiencia de los interesados y de las Asociaciones de Consumidores y Usuarios, podrá establecer un sistema de seguro obligatorio de responsabilidad civil derivada de los daños causados por productos o servicios defectuosos y un fondo de garantía que cubra, total o parcialmente, los daños consistentes en muerte, intoxicación y lesiones personales".

Tercera. Modificación de cuantías.

Se faculta al Gobierno para modificar las cuantías establecidas en la presente Ley, conforme a las revisiones periódicas que se formulen por el Consejo de la Unión Europea, en los términos establecidos en la normativa comunitaria.

Cuarta. Entrada en vigor.

Esta Ley entrará en vigor el día siguiente al de su publicación en el Boletín Oficial del Estado.

III.7 CONTRATO DE FRANQUICIA Y EL DERECHO DE LA COMPETENCIA

Existen, cada día más, estrategias empresariales basadas en la reproducción evolutiva de empresas, a partir de un modelo o prototipo ya experimentado con éxito.

Son los denominados supuestos de diversificación geográfica mediante sucursales o filiales, tan frecuentes en las empresas multinacionales, que reproducen el modelo con éxito inicial. Otro ejemplo de "CLONIZACION" o reproducción evolutiva de empresas, son los sistemas de franchising o franquicia. El objeto es la obtención de una modernización, simplificada con el uso de estandares, que permitan establecer una relación entre la experiencia contrastada y la probabilidad de éxito al reproducirla.

Pudiéramos decir que la FRANQUICIA funciona como un FAX, que reproduce tanto los éxitos de un documento, como los fracasos. En este supuesto deberá descubrirse los errores que en cadena se hayan producido, identificandolos y reparándolos, en definitiva, atajándolos. Sin duda, será complejo y costoso.

Recuérdese que la FRANQUICIA no es un mito sino una técnica, un instrumento complejo de distribución, preferentemente comercial.

¿Es válida hoy, la afirmación que hacen algunos empresarios, de que en España no interesa utilizar el sistema de franquicia, hasta que no existan unos antecedentes de jurisprudencia o normativa, que reduzcan la incertidumbre jurídica?

¿Cómo afectan las exclusiones al Artículo 85 del Tratado de Roma al ámbito nacional, pudiéndose proyectar una franquicia inicialmente regional o nacional, ignorando las restricciones comunitarias?

¿Qué disposiciones legales afectan en la actualidad, directa o indirectamente, al entorno jurídico de la franquicia en nuestro país?

¿Cómo armonizar, en la negociación de los contratos de franquicia, los intereses de las partes con el objetivo de conseguir acuerdos estables y eficaces?

Estas y otras interrogantes, desde su entorno jurídico y concebido como un sistema empresarial, serán el hilo conductor que sigamos en el desarrollo de este tema.

No obstante, por su interés práctico, se hará una breve incursión sobre la concepción estratégica y de gestión, de la franquicia en los años 90.

También se aludirá a su escasa regulación comparada. Salvo EE.UU, Japón y la U.E. Este contrato atípico, bilateral, consensual, oneroso e importado de EE.UU en su nueva concepción, de complicado y dificil encuadre jurídico en nuestro derecho y de utilización creciente en el comercio internacional, como lo demuestran las estadísticas más recientes, será comentado seguidamente.

DEFINICIONES

Propiamente dicho, no existe una definición ni concepto único de franquicia. No obstante, veamos cual es el panorama.

Con este nombre se designan una serie de contratos, normalmente de naturaleza marcadamente comercial, cuyas características propias, son de hecho muy variadas.

El Tribunal de Justicia de Luxemburgo en su famosa sentencia PRONUPTIA (28-I-86), reconoce tres tipos de franquicia: de servicios, producción y distribución.

Entremos pues, en la definición que la Comisión CEE hace de los acuerdos de franquicia, en el "Reglamento de Exención por Categorías de los Acuerdos de Franquicia" (Reglamento 4087/88, aprobado el 30-XI-88 y en vigor el 1-II-89):

Artículo 1.3.a) "A los efectos del presente Reglamento se entenderá por franquicia, un conjunto de derechos de propiedad industrial o intelectual relativos a marcas, nombres comerciales, rótulos de establecimiento, modelos de utilidad, diseños, derechos de autor, know-how o patentes, que deberán explotarse para la reventa de productos o la prestación de servicios a los usuarios finales".

ACUERDO DE FRANQUICIA: "El contrato en virtud del cual una empresa, franquiciador, cede a la otra, franquiciado, a cambio de una contraprestación financiera directa o indirecta, el derecho a la explotación de una franquicia para comercializar determinados tipos de productos y/o servicios, y, que comprende por lo menos:

— El *uso* de una denominación o rótulo común y, una presentación uniforme de los locales y/o de los medios de transporte, objeto del contrato.

— La *comunicación* del franquiciador al franquiciado de un know-how.

— La *prestación continua* por el franquiciador al franquiciado, de asistencia comercial o técnica, durante la vigencia del acuerdo".

Como se observa, en el Reglamento, se excluyen del concepto a las franquicias de producción.

La Comisión, considera que por sus especiales circunstancias las franquicias industriales o de producción, deben tener un tratamiento legal aparte.

Estas consisten, en licencias de fabricación basadas en transferencias de know-how técnico o de patentes y acompañadas de licencias de marca. Se podrán acoger, en cambio, en muchos casos, a las exenciones por categorías aplicables a las licencias de patentes o know-how, por lo que de todas formas pueden estar cubiertas por una exención de categorías.

Otras aproximaciones:

1. Contrato en virtud del cual el FRANCHISOR concede a la FRANCHISEER, mediante el pago de una cantidad (%) y bajo condiciones bien precisas, el derecho a explotar una marca o una fórmula comercial, representada por un símbolo gráfico o un emblema, asegurándole una ayuda y unos servicios regulares, destinados a facilitar esta explotación.

2. Método de colaboración entre una marca del (FRANQUICIADOR) y un conjunto de empresarios individuales (FRANQUICIADOS) que se constituyen en su cadena de distribución. (Sentencia del Tribunal de Iª Instancia de París de fecha 24-4-78).

3. Sistema de cooperación entre empresas distintas e independientes pero ligadas con un contrato a través del cual, una de las partes (FRANQUICIADOR) concede a la otra (FRANQUICIADO), el derecho de explotar en condiciones preestablecidas y bien determinadas, una marca o fórmula comercial señalizada al exterior con un emblema específico y prestando al franquiciado una ayuda y unos servicios regulares.

4. Como variante de la concesión internacional por la que se otorga el derecho de explotar una marca de productos o servicios, a la que se añade la concesión de un conjunto de métodos y medios, para una venta selectiva y exclusiva.

Finalmente, desde la óptica estratégica de la franquicia, se puede definir cono: "SISTEMA DE RELACIONES CONTRACTUALES ENTRE EMPRESAS ORIENTADAS A LA OBTENCION DE UNA VENTAJA COMPETITIVA CLARA, SOSTENIBLE, COHERENTE Y CONSISTENTE".

CARACTERISTICAS

¿Cuales son los criterios básicos en la gestión de una red de franquicias?.

— Fuerte *vinculación* a una imagen de marca.

— *Asistencia* inicial y continuada del franquiciador al franquiciado, sobre la concepción y aplicación del modelo de pautas a seguir.

— *Control* de las actividades con el cliente y de la gestión interna del franquiciado por parte del franquiciador, según el modelo de pautas dictadas por el franquiciador y aceptadas por el franquiciado.

— *Remuneración* al franquiciador en contrapartida del uso de marca y recepción de servicios por el franquiciado.

CLASES

1. Atendiendo al sector de actividades al que pertenece el FRANQUICIADOR:

— *De servicios:* El franquiciado ofrece sus servicios utilizando el rótulo y el nombre comercial, e incluso la marca del franquiciador, de conformidad con las directrices de este último. Ejemplo: AVIS.

— *De producción:* El franquiciado fabrica directamente, según las indicaciones del franquiciador, productos que vende con la marca " X ". Ejemplo: DON ALGODON.

— De *distribución:* Se limita a vender determinados productos en la tienda que tiene el nombre del franquiciador. Ejemplo: ARTESPAÑA.

— *Artesanal:* El franquiciador es un puro artesano. Ejemplo: Arte COCA

— *Agrícola:* El franquiciador es un agricultor.

2. Por el grado de integración en la Red:

— *Integrada:* entre franquiciado y minoristas.

— *Semi-integrada :* entre el fabricante y el mayorista, o entre este y el detallista.

3. El franquiciador es el propio detallista:

— *Horizontal:* Entre los detallistas.

— *Vertical:* El detallista franquicia al fabricante.

4. Por el grado de coparticipación financiera y personal:

— *Activa*: Los franquiciados están al frente del negocio.

— *Financiera:* El franquiciador es un inversor. Separación entre el capital y la gestión de la franquicia.

— *Asociativa:* Franquiciador y franquiciado están asociados.

5. El franquiciado posee o gestiona diferentes franquicias:

— *Multifranquicia:* Puede abrir los establecimientos que desee, del mismo franquiciador y en un territorio determinado.

— *Plurifranquicia:* Lleva franquicias distintas, que suelen ser complementarias y no competidoras.

6. Formas Específicas:

— *Master franquicia:* Para la expansión de la franquicia fuera de su país de origen. El franquiciado master, explota el establecimiento piloto y selecciona nuevos franquiciados.

— *Franquicia corner:* Dentro de un almacen, se instala una franquicia.

PECULIARIDADES DEL CONTRATO DE FRANQUICIA

Marco legal español

No está tipificado el contrato de Franquicia en nuestro derecho. Por la vía de los usos y costumbres del comercio internacional, tomó carta de naturaleza en nuestro país, a finales de la década de los 60. Su desarrollo ha sido a partir de los 70 e inicios de los 80. Todavía falta, para que se conozca lo suficiente como para que se valore positivamente y se sepa utilizar con prudencia. Como se recordará, es una forma de implantación rápida en un mercado, especialmente interesante en mercados internacionales. Un ejemplo sería LLADRO, cuya casa matriz reside en Valencia.

Libertad y Mercado Unico

Como marco legislativo en el que puede encuadrarse este sistema de contratación está en el art. 38 de la Constitución del 78: "Se reconoce la libertad de empresa en el marco de la economía de mercado. Los poderes públicos garantizan y protegen su ejercicio y la defensa de la productividad, de acuerdo con las exigencias de la economía general y en su caso, de la planificación".

Un principio análogo se puede encontrar en el Tratado de la Unión Europea, en vigor desde el primero de noviembre de 1993.

Aunque se carece, hasta la fecha, de una Legislación específica, la Ley de Marcas, constituye un elemento básico en estos contratos (Ley 32/1988 de 10 de noviembre).

No hay franquicia sin marca, ni marca sin franquicia. Tengase en cuenta al contratar.

La legislación comunitaria, nacida de la propia y rica jurisprudencia del Tribunal de Luxemburgo, es de obligada observancia en nuestro derecho. El Reglamento de aplicación de las exenciones a la prohibición de prácticas restrictivas de la competencia, que fija el art. 85.3 del Tratado de Roma, es un ejemplo. Este artículo prohíbe las actuaciones que infrinjan la libre competencia, eximiendo los acuerdos entre empresas que contribuyan a mejorar la producción o distribución de los productos. Pero en materia de información y de negociaciones precontractuales, el franquiciado está desprotegido.

Las legislaciones más avanzadas, se fijan en los aspectos precontractuales, para evitar posibles abusos del franquiciador.

Se aplica a la franquicia de distribución al por menor y a la de prestación de servicios. También regula los casos, donde exista una figura intermedia entre el FRANQUICIADOR y FRANQUICIADO. Se pretende lograr un aumento de la seguridad jurídica. La Comisión, ha adoptado además dos nuevos Reglamentos. Uno sobre acuerdos de Franquicia, y, otro, sobre licencia y Know-How, que entraron en vigor en 1.989 con un período de prueba de 10 años.

La franquicia es un contrato admitido por el Tribunal de Defensa de la Competencia, y ha sido reconocido a nivel europeo por el Tribunal de Luxemburgo, entre otras sentencias, la de 28 de enero y 17 de septiembre de 1986, 13 de octubre de 1987, etc.

Jurisprudencia Nacional

En cuanto al desarrollo jurisprudencial interno, se asimila con la concesión y comisión (SENTENCIAS T.S. 14-febreo-76 y 7-febrero-78). Solo hemos encontrado la sentencia del T.S. (mayo-85) que defina la franquicia utilizando el término inglés.

Por último, recordemos que desde Enero de 1986, integración de España en la CEE, se facilita el acercamiento del consumidor español al comunitario. Ello permitirá, incrementar la competitividad y generalizará los métodos modernos de gestión, como la franquicia. Esto se está cumpliendo.

El caso de EE.UU.

Fue California, el primer Estado con una ley de inversiones en 1.970, sobre franquicias. Exigía que un franquiciador se registrase previamente a la venta de su franquicia en dicho Estado, concediéndose un período de reflexión antes de que la venta finalizase. Obligaba al franquiciador también, a facilitar al candidato, su situación financiera, y un detallado documento informativo, lo que reducía la oferta de la franquicia a un acuerdo formal escrito revisable por el Estado.

Sirvió de precedente para la regulación de otros Estados, existiendo en la actualidad más de 15 Estados con leyes específicas, en relación con la franquicia. Otros muchos estados tienen leyes que afectan indirectamente al sistema de marketing.

La Federal Trade Commission (FTC) promulgó la Full Disclosure Act. La preparación de un documento de "disclosure", puede seguir, bien el formato básico de la FTC o el Uniform Franchise Offering Circular (UFOC), que es el más amplio de los dos y más generalmente aceptado. Comprende 20 apartados, a cerca del negocio que se franquicia y de sus promotores.

Ambito del Japón

"The Small Retail Business Promotion Law", requiere información escrita a sus franquiciados, indicando y explicando aspectos básicos relacionados con el negocio y las relaciones contractuales, según un detalle específico.

Ambito de la CEE

La regulación jurídica específica en la CEE de la franquicia, no se integra en el derecho comercial clásico.

Es decir, cada contrato fija el marco particular de derechos y obligaciones, según cada sistema jurídico. No es lo mismo la regulación en el derecho anglosajón, al no existir leyes codificadas, siendo más extensos, prolijos y detallistas. A diferencia del sistema del derecho continental, ante la laguna normativa, y dada la inexperiencia en la elaboración de contratos detallada y extensa, supone una dificultad añadida.

Consideraciones globales

De todo lo que antecede, cabe recapitular:

— El contrato de Franquicia es difícil definirlo e identificarlo jurídicamente.

— Contrato complejo, suma de otros específicos: exclusividad, Know-How, marca, licencia, publicidad, etc.

— Regula un conjunto de relaciones:

- Legales:
  - — Responsabilidad por daño en producto, defectuoso.
  - — Propiedad intelectual e industrial.

— Derecho de la competencia.

— Know-How.

- Contractuales, según los países, varían desde el régimen fiscal hasta la normativa laboral.
- Técnicas, asistencia continua y cesión de tecnología por el franquiciador.
- Comerciales, regulando precios, canales de distribución, presentación de servicios.

— Inexistencia de un marco legal, si bien hay diversas reglamentaciones pero no una legislación uniforme. Existen, no obstante Códigos Deontológicos (CEE) como marco de referencia obligatoria.

LA OFERTA DEL FRANQUICIADOR:

— UNA RAZON SOCIAL EN PROPIEDAD.

— UNA MARCA COMERCIAL, DE FABRICACION O DE SERVICIOS.

— UN NOMBRE COMERCIAL, LOGOS, SIMBOLOS.

— UNA TECNICA COMERCIAL UNIFORME, EXPERIMENTADA Y CONTROLADA.

El Franquiciador, realiza una inversión más bien escasa en capital, forma inicialmente al personal del Franquiciado, delega en tercero, y este que asume riesgos, puede contratar al franquiciado.

La franquicia, en su parte esencial, supone una transferencia de tecnología bajo forma de SABER-HACER, objeto de la Licencia, que tiene carácter secreto y no es patentable: Es el Know - How. La información permite comunicar al franquiciado, los métodos, procedimientos, secretos de una asistencia comercial, técnica y administrativa. Todo ello, documentado y con una prestación específica para cada servicio.

Importancia de las informaciones precontractuales

Dentro de estas informaciones, destaquemos:

— Descripción previa del método de franquicia.

— Reglas de publicidad y selección de franquiciados.

— Garantías y guía de relación de franquiciadores con franquiciados.

— Captación de recursos financieros.

— Reglamentaciones legales.

En este caso podemos citar las de la CEE, antes comentadas.

El Reglamento 83, de 22 de junio de 1983, de EXENCION para contratos de distribución comercial en exclusiva, determina los supuestos en los que no se aplicarán las prohibiciones del art. 85 del Tratado de Roma, pudiéndo sancionar la Comisión con multas de hasta el 10% de la cifra de negocios de la empresa y declarando la nulidad de los mismos.

Se podrá notificar a la Comisión, para su examen particularizado, en caso de duda. El Tribunal Comunitario, no ha dado una respuesta general aplicable. Recordar el caso PRONUPTIA (86), IVES ROCHER (86), entre otros menos conocidos.

Finalmente, deberemos tener presente la exención de nulidad de estos contratos a tenor de lo dispuesto en el art. 85-3 Tratado de Roma: Que mejore la producción o distribución y que beneficien a los consumidores, tales acuerdos, o a la economía o al empleo.

— *La Comisión puede declarar inaplicables, con ciertos requisitos, las prohibiciones del art. 85 del Tratado de Roma.*

— *La exención podrá ser individual o por categorías de acuerdos.*

Aspectos de especial consideración

Dentro de las cuestiones específicas, hay que destacar, entre otras:

— Bajo que sistema jurídico, se va a desarrollar la franquicia.

— El idioma que se utilizará será el del franquiciado, en principio, y salvo pacto en contrario.

— La duración del contrato podrá ser de 5 a 10 años y deberá preveerse la adaptación del contrato a largo plazo, con el establecimiento de cláusulas de salvaguardia o de imprevisión (hardship), por riesgos de esta naturaleza. Se puede alterar gravemente el equilibrio de las partes, de ahí, la prevención ante cambios económicos, comerciales y políticos.

No se debe olvidar, la naturaleza jurídica de este contrato:

— Atípicos, faltos de regulación específica.

— Nominados, a partir de la entrada en vigor de la ley de Marcas.

— Bilateral, produce obligaciones recíprocas, es un contrato de cambio.

— Consensual, se perfecciona por el mero consentimiento, existiendo desde entonces.

— Oneroso, y Normativo, porque establece una norma a seguir.

— De confianza, entre las partes, supone un método de colaboración empresarial.

— De adhesión, como en los seguros, transportes colectivos, suministros de energía, etc., quien impone las condiciones suele ser el Franquiciador, que es quien oferta la realización de un negocio que tiene experimentado.

Un buen contrato no hace una buena franquicia, pero contribuye y ayuda al desarrollo del negocio

Para que la franquicia pueda funcionar, tienen que darse dos requisitos:

1) El CEDENTE o FRANQUICIADOR, debe aportar a los Cesionarios o Franquiciados, su patrimonio de conocimientos y técnicas, prestándoles la asistencia necesaria para que puedan aplicar sus métodos, evitando que se beneficien de ellos, —aunque sea indirectamente— los competidores.

2) El CEDENTE, debe poder adoptar las medidas idóneas para proteger la identidad y el prestigio de la red de distribución, representada por la marca o el rótulo.

El contenido del contrato se centrará en:

— Definir su objeto.

— Fijar sus obligaciones.

Objeto del contrato

Se pueden distinguir tres partes:

— Elementos iniciales, experiencia del franquiciador y la colaboración y aportación del franquiciado.

— Elementos de colaboración en su desarrollo.

— Fin de la colaboración y sus consecuencias.

Elementos iniciales

Dentro de los primeros están:

— Objeto y descripción de la franquicia.

— Identidad de los contratantes.

— Emplazamientos de los puntos de ventas.

— Evaluación económica y financiera del franquiciado.

La asistencia inicial al franquiciado, facilita la implantación de la nueva unidad de venta.

Obligaciones del franquiciador

— Formación previa del franquiciado.

— Asistencia técnica.

— Compras y ventas, determinando la gestión de las mismas, responsabilizándose de los suministros, asegurando los productos y ofreciendo precios preferenciales y competitivos.

Obligaciones del franquiciado

— Normas de explotación.

— Exclusividades en las normas de instalación.

— Pago de las mercancías.

— Compras exclusivas al franquiciador.

— Confidencialidad y no competencia, limitados al objeto, lugar y tiempo, fijados en el contrato.

— Pagos diversos, a la entrada, o front money, y unos royalties sobre ventas o en función de la producción, durante la vigencia del contrato.

— Información periódica al franquiciador de la gestión contable y del control estadístico.

El contrato se ejecutará, regulándose además, los siguientes temas:

Duración

Dependiendo de la naturaleza y modalidad de la franquicia, suelen tener una vigencia en general de 3 a 7 o 10 años, a fin de que el franquiciado pueda amortizar sus inversiones realizadas.

Se podrá prorrogar, mediante preaviso de unos 3 a 6 meses.

Los derechos, no son transmisibles en principio, ni se pueden ceder ni traspasar, sin autorización escrita del franquiciador.

Terminación

Son causas de anulación anticipada:

— No cumplir la exclusividad.

— El impago de los derechos.

— No respetar el stock exigido al franquiciado.

La cláusula de jurisdicción competente, será la de los Tribunales y Juzgados del domicilio del franquiciado.

Podrá sustituirse eventualmente, por una cláusula de arbitraje, previa inclusión en el contrato o firma de un convenio arbitral complementario a aquel.

La inejecución de lo pactado, dará derecho a la resolución del contrato.

A la terminación del mismo:

— Se devolverán los manuales y, restituirán el uso de marca al franquiciador.

— Se abstendrá de realizar competencia, hasta un año después de concluido el contrato, según se pacte.

— Podrá el franquiciador recomprar el stock, en la forma y manera determinada en el contrato.

La publicidad será supervisada por el franquiciador y parcialmente financiada en los primeros años de cooperación, según contrato.

Para la consecución de los objetivos, la publicidad será gestionada conjuntamente, como elemento estratégico frente a la competencia, difundiendo el producto o servicio. El lanzamiento de éstos, será responsabilidad del franquiciado.

EXCEPCIONES A LAS REGLAS GENERALES DE LA COMPETENCIA (CEE)

— *REGLAMENTO SOBRE ACUERDOS DE FRANQUICIA, APROBADO EL 30 DE NOVIEMBRE DE 1988*

Los puntos fundamentales, se resumen en:

• Su objeto es estimular la difusión de las tecnologías de las industrias comunitarias.

• Operan sobre acuerdos de distribución y servicios.

• Aplicable a partir de 1 de febrero del 89.

• Define los límites a las restricciones de la competencia que imponga el propietario de una marca o método, cuando concede la franquicia para el Mercado Común.

• Se fija en un año, el período de cobertura para el franquiciado, después de concluido el contrato.

• Se autorizan las importaciones paralelas.

• Se autoriza el suministro cruzado entre franquiciados. Son estos libres de aprovisionarse, en otros distribuidores autorizados.

— *REGLAMENTO SOBRE LICENCIA DE KNOW-HOW*

• En vigor a partir del primero de abril del 89.

• Su objeto es autorizar la explotación en exclusiva o no, a otra firma, transmitiendo informaciones para producir, utilizar y vender bienes o servicios.

• Se establece una lista exhaustiva de las obligaciones a cumplir para acceder a la exención, cubriendo la protección territorial contra toda venta, entre el cedente y el comprador.

Finalmente, y a manera de resumen, deberá recordarse:

1) El contrato de franquicia, carece de exacta correspondencia en el sistema jurídico español. Se puede catalogar, como una variante del contrato de concesión.

2) El objeto de este contrato es un conjunto de prestaciones, que pudieran tener peso específico para descomponerse en otros tantos contratos. Temas de propiedad industrial, defensa de la competencia, entre otros, serán importantes a tener en cuenta.

3) Por su interés, comentemos la Ley española de Defensa de la Competencia de 1989 y los casos BLITZ CANDY y TOSHIBA, ante el Tribunal de Defensa de la Competencia.

EL CONTRATO DE FRANQUICIA Y EL DERECHO ESPAÑOL DE LA COMPETENCIA

1. La Ley de Defensa de la Competencia

En España, la normativa de defensa de la competencia está constituida, actualmente, por la Ley 16/1989, de 17 de julio, de Defensa de la Competencia, que vino a sustituir a la anterior Ley 110/1963, de 20 de julio, de Represión de Prácticas Restrictivas de la Competencia y, por el Real Decreto 157/1992, de 21 de febrero que desarrolla la Ley en materia de exenciones por categorias, autorización singular y Registro de Defensa de la Competencia.

La vigente Ley de Defensa de la Competencia, está basada fundamentalmente en la normativa comunitaria en la materia. El artículo 1 de esta Ley establece, en lo que ahora nos interesa, la prohibición de "todo acuerdo (.../...) que tenga por objeto, produzca o pueda producir el efecto de impedir, restringir o falsear la competencia en todo o en parte del mercado nacional y, en particular: a) La fijación, de forma directa o indirecta, de precios o de otras condiciones comerciales o de servicio; b) La limitación o el control de la producción, la distribución, el desarrollo técnico o las inversiones; c) El reparto del mercado o de las fuentes de aprovisionamiento; d) La aplicación en las relaciones comerciales o de servicio, de condiciones desiguales para prestaciones equivalentes que coloquen a unos competidores en situación desventajosa frente a otros; y e) La subordinación de la celebración de contratos a la aceptación de prestaciones suplementarias que, por su naturaleza o con arreglo a los usos de comercio, no guarden relación con el objeto de tales contratos".

Los acuerdos prohibidos en virtud de lo previsto en este artículo 1 de la Ley de Defensa de la Competencia son, de conformidad con lo dispuesto por el apartado 2 de este mismo artículo, nulos de pleno derecho.

Los contratos de franquicia suelen ser verdaderos contratos-tipo. Existen, con carácter general, cláusulas que aisladamente consideradas son restrictivas de la competencia en los términos que establece el art. 1 de la LDC, pudiendo llegar a ser declarados, por tanto, nulos. Esta sanción de nulidad puede, sin embargo, evitarse de distintas formas. En primer lugar, el Tribunal de Defensa de la Competencia puede conceder, con arreglo al procedimiento establecido en la propia Ley, y sobre los acuerdos que se le notifiquen, *autorizaciones singulares* de aquellos contratos que contribuyan a mejorar la producción o la comercialización de bienes y servicios siempre que se cumplan las tres condiciones siguientes: 1) Que permitan a los consumidores participar de forma adecuada en sus ventajas, 2) Que no impongan a las empresas interesadas restricciones que no sea indispensables para la consecución de aquellos objetivos, 3) Que no consientan a las empresas partícipes la posibilidad de eliminar la competencia respecto de una parte sustancial de los productos o servicios contemplados (artículo 3.1 de la Ley).

Tanto el supuesto de exención singular establecido en el apartado primero del artículo 3 citado de la Ley española, como los requisitos que condicionan su aplicación, son idénticos a los que recoge la normativa comunitaria en el artículo 85.3 del Tratado CEE, que ya ha sido analizado. Sin embargo, junto a este supuesto la Ley española incluye otros cuatro, que no juegan en el ámbito comunitario, en los que una autorización podría concederse si la situación económica general y el interés público lo justifican (apartado segundo del artículo 3).

Sin embargo, el Tribunal de Defensa de la Competencia ha precisado en su Resolución de 26 de Marzo de 1990 que 'solo la existencia de circunstancias excepcionales de crisis llevarían a plantear los supuestos contemplados en el artículo 3.2.b), caso en el que cabría justificar el recurso a soluciones excepcionales, y siempre con el consentimiento de las restricciones de la competencia menores posibles y con sujección a toda suerte de condiciones y garantias, adecuadas a tales circunstancias excepcionales que en la correspondiente autorización se fijasen".

El Real Decreto 157/1992, de 21 de febrero, que desarrolla la Ley 16/1989, de 17 de julio, en materia de exenciones por categorias, autorización singular y Registro de Defensa de la Competencia, autoriza, con carácter general, *aquellas categorias de acuerdos* en los que participen dos empresas y que afecten únicamente al mercado nacional, siempre que cumplan las condiciones que en cada caso particular se establecen. Entre las categorias de acuerdos autorizados, se encuentra la de los acuerdos de franquicia siempre y cuando se cumplan las disposiciones establecidas en el citado Reglamento 4087/88/CEE, remitiendo, por tanto, la regulación de estos acuerdos a la normativa comunitaria. Sin embargo, cuando, por su naturaleza o contenido, estos contratos no se ajustan exactamente a las disposiciones establecidas, las partes deberán solicitar la autorización singular de acuerdo con el procedimiento previsto en este Real Decreto.

El Tribunal de Defensa de la Competencia se ha pronunciado, hasta ahora y como veremos seguidamente, en dos ocasiones sobre la compatibilidad de estos contratos de franquicia con las normas anticoncurrenciales españolas. En ambas ocasiones, se ha continuado básicamente la línea marcada por los órganos comunitarios.

2. El Tribunal de Defensa de la Competencia: los casos Blitz Candy y Toshiba

La primera vez que el Tribunal de Defensa de la Competencia se ha preocupado de los contratos de franquia ha sido con ocasión de una solicitud de autorización singular para un acuerdo de subfranquicia de distribución para tiendas de venta al por menor de caramelos presentada por la empresa *Blitz Candy, S.A.* En este caso, el Tribunal en su Resolución de 18 de Abril de 1990, tras considerar que el acuerdo incidia en la prohibición del art. 1 de la LDC, por cuanto se concedía la venta de caramelos fabricados por el franquiciador a un distribuidor al detalle que solamente podía vender las mercancías de esa empresa con exclusión de las de otro origen y con las condiciones y especificaciones que ésta le establezca, acordó autorizar el contrato propuesto siempre y cuando se realizasen las siguientes modificaciones: 1) Que en lugar de la expresión "centro de distribución" que figuraba en el contrato se utilizase la de "establecimiento de venta al detalle", y 2) Que la obligación de que el subfranquiciado comprase todas sus mercancias al franquiciador, se sustituyese por la posibilidad de adquisición de esas mercancias a cualquiera de los franquiciados de la red.

Con fecha 21 de marzo de 1991, el Tribunal vuelve a ocuparse de estos contratos de franquicia. En esta ocasión, se trataba igualmente de una solicitud de autorización para un contrato-tipo de franquicia mixto de distribución y de servicios para la comercialización de ordenadores presentada por *Toshiba Information Systems España, S.A.*

El Tribunal, tras las distintas consultas a las partes interesadas, y los informes presentados por la Unión de Consumidores de España y el Servicio de Defensa de la Competencia, estima que el contrato presentado es, en principio, restrictivo de la competencia, si bien termina por autorizarlo tras las modificación de parte de sus cláusulas. En efecto, muchas cláusulas del contrato-tipo presentado al Tribunal no se ajustaban a Derecho, en opinión del Servicio de la Competencia y de la Unión de Consumidores.

IV.- CONTRATOS DE COOPERACION EMPRESARIAL: TRANSFERENCIA DE TECNOLOGIA

IV.1 INTRODUCCION

La transferencia de tecnología puede abordarse desde distintas ópticas, pero todas convergen en su núcleo o piedra angular: LA COOPERACION EMPRESARIAL.

La innovación, el diseño, los desarrollos científico-técnicos, nuevas materias primas y energías, son algunos de los medios de estos contratos internacionales de transferencia de tecnologías, objeto de sus interesantes y densos contenidos.

Desde los países en vías de desarrollo, a los industrializados, pasando por los subdesarrollados, son destinatarios de esos inventos y nuevas aplicaciones para el desarrollo y bienestar de la sociedad mundial.

Lo ecológico y el medio ambiente, necesita de esas innovaciones, que lo preserven de atentados irreparables. Abordado desde la vertiente legal, analizaremos las características de los diversos canales a través de los que se ceden las innovaciones y desarrollos.

El papel que como vía estratégica empresarial, puede y debe jugar en la implantación en mercados distintos, y los aspectos básicos del clausulado convencional de estos diversos contratos, serán objeto de nuestro interés.

La mayor o menor dependencia tecnológica de un país, suele estar en relación directa con los fondos y volúmenes de inversiones que realice en I + D.

Propiamente no existe un contrato de transferencia de tecnología tipo, sino que hay tantos como objetos se pretenden.

Contratos complejos, a largo y medio plazo, de prestaciones múltiples, y de dificultad no sólo técnica sino jurídica en su elaboración. En ellos, a veces, se subcontrata con terceros, tanto empresas domésticas como multinacionales.

Cuando su proceso y ejecución comprenden, los planos, fórmulas o diseños, hasta su verificación y puesta en marcha con rendimientos garantizados en el contrato, se conocen con la denominación *"Llave en mano"* o *"producto en mano"* según la naturaleza de los mismos. El mundo de la propiedad industrial, patentes y marcas, la propiedad intelectual, el -know-how, cesión de licencias, asistencia técnica y formación, son prueba de lo rico y variado de las ramas o parcelas que abarcan estos contratos tecnológicos. Edison sostenía que "innovar es fruto de un 10% de inspiración y un 90% de esfuerzo".

Desde Torres Quevedo, La Cierva y Monturiol, hasta Goicochea, han pasado varias décadas. Pese a estas importantísimas contribuciones a la Ciencia e inventiva nacional, todavía existe un "gap" o laguna importante, entre España y los socios comunitarios.

El marco del Mercado Unico, debe ser una obligada y necesaria referencia. La meta, el ir nivelando la balanza tecnológica y disminuyendo nuestra dependencia del exterior. Desde el famoso EPI (Estatuto Propiedad Industrial) de 1929, a la nueva Ley de Patentes y Marcas, del 86 y 87 respectivamente, se vislumbra un proceso no sólo de adaptación legislativa sino también de necesario esfuerzo inversor.

Se puede afirmar, que a finales de la década de los 60, los contratos de transferencia de tecnología eran esencialmente de licencia de patentes y marcas, así como de transmisión y comunicación de know-how. Un solo contrato era generalmente suficiente.

Al inicio de la década de los 90, los canales de transferencia de tecnologías, han ido evolucionando hacia fórmulas más complejas y sofisticadas. El derecho, sin embargo, no ha ido al unísono en ese cambio. Desfases legales han reafirmado la necesidad de adoptar precauciones, para evitar discusiones e interpretaciones que puedan hacer peligrar la cooperación científico-técnica.

IV.2 CONCEPTO Y PRECISIONES

Por Transferencia de Tecnología se entiende el conjunto de conocimientos sistemáticos necesarios para la fabricación de productos, aplicación de procedimientos, o prestación de servicios, vendidos o cedidos en el marco de transacciones comerciales, pagándose unas regalias o royalties como contraprestación por el uso de las tecnologías cedidas.

A diferencia del contrato de agencia comercial, por el contenido característico de la tecnología en constante evolución, unido a la suma de una diversidad de prestaciones de carácter complementarias al objeto contractual en sí, nos obliga a formular algunas precisiones:

1. La redacción del contrato y de sus anexos técnicos, se inician después de que se han convenido las condiciones y términos en los que la tecnología se va a transferir. Es aconsejable que intervenga en su redacción, además del proveedor o sus abogados, el receptor y sus representantes legales.

2. Especificar y determinar los productos que se fabricarán, naturaleza y contenido del know-how involucrado en el contrato, precisar la asistencia técnica, manera en que los conocimientos técnicos serán comunicados, el lugar y tiempo límite para la transmisión de informaciones.

3. El acceso a mejores técnicas e innovaciones realizadas por el cedente, durante la vigencia del contrato.

4. Aspectos relacionados con las garantías que el cedente pueda otorgar. Por ejemplo, que la tecnología es la apropiada para la fabricación de los productos objeto del contrato, y permitirá lograr una determinada producción, o que es total y completa, cubriendo todos los propósitos del contrato.

5. La autorización para exportar los productos fabricados con la tecnología adquirida, o ceder y traspasar tal concesión a terceros.

6. La confidencialidad de los conocimientos que se transmitan, referente a la propiedad industrial.

7. El suministro de materias primas y de productos intermedios, sin que exista una exclusiva fuente de abastecimiento.

8. El sistema de royalties o regalías que deban satisfacerse por el uso exclusivo de la tecnología, previniendo sistemas que contemplen la inflacción y las posibles de devaluaciones, etc.

9. La autorización administrativa que exija el depósito del contrato, por un registro establecido a tal efecto.

10. Aunque la ley aplicable suele ser la del país del importador de la tecnología, la jurisdicción competente, preferentemente, deberá ser la arbitral. No sólo por los innumerables aspectos técnicos que pueden plantear problemas, sino también por la mayor rapidez, flexibilidad y equilibrado coste, frente al sometimiento a los tribunales de justicia.

IV.3 CARACTERISTICAS GENERALES

Estas se pueden resumir en:

1. La venta o cesión bajo licencia de todas las formas de propiedad industrial, excepto las marcas de fábrica, de servicios y nombres comerciales, cuando no constituyan objetos de la transferencia tecnológica.

2. La comunicación del know-how y del conocimiento de las técnicas sofisticadas, bajo la forma de estudios técnicos, modelos, instrucciones, especificaciones y material para la formación de servicios de aprendizaje, capacitación y de gestión.

3. La transmisión de tecnología necesaria para la instalación, explotación y funcionamiento de fabricas y de material llave en mano.

4. La comunicación de conocimientos tecnológicos para adquirir, instalar y utilizar maquinas, ya por compra o por leasing, principalmente.

IV.4 MODALIDADES

En función de las distintas prestaciones objeto del contrato, distinguimos:

a) Cesión de licencias, patentes, y know-how.

b) Asistencia técnica y management.

c) Bienes de equipo y fábricas llave en mano o, producto en mano.

d) Joint venture.

e) Franchising.

Esquema sobre las claves para negociar una patente

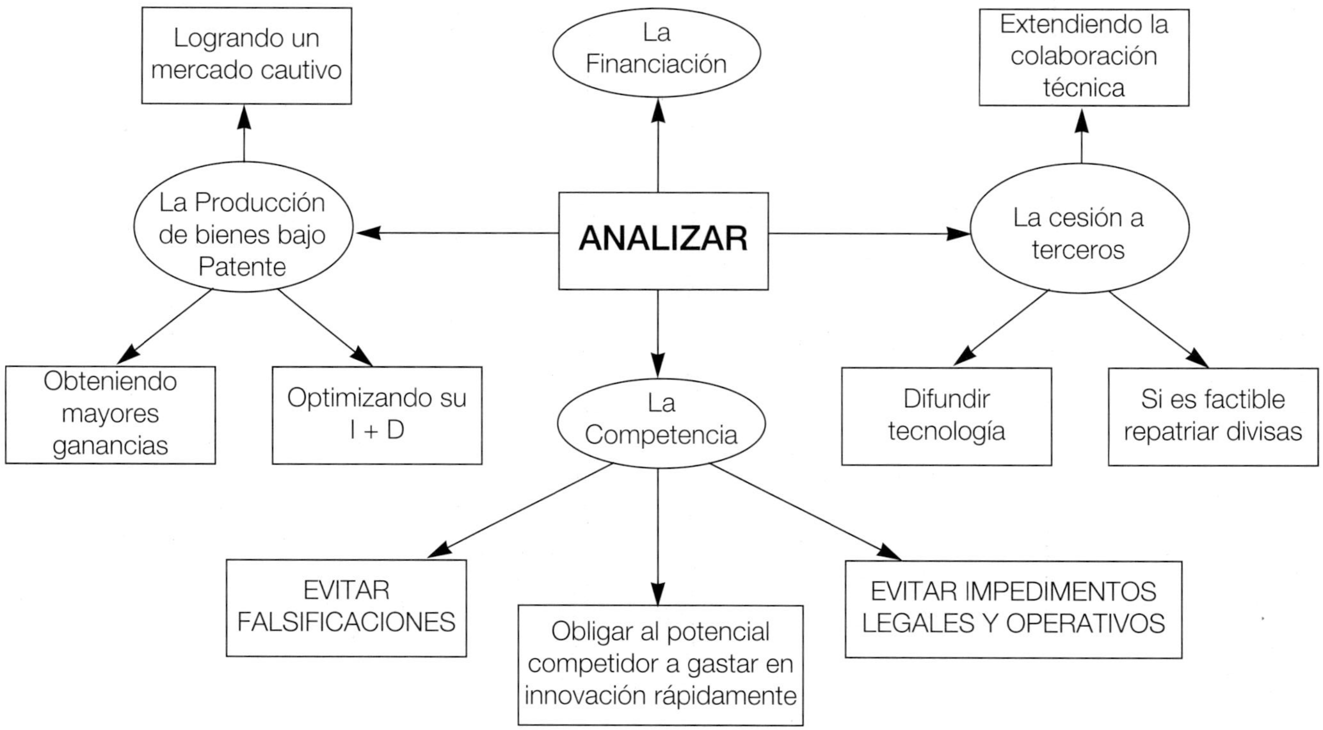

Esquema del contenido de una licencia

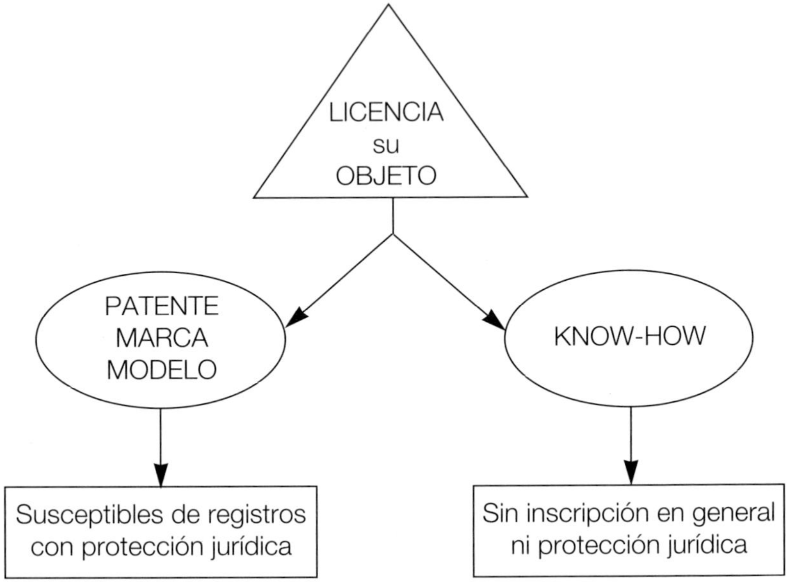

Esquema del contenido del Know-how

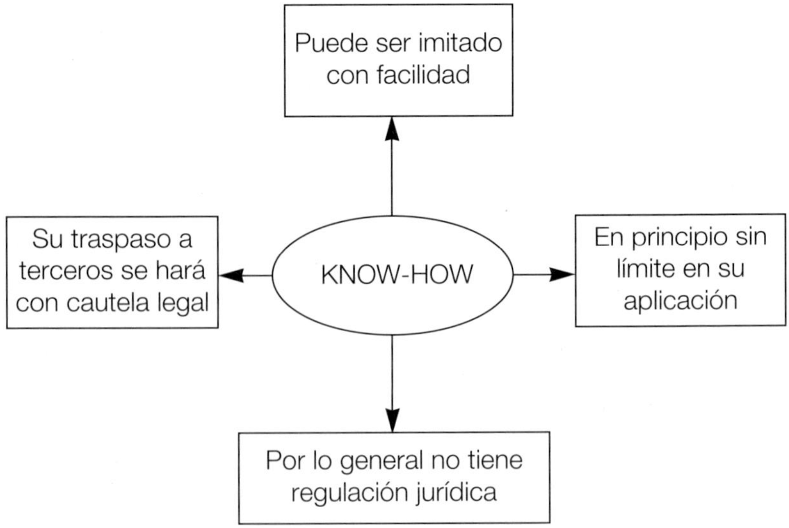

Recuerde que la cesión de tecnología puede suponer,la ausencia total de control en la estrategia comercial del exportador.

IV.5 CESION DE TECNOLOGIA COMO VIA DE IMPLANTACION EN EL EXTERIOR

Existen una serie de barreras que dificultan la penetración de los productos, bienes, y servicios en el comercio internacional. Estas no son sólo arancelarias, sino a veces más sofisticadas como las homologaciones y hasta de tipo económico, como la inexistencia de divisas para pagar las importaciones.

Para paliar estas trabas, la cesión suele ser un canal que vinculará progresivamente a las partes compradoras con las vendedoras. Permiten a las primeras acceder a sistemas y conocimientos productivos, rápidamente. Al contrario tendríamos que invertir cuantiosas sumas en investigaciones, que sólo a largo plazo, amortizarían en teoría. Para las vendedoras, optimizan sus inversiones y fomentan el desarrollo de sus tecnologías, a través de una masiva y rápida implantación en mercados distintos, favoraciendo la innovación, nuevos diseños, etc.

El exportador, por escasez del "producto" ocupa una posición dominante, eso se detecta en el contrato. El importador trata de conseguir mejoras comerciales y monetarias.

Este canal de implantación en el exterior de una empresa o de sus productos o servicios, pueden adoptar diversos canales.

a) CESION DE KNOW-HOW

Entendido como el conjunto de conocimientos técnicos de naturaleza industrial, que están agrupados en una organización, y que son del conocimiento público.

Suelen ir como prestaciones complementarias a una patente, entre otras razones, para poder repatriar los royalties o regalías objeto del pago por la cesión.

El Know-How no es patentable internacionalmente, la confidencialidad en su uso, será clave para el exportador.

Son principales clientes los países en vía de desarrollo, que carecen de los conocimientos técnicos y de los medios humanos cualificados para su puesta en acción. Una vez cedido, no se puede fácilmente retirar, dándose abusos posibles en su explotación.

No obstante en los países industrializados se recurre a este canal en la exportación de complejos industriales, o de servicios turísticos, por ejemplo, en los denominados "llave en mano" y "producto en mano".

Naciones Unidas viene editando Guías a través de su agencia "UNIDO"([1]), donde se facilita información práctica para como se debe contratar, en el marco de Proyectos Industriales, al tercer mundo. También la Comisión Económica para Europa de la ONU, es muy activa, con guías sectoriales que asesoran sobre mejoras, pagos de royalties y confidencialidad.

En los países donde existe legislación sobre competencia desleal, será de aplicación la misma al contenido del contrato donde se ejecute y preste. Es el caso de España, por ejemplo, con la Ley 3/1991 de 10 de enero. No confundir con la ley sobre Defensa de la Competencia, Ley 16/1989 de 17 de julio.

b) CESION DE ASISTENCIA TECNICA

Sería necesaria, un el período de rodaje en la utilización de una patente cedida con carácter exclusivo o no. Puede formar parte del contrato, autónomo de la pura cesión de licencia, dependiendo del grado de sofisticación de la técnica a aplicar.

Necesaria y vital en el período que va, de la recepción provisional hasta la definitiva puesta en marcha del complejo contratado "llave en mano". Incluso, puede extenderse esta prestación hasta la obtención de los rendimientos garantizados por el exportador de la planta.

---

[1]Agencia de Naciones Unidas con sede en Viena, para el desarrollo industrial.

c) CESION DE LICENCIA DE PATENTE

El licenciador concede, al licenciado con carácter exclusivo o no, total o parcial, limitado geográficamente a un territorio o no, un derecho (PATENTE) para la fabricación y comercialización de unos productos, bienes o servicios. A cambio, recibe unos royalties, canones o regalías, en función de la producción, facturación, adquisición de materias primas, etc.

En ciertos países, la Administración para favorecer la propia tecnología nacional,establece visados de estos contratos, y controles que eviten la invasión extranjera e incentive fiscalmente la producción propia.

En relación con las patentes, existen prácticas restrictivas en la CEE (art. 85 y siguientes del Tratado de Roma).

No atenta a la libre competencia la "cláusula de licenciado más favorecido".

Por ejemplo:

1) En la concesión de licencias recíprocas creando monopolios de patentes.
2) Fijación de un límite máximo de productos a fabricar por el licenciado.
3) Se prohíbe prolongar unilateralmente la duración de una patente.
4) Determinación, directa o indirecta, de los precios de compra o venta.
5) Prohibición de exportar productos protegidos por una patente. Cabe una excepción de prohibición temporal de exportación de primera mano.

Entre otros *factores decisivos,* en la determinación del valor real de la tecnología, están:

— La dimensión del mercado.

— El nivel tecnológico.

— La existencia de técnicas de recambio.

— El grado de desarrollo técnico en cada sector.

— La existencia, o no, de derechos de propiedad industrial.

— La duración del contrato y el grado de exclusividad.

— El potencial y tiempo necesario para el desarrollo de una tecnología similar.

— Las tecnologías competitivas.

— La posibilidad técnica del personal destinatario.

La elección de la remuneración dependerá básicamente del tipo de tecnología y de las consideraciones fiscales.

Los royalties, girarán en función de producción y comercialización del licenciado. Existirá a menudo, un % mínimo anual fijo y otro variable, según los resultados.

Además, pueden existir pagos previamente fijados en el contrato y su correspondiente cuantía para management, o asistencia técnica y formación.

IV.6 CLAUSULADO ESTANDARD: ESTRUCTURA Y CLAUSULAS

La transferencia de tecnología como cesión de tecnología que a favor de un receptor específico efectúa su poseedor a cambio de una contraprestación generalmente monetaria, utiliza varios canales. Los acuerdos de licencia de patentes, transmisión de conocimientos, asistencia técnica y de servicios tecnológicos, suponen un medio importante de transmitir tecnología de dominio privado.

Los acuerdos sobre tecnología deberán recoger una serie de puntos y cuestiones que han de tenerse en cuenta al redactar y suscribir el contrato, y que como memorándum y determinación de la estructura del acuerdo, básicamente pueden concretarse, en la siguiente serie de cuestiones:

I. Cuestiones comunes a los acuerdos de licencia

A. Marco jurídico

1. Identificación de las partes, con sus correspondientes poderes y autorizaciones, a efectos de la debida legitimación.

2. Consecuencias de un cambio en la situación de una de las partes: fusiones, absorciones y modificación relevante en el accionariado.

3. Legislación aplicable al acuerdo, con extensión a las normas técnicas que procedan.

4. Idioma en que se va a redactar el texto auténtico.

5. Cláusula sobre arbitraje, con indicación de la modalidad pactada.

6. Tribunales con jurisdicción, en caso de litigio.

B. Aspectos fundamentales

1. Grado de exclusividad.
2. Derecho a sublicenciar.
3. Canones, formas de pago, divisas, devaluación, impuestos, inspección de libros y auditorias.
4. Duración de prórrogas, y forma de notificarlas.

C. Disposiciones adicionales

1. Cláusula de licenciatario más favorecido.
2. Derechos y obligaciones recíprocas de compra o venta de componentes o de productos intermedios y, regulación de los precios de los mismos.

3. Derechos y obligaciones de poder fabricar bajo licencia, cómo, donde y de qué manera.

4. Infracción de derechos frente a terceros.
5. Intercambio de perfeccionamientos o mejoras, introducidas en la tecnología transferida.

6. Terminación anticipada del acuerdo, explicitándose sus causas.

7. Aprobación por las autoridades competentes, si procediese, al existir registros para previamente visar y controlar estos contratos.

II. Cuestiones propias relativas a las licencias de patentes

1. Identificación, vigencia e invalidez de las patentes.

2. Alcance de los derechos conferidos.

3. Obligación de utilizar la patente, durante un período mínimo.

III. Cuestiones específicas, relativas a los acuerdos sobre conocimientos técnicos (Know-how)

1. Especificación de los conocimientos a transferir, según tipo de tecnología.

2. Detalle de los medios para hacer la transferencia, viable y posible.

3. Plazo de la transferencia, con posible prórroga o no.

4. Obligación del Secreto, siendo confidencial toda información concretada en el contrato, y extensión en el tiempo de esta obligación, después de concluido el contrato hasta dos años. Se trata de una obligación autónoma.

IV. Cuestiones especiales relativas a los Servicios de Ingeniería

1. Descripción del proceso y de régimen de responsabilidades de contratistas y subcontratistas.

2. Arbitraje multiparte.

3. Especificación de aspectos técnicos según contratos.

V. Cuestiones especiales relativas a las licencias de marcas

1. Forma de la marca y alcance de su uso.

2. Control de calidad.

3. Obligación de usarla.

4. Territorio protegido.

ESTRUCTURA DEL CONTRATO Y SUS CLAUSULAS

Con carácter general puede decirse, que no hay un contrato tipo ya que las partes, o la parte dominante, tienen libertad para redactarlo. No obstante, parece observarse en su estructura las siguientes partes:

1. *Introducción:* Cláusulas rutinarias con redacciones muy parecidas. Ayudan a clarificar conceptos y evitan malas interpretaciones, se incluyen, un capítulo de definiciones por lo general. Estas, facilitarán el contenido y alcance otorgado en el contrato, a términos o prestaciones que lo requieran.

2. *Prestaciones:* Las patentes son, en esta parte,objeto de referencia y se remiten, a un Anexo donde son detalladas.

El Know-how o los conocimientos técnicos, son objeto de descripción detallada (planos, manuales, especificaciones, croquis, etc.)

La Asistencia Técnica se incluye, si se preve cambio de personas o sociedades, por fusiones o absorciones.

3. *Mejoras:* Punto importante que requiere texto muy pensado, es el de la generación de mejoras, su intercambio y retroactividad, distinguiendo entre patentables y no patentables. Se suelen interpretar restrictivamente.

4. *Territorio:* La Licencia para la fabricación se limita, generalmente, al país receptor con carácter de exclusividad. Es clase su delimitación, evitando la alusión a meras áreas geográficas.

En cuanto a la exportación de lo producido, suele ser objeto de pacto entre las dos partes.

5. *Contraprestaciones:* Por la licencia se fija % como canon libre de impuestos, sobre la producción neta.

Si se preve una asistencia técnica, se incluyen las tarifas del personal por categorías con índices de actualización, anexándose al contrato.

6. *Duración:* De 10 años, en función de la inversión, del sector productivo, grado de desarrollo tecnológico de los destinatarios, capacitación de su personal; para el supuesto de licencia, pudiendo prorrogarse para el caso de marca de 5 a 10 años, análogamente.

7. *Garantías, responsabilidades y obligaciones:* Generalmente es el licenciatario, el que tiene más interés en introducir cláusulas que concreten lo más posible. La inspección de la contabilidad es normal, y necesaria para el correcto funcionamiento del contrato.

La confidencialidad depende de la novedad de la tecnología, de su naturaleza, y del sector que se aplique.

8. Cláusulas finales: La legislación suele ser la del país receptor y la de arbitraje, que, se pacte en el contrato.

Resumida la estructura básica del contrato, concluyamos con el esquema del traspaso de tecnología y sus diferentes etapas por las que atraviesa.

El **proceso,** cualquiera que sean los protagonistas que lo lleven a cabo, tiene cuatro **etapas**:

1) SELECCION.

2) NEGOCIACION.

3) ABSORCION.

4) ADAPTACION.

Cronologicamente ordenadas, comentemos su contenido, resumidamente:

1. *Seleccion.* Consiste en decidir la tecnología que va a utilizar y su posible proveedor. Esta decisión se fundará en diversas consideraciones, entre las que destacan, la novedad de la tecnología, su éxito comercial, el tamaño y magnitud de los recursos de la empresa adquiriente y del suministrador y, en definitiva, de la información que se posea acerca de las fuentes de abastecimiento tecnológico.

2. *Negociación.* Seleccionada la tecnología que se desea adquirir, se pactarán las condiciones del contrato por el cual se comprará. Factores que intervienen en esta fase cabe mencionar entre otros, la capacidad técnica, dimensión de las empresas involucradas y disponibilidad de la información adecuada.

3. *Absorción.* Adquirida la tecnología deberá ser asimilada por la empresa receptora. Por desgracia, todavía en bastantes países en vías de desarrollo, este proceso de absorción no ha recibido el tratamiento adecuado, entre otras razones, porque muchos de esos países poseen mercados altamente protegidos o cautivos y, entonces, a las empresas les resulta más fácil importar llave en mano la tecnología, sin considerar su costo, en lugar de realizar inversiones para aumentar la capacidad tecnológica propia.

4. *Adaptación.* Al proceder del exterior, por lo general, la tecnología se ha diseñado y producido para mercados de condiciones muy diferentes a los mercados receptores en vías de desarrollo. Ello implicará la necesidad de realizar una labor de innovación y adaptación de la tecnología importada, a

las características del mercado receptor. Factores relevantes en esta fase son, el tamaño económico de las empresas involucradas, la disponibilidad de información, de recursos humanos y materiales y, la habilidad negociadora.

Este proceso, se puede esquematizar en el cuadro siguiente alusivo al traspaso de tecnología.

PROCESO DE TRASPASO DE TECNOLOGIA

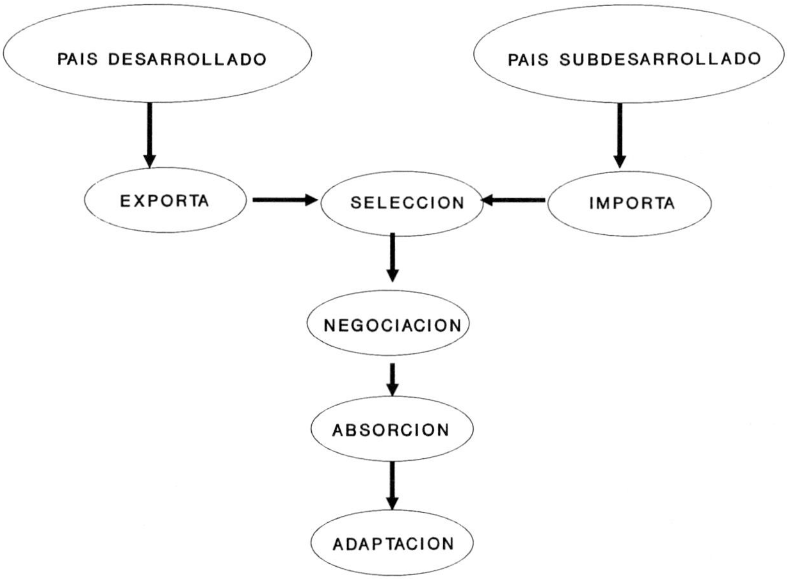

V.- RESOLUCION DE CONFLICTOS INTERNACIONALES: ARBITRAJE COMERCIAL

V.1 INTRODUCCION

En el mundo de las transacciones comerciales, son numerosos los intereses que entran en juego. El esfuerzo de muchos profesionales, con dificultades en la coordinación, ponen de relieve la extraordinaria complejidad de los contratos internacionales.

Todos los esfuerzos pueden verse en peligro, debido a diferencias tanto de matiz como de importancia, en el desarrollo de la operación mercantil.

Problemas tan diversos como la interpretación de un término del contrato, hasta cuestiones de falta de calidad o de especificaciones de productos, bienes y servicios contratados, así como plazos de entrega y suministro de los mismos, son tan solo algunos ejemplos que pueden poner en precario la vida de la operación o negocio.

Todas y cada una de estas variadas cuestiones que inciden en la colaboración y continuidad con el cliente o proveedor, debieran de haberse previsto en el contrato y negociado de tal manera que se hubieren -al menos paliado- los principales riesgos de la transacción comercial.

Existen técnicas jurídicas y diplomáticas para remediar, si no total al menos parcialmente, tales riesgos. Desde la mediación y conciliación, pasando por la gestión diplomática, y buenos oficios, hasta el recurso a la jurisdicción ordinaria o eventualmente al arbitraje, son vías posibles que se analizarán, seguidamente, sus ventajas e inconvenientes.

Los comentarios que se recogen son realizados desde una óptica realista nacida de la práctica y experiencia, contrastada con la jurisprudencia así como con los propios usos y hábitos comerciales.

Ahora bien por perfecto que sea el contrato, las posibles diferencias o controversias que se deriven de la interpretación o ejecución del mismo, pueden ser potenciales fuentes de conflictos.

Es cierto, que la complejidad de la operación no solo está en los productos o bienes objeto del contrato. La peculiaridad de los mercados internacionales y la inexistencia de legislaciones uniformes que regulen las transacciones comerciales, vienen a añadir un panorama ciertamente complicado de prevenir por qué "flanco", podrá verse atacado el contrato suscrito.

Estas dificultades se pueden resolver a través de diversas vías. Es frecuente, el uso de recurrir ante los tribunales de justicia. Sin embargo, en muchas ocasiones, las partes, de haber conocido las ventajas de otros sistemas como el arbitraje, optarían por esta vía, ya que tiene una serie de características que permiten una mayor adaptación al marco empresarial, donde se desarrolla el contrato.

Los Convenios y Tratados, bilaterales y multilaterales, que constituyen el marco legislativo para dotar de eficacia las sentencias que se dictan en los tribunales, se han visto superados por los Convenios que regulan el arbitraje comercial, respaldados por la ratificación de numerosos Estados.

Escasa cobertura en la ejecución de sentencias

En la actualidad, los países que tienen suscritos Convenios sobre Ejecución de Sentencias civiles con España son los siguientes:

- Francia
- Suiza
- Italia
- República Federal Alemana
- Checoslovaquia (República Checa y República Eslovaca desde el 1 de enero 1993)

- Colombia
- Austria
- Israel
- México
- Uruguay
- Brasil.
- República Popular China.

Además del resto de los paises de la Unión Europea, en base al Convenio de Bruselas sobre Competencia Judicial de 1968 (BOE 28-I-91).

Mayor cobertura. Ejecución de laudos

Frente a estos datos, son más de 88 los países que han suscrito el Convenio sobre Reconocimiento y Ejecución de Sentencias Arbitrales Extranjeras (N. York 58) -publicado en el BOE de 11 de Julio de 1977. Y el Convenio de Arbitraje Europeo (Ginebra 61), está en vigor en más de una docena de países -publicado en el BOE de 4 de Octubre de 1975. Una rápida lectura comparativa, nos permite obtener una conclusión provisional, en el sentido de que son muchos más los países que han ratificado Convenios sobre arbitraje, que sobre Ejecución de sentencias civiles, lo que nos da una idea de la garantía y seguridad jurídica de los procedimientos de arbitraje comercial internacional.

No obstante, el arbitraje no es una panacea sino una técnica para zanjar las controversias con garantía jurídica, flexibilidad, confidencialidad, especialización, mayor rapidez que el proceso judicial, así como con mayor economía en el procedimiento arbitral.

V.2 FACTORES DE RIESGOS MAS USUALES

En las transacciones comerciales internacionales, y según las estadísticas de la Cámara de Comercio Internacional, el nivel de conflicto varia del tipo de operación y contrato en el que se enmarque la transacción.

Las compraventas internacionales, junto con los contratos de construcción y exportación llave en mano, son los dos primeros que ocupan la lista de conflictividad. Seguidos muy de cerca por contratos de transferencia de tecnología, en el sentido más amplio del término, contratos de intermediación comercial (agencia y distribución), de contratos de financiación y de transporte internacional.

La complejidad y aleatoriedad de las múltiples circunstancias que rodean una transacción mercantil, hacen que sea este universo, de factores de riesgo, materia sumamente afinable.

De ahí, y con las limitaciones del presente manual, vayamos a dar tan sólo unos apuntes, sobre este complicado pero apasionante tema.

Como mínimo, ante una operación de comercio exterior nos movemos en tres dimensiones que generan otros tantos contratos:

— De compraventa, con la incidencia del coste laboral y de las materias primas.

— De transporte, con la evolución de los fletes.

— De seguro, con el coste de las primas según tipo de cobertura.

Previamente, se deberán analizar, entre otros, unos parámetros concretos sobre:

— El producto.

— El mercado.

— La competencia.

— La estrategia comercial y características de las vías de penetración.

— La estrategia financiera y sus costes.

— La estrategia tecnológica, y su valor añadido.

— Las legislaciones fiscales, aduaneras y monetarias, del país importador.

La existencia de costes fijos y, sobre todo, de los variables, incidirán en la determinación de los margenes comerciales del exportador.

Pueden llegar a ser factores de riesgo:

1. La transmisión de las mercancías.

2. La distribución de los costes.

3. El sistema de transporte.

4. La expedición y recepción de los productos o bienes.

5. Las barreras idiomáticas.

6. Los obstáculos aduaneros, de homologación, fiscales y monetarios que evolucionan sin cesar.

Comentemos, sin ánimo de ser exhaustivos, determinados aspectos de los factores citados:

1. La transmisión de las mercancías

Dependiendo de su naturaleza y destino, las técnicas jurídicas que pueden aplicarse para conocer quién deberá soportar los riesgos y sus efectos ante la eventual merma, pérdida, y deterioro total o parcial de las mercancías, pasan por los INCOTERMS. Véase el capítulo referente a la compraventa internacional, en concreto, este tema.

Consecuencias no sólo jurídicas sino económicas, podrán derivarse. Según se entregue el producto, y en que condiciones se recepcione por el importar, se pagará, o no. Reclamará indemnizaciones por daños o perjuicios, o no.

2. La distribución de costes.

Los costes pueden ser arancelarios, de homologación, burocráticos-administrativos como el certificado de origen, de verificación e inspección, de embalajes, de manipulación en terminales de carga o recintos portuarios, de transportes de seguros de las mercaderías, y ecológicos o medio ambientales.

El documento vital que da fe del contrato de transporte así como de la recepción de los bienes por el porteador, es el Conocimiento de Embarque. Quien deberá pagarlo, implicará correr con los costes del transporte. Antes de que cobre el exportador, deberá haber adoptado precauciones y reservas para garantizar el correspondiente pago por el Importador. Atención a la entrega de documento, que presumirá quien lo posea, que es el titular de los bienes, salvo prueba en contrario. De forma análoga, se aplicará dicha presunción a la factura comercial.

3. El sistema de transporte.

Según la modalidad, de entrada hay diferencias.

Bajo CFR y CIF, se requieren la entrega del Conocimiento de Embarque en vía marítima y sistema combinado, multimodal o polivalente, con porte marítimo inicial.

Los tipos FAS y FOB sólo se deberán emplear por vía navegable interior y marítima.

Pero cuando se opere con buques ROLL-ON o ROLL-OFF, y en régimen de containers y grupaje, debiera utilizarse el término FCA.

En el caso de emplearse condiciones CPT y CIP, no tendrán límite de sistema de transporte ni se exigirá la emisión de un Conocimiento de Embarque.

Deberán emplearse CPT y CIP en lugar de CFR y CIF, para los tráficos Roll-on o Roll-off y por contenedores.

Se sugiere, emplear básicamente por carretera y ferrocarril, el término DAF.

Los tipos DDU y DDP, son válidos para cualquier transporte, fuera ya del ámbito de la Unión Europea, ya que han dejado de existir las fronteras interiores. Las modalidades DES y DEQ, se podrán utilizar por vía marítima y navegables interiores como el Rhin, Danubio, etc.

4. La expedición y recepción de productos.

El momento y lugar, según lo pactado, es un punto crucial en todo contrato, respecto a las mercancías o productos objeto de la transacción.

El más sencillo es EXW. En los supuestos de FCA, FOB, CFR, CIF, CPT y CIP, se entregarán al transportista, quien la llevará hasta su destino.

Se recomienda utilizar FCA, CPT o CIP, cuando exista una terminal en el puerto de embarque, o dispongamos de un agente o representante del porteador, entregándola antes de que el buque llegue a destino y, haya atracado estando presto para recibir la carga.

El caso de FAS, favorece al exportador, ya que no se requiere la entrega real al transportista sino sólo la ubicación del producto al costado del buque, sobre el muelle o, incluso en gabarras en el puerto de embarque.

Téngase en cuenta que es habitual y legítimo, que el lugar de carga en el puerto lo designa el comprador. Bajo el término FAS, el despacho aduanero si existiere para la exportación, será a cargo del importador.

En los casos DES, el vendedor está obligado a entregar los productos en el puerto de destino. En DES, lo hará a bordo del barco porteador contratado. En el muelle en caso de DEQ, en el lugar de destino pactado en el país del importador en condiciones, DDU y DDP. Este último es lo contrario de EXW, y en principio, más aconsejable al importador fuera de la Unión Europea.

El factor "entrega" de los productos, está muy ligado a los "costes" y a la "expedición y recepción".

5. Las barreras idiomáticas.

Cada vez van teniendo menor interés, que no importancia, por el mayor dominio e implantación de la lengua inglesa en el mundo comercial internacional.

Salvo pacto en contrario, se admitirá como idioma válido desde el inicio, en el que se formuló la oferta.

En su defecto, la versión original del contrato. E incluso, podrá pactarse la prioridad sobre la versión original de un texto traducido, a ser posible, por un intérprete jurado experto en el objeto del contrato. Recuerdese lo comentado, en su momento, sobre el texto auténtico que dará fe en caso de conflicto, por la interpretación diferente que se pretenda dar por las partes, al contenido terminológico del contrato.

6. Los obstáculos aduaneros, de homologación, fiscales y monetarios.

Los primeros se reducen a cuando se opere con países terceros, fuera de la Unión Europea.

Los segundos, surjen como barreras más sofisticados que las puramente arancelarias. Consulte al experto.

Los costes fiscales de incidencia generalizada, y con consecuencias en el escándallo de los costes del exportador y, por tanto en el precio final que se oferte al importador. Ver en los anexos, relación del país que con España tienen convenios para evitar la doble imposición fiscal.

Las variables monetarias, igualmente pueden aconsejar contratar un seguro de cambio, para evitar perdidas en procesos devaluatorios de la moneda nacional frente a la divisa del comprador.

La estabilidad política, o riesgo país, la solvencia financiera del comprador, o riesgo comercial, riesgos excepcionales y catastróficos, cierran el universo de los posibles riesgos. Contratar polizas que garanticen estas y otras múltiples contingencias, máxime en el comercio mundial actual, exige un nivel previo de información y asesoramiento que el empresario debe conocer e utilizar racionalmente para el éxito de su negocio.

V.3 RECOMENDACIONES PARA PREVENIR POSIBLES CONTROVERSIAS

Sería imposible facilitar una lista onnicomprensiva, a través de la cual tuviéramos la garantía de habernos inmunizado ante posibles diferencias entre los contratantes, por ejemplo, en relación a la interpretación de sus respectivas obligaciones y derechos.

Por otra parte, la propia dinámica de las transacciones mercantiles internacionales, puede generar en el desarrollo de contratos posibles problemas.

Constatada esta realidad, nos limitaremos a resumir algunas recomendaciones prácticas:

— El contrato deberá redactarse en términos de claridad y concisión, evitando las interpretaciones de aquellos términos vagos, genéricos y equívocos. Los retrasos en los suministros de bienes, la indeterminación del momento de la entrega de los productos del exportador al importador, los defectos en la forma de pago por indeterminación de la moneda, tipo de cambio aplicable, medio de realizarse, etc., serían algunos de estos supuestos.

— La extensión del contrato suele, estar en relación directa con el volumen de las obligaciones y derechos que las partes hayan pactado. No obstante, se sugiere que en aquellos sectores donde existan contratos tipo, como por ejemplo en el campo de los contratos de granos y semillas, café, algodón y demás materias primas, será útil remitirse a los mismos.

— Según la complejidad técnica del objeto del contrato, se requerirá incluir una claúsula de definiciones. Especialmente aconsejado en contratos de cooperación y suscritos a largo y medio plazo. Por ejemplo, las partes deberán determinar en una lista cerrada qué se entiende por fuerza mayor, caso fortuito y hardship, siendo como son estos pactos de exoneración total o parcial de responsabilidad por hechos ajenos a la voluntad de las mismas, que impiden el normal cumplimiento de las obligaciones previamente suscritas en el marco del contrato.

— El lugar de celebración del mismo y de perfeccionamiento, deberán ser previamente analizados en función del interés de cada parte contratante. Con respecto al primero, recuerdese que es un punto de conexión definitivo cuando las partes no se pusieron de acuerdo, en cuanto a la determinación de la ley aplicable al contrato. Y respecto a la perfección, aunque la regla general determina que un contrato se perfecciona por el mero consentimiento, deberemos de tener en cuenta los contratos celebrados entre ausentes, por ejemplo vía soporte telemático, en qué lugar se especificará su perfección. Recuérdese el art. 1.262 del Código Civil y el 54 del Código de Comercio Español.

— Determinación de la jurisdicción competente. Es frecuente fijar en el contrato la jurisdicción que resuelva cualquier litigio o controversia derivada de la interpretación y ejecución del mismo. Claúsulas como por ejemplo: "las partes, con expresa renuncia a cualquier fuero o tribunal que pudiere corresponderles, acuerdan someterse a los juzgados y tribunales de .... Madrid .....o de Estocolmo ......". La importancia de este punto podrá ser vital para el desarrollo del contrato. Es decir, fijar la jurisdicción de los tribunales de Madrid, en una operación de comercio exterior con un importador sueco, puede ser problemático, en principio.

¿Qué sucedería si se demanda ante el juez de Madrid y se declara en rebeldía la firma sueca?. Si no tiene fábricas ni instalaciones, ni almacén de productos propios, en territorio español. Y al no existir convenio con Suecia sobre ejecución de sentencias, de poco le podrá servir al exportador español obtener una sentencia condenando en rebeldía al importador sueco, ya que será muy difícil poder ejecutar dicha sentencia en el país del deudor, al no existir derecho convencional pactado.

Se sugiere, en análogos supuestos, proceder de la siguiente manera:

1. Verificar previamente, si tiene la otra parte bienes propios en España.

2. En su defecto, comprobar si existe Convenio sobre ejecución de sentencias entre España y el país de la otra parte contratante.

3. A falta de ello, se sugiere negociar una claúsula de arbitraje e incluirla en el contrato.

4. En último extremo, será preferible, de no haberse aceptado el arbitraje, someterse a los tribunales de la firma extranjera. Podremos minimizar el riesgo de insolvencia y de ejecución de sentencia, ganando en rapidez, garantía y con menor coste.

No obstante, habrá que examinar cada caso específicamente por expertos jurídicos, previamente.

V.4 EL RECURSO A TRIBUNALES DE JUSTICIA

La famosa sentencia ante la Corte Federal Suprema de los Estados Unidos de Norteamérica que vino a zanjar el litigio entre Polaroid y Kodak, el proceso judicial, duró más de diez años. Esto viene a demostrar que el sistema judicial, incluso en un país arquetipo de funcionamiento y de gestión con medios humanos y recursos económicos, es irremediablemente lento. El cauce procesal y la serie de recursos ante instancias superiores, que revisan la sentencia dictada anteriormente, el uso y abuso en la utilización de los mismos, nos demuestran dicha realidad.

Si tenemos en cuenta que las transacciones comerciales internacionales, requieren una rapidez que impone la propia naturaleza de las operaciones mercantiles, nos percataremos de que, quizás no se adapte este mecanismo a la peculiaridad, idiosincracia, especialización y celeridad que demandan los agentes y operadores económicos. Todo ello, sin detrimento de la garantía y seguridad jurídica del fallo o sentencia.

El proceso civil, por tanto, para transacciones comerciales no se adapta a veces a las necesidades propias de la naturaleza mercantil. No solo el número ingente de litigios que tienen que resolver nuestros tribunales con los medios de que disponen, sino también la mentalidad de los propios jueces, hace que se deduzca esa inadaptación al medio comercial internacional, en numerosas ocasiones.

Las características de los tribunales en los procesos ordinarios, se podrían resumir en:

— *Lentitud,* debida, a veces, a las prácticas dilatorias que utiliza la parte, en su deseo de paralizar o alargar el proceso.

— *Rigidez* del cauce procesal aplicable, con normas que otorgan prioridad a cuestiones formales sobre temas de fondo, en diversos supuestos.

— *Publicidad,* con problemas que afectan a la "marca", en sentido genérico que prestigia la venta de un producto.

— *Coste* del proceso judicial. En función de la duración del mismo, se irán incrementando sus costes forzosamente. Ciertamente, no es lo mismo un asunto resuelto en un año a tener que esperar durante seis, ocho o más años. Las personas que intervienen a lo largo del proceso, deberán de ver compensados los trabajos y labores realizadas.

— *La escasa especialización,* en ciertos supuestos, del juez cuando se sometan cuestiones eminentemente técnicas en las que él es profano o lego en la materia. Pensemos por ejemplo, cuando el juez de El Cairo deba fallar en un litigio donde se cuestiona el vicio en la construcción de la fragata objeto de la venta. El dictamen de los expertos del comprador, afirman vicio oculto en la contrucción del buque. El contradictamen de los astilleros españoles, se basan en la manipulación indebida y errónea de los compradores. Dictámenes opuestos emitidos por los peritos testigos de cada parte, lejos de solucionar el problema, plantean nuevas cuestiones, debiendo recurrir el juez al perito asesor o tercer perito, con los costes e inconvenientes de pérdida de tiempo, etc. Además, el juez suele estar desprovisto de la mentalidad de los hombres de negocios para captar cual ha sido la real concepción de las partes, a la hora de suscribir el contrato. Emite en una longitud de onda, que no es captada por los protagonistas del pleito, y viceversa.

— *La garantía* en la ejecución forzosa de la sentencia. Cuando las partes se resisten a "dar su brazo a torcer" e incluso no admite la parte condenada, cumplir la sentencia de forma voluntaria y espontánea, se tendrá que recurrir al proceso de homologación de la eficacia de la sentencia, dictada en un lugar distinto a donde se tiene que ejecutar a la fuerza (Exequatur). En ocasiones, al no existir Convenio o Tratado que garantice la reciprocidad en la ejecución de las sentencias, el resultado será dudoso en cuanto al éxito del cumplimiento de dicho fallo, al no ser viable la ejecución forzosa por falta de respaldo de derecho convencional.

Todas estas características aludidas, respecto a los tribunales de justicia, en el marco de pleitos nacidos de contratos internacionales, tendrian lectura diferente si las partes hubieran incluido un acuerdo arbitral vía claúsula -en el contrato- o vía convenio -fuera de aquél-. Es decir, el arbitraje se caracteriza por ser un procedimiento:

— *Menos lento,* al menos en la mayoría de los arbitrajes. Se habla de meses y no de años.

— *Flexible,* en su procedimiento y en las fases que lo desarrollan, dominando las partes el mismo, de mutuo acuerdo.

— Confidencial, al no trascender a terceros, y desarrollarse siempre a puerta cerrada, salvo pacto en contrario.

— *Económico,* en el sentido de que los costes se conocen a priori en función de la Corte a la que se sometan las partes. Los costes básicos son: honorarios del árbitro y gastos de administración de procedimiento. Ambos girarán sobre la cuantía del litigio, en función de los porcentajes a aplicar en cada tramo, según lo previsto en los baremos de cada Corte.

— *Especialización,* garantizándose que el árbitro será un experto en el problema que le planteen. Si es de naturaleza técnica, será un ingeniero especialista, si es de naturaleza jurídica, será un abogado experto en la rama jurídica correspondiente. Además, como profesionales independientes, participan de la mentalidad de los gerentes y ejecutivos, pudiendo valorar e interpretar la voluntad de los mismos, en relación con el conflicto planteado y el contrato que asumieron aquellos.

— *Mayor garantía* en la ejecución forzosa del laudo o sentencia arbitral. Debido al mayor respaldo de los países que se han adherido a los Convenios y Tratados internacionales sobre la materia. En segundo lugar, por el amplio juego en la práctica de la reciprocidad en la ejecución de laudos de comercio internacional. Y por el temor a las listas negras, con el efecto del boicot en determinados mercados a las sociedades, que de forma reiterada vienen incumpliendo sus convenios de arbitraje, en el marco de los contratos comerciales que suscribieron.

V.5 JURISDICCION ARBITRAL: LEY 5 DE DICIEMBRE DE 1988, Y ADOPCION DE MEDIDAS CAUTELARES

¿En qué consiste el arbitraje y cómo se aplica a un contrato internacional?

¿Es una solución costosa? y ¿Tiene garantía y efectividad jurídica? ¿Se pueden adoptar medidas cautelares en el proceso arbitral?

Estas y otras muchas preguntas nos planteamos a la hora de abordar este epígrafe. No obstante, las respuestas a las mismas vienen dadas, en función de lo antes comentado, con respecto al recurso a los tribunales de justicia. Como se puede comprobar por la simple lectura, los inconvenientes de la vía ordinaria contrastan con las ventajas del arbitraje comercial, en general.

Nos vamos a centrar seguidamente en el arbitraje internacional, dejando aparcado el arbitraje doméstico, habida cuenta de que el objeto de este manual, es el comercio exterior.

Recurrir al arbitraje supone conocer, al menos en parte, sus ventajas.

El arbitraje está presente en los recientísimos resultados de la Ronda Uruguay de negociaciones comerciales Multilaterales, cerradas el 15 de Diciembre de 1993, ya que se recurre en el Anexo 2, del Acta Final, incluida en esta publicación, a las NORMAS y PROCEDIMIENTOS por los que se rige la solución de diferencias que surjan de la aplicación del GATT o GATTS de 1994, que es cuando entrará en vigor.

El conflicto no es sino la patologia de la relación contractual. Prevenirlo, es aconsejable. Resolverlo, es necesario.

Por otra parte ¿de qué nos puede servir obtener una excelente sentencia tras un brillante proceso, pero que no suponga una verdadera decisión en la práctica?

La nueva Ley de Arbitraje española (Ley 36/1988 de 5 de diciembre, BOE de 7 de diciembre) puede resultar un tanto triunfalista, en la propia Exposición de Motivos. Pero sin duda, supone un paso importante en la consagración de este sistema de resolución de controversias. Supone un cambio legislativo importante, de la Ley de Derecho Privado de 22 de diciembre de 1953. Ley, hoy felizmente derogada, y que se habia quedado obsoleta. Aquella se vió superada por la propia Jurisprudencia del Tribunal Supremo, con la famosa sentencia de 11 de febrero de 1.981 surgida del incumplimiento de una póliza de fletamento que vinculaba a una compañía española, de la Coruña y otra finlandesa. Quizás, considerando a la nueva Ley apta, en principio, para resolver las controversias producidas en el tráfico jurídico en masa y nacidas de complejas relaciones mercantiles, se le podría achacar la escasa alusión al arbitraje internacional. No es menos cierto, que éste encuentra su base normativa en los Convenios y Tratados, que rigen el entramado jurídico de la institución arbitral en el mundo comercial.

Concepto

El arbitraje es un procedimiento nacido de la voluntad de las partes que tiene por finalidad, la solución de controversias derivadas de la interpretración o ejecución de acuerdos o contratos, por el que renuncian acudir a otras vías y ejercitar otros recursos, comprometiéndose a cumplir la decisión (laudo) que dicta un tercero (árbitro), elegido de común acuerdo por las partes o, en su defecto, designado por la Corte competente a la cual se han remitido en el contrato.

Dado que por su origen es de naturaleza contractual, aunque por sus efectos genera una excepción procesal, le dotamos al arbitraje de naturaleza mixta.

Voluntariedad

De esta definición descriptiva, conviene recalcar la voluntariedad del sistema y la firme decisión de cumplir y acatar el fallo que dicte el árbitro o árbitros, uno o tres.

Por tanto, en la solución arbitral pueden someterse controversias futuras o incluso ya existentes. Ambas formas (cláusula arbitral y acuerdo), se engloban en el denominado convenio arbitral.

Procedimiento

Pieza clave, es el procedimiento. En el mismo se deberá de tener en cuenta temas tales como, la selección de los árbitros, el tipo de arbitraje en cuanto a su forma y organización, así como la fijación del lugar, idioma y método de administración de la prueba.

Respecto a los tipos de arbitraje en cuanto a su naturaleza, se distinguen, básicamente dos:

— *Arbitraje de derecho:* Aquel que en su fallo o laudo se realizará mediante una norma o sistema jurídico, determinado por las partes en el contrato, o en su defecto, fijado por el árbitro en función de los puntos de conexión en cada supuesto con el contrato.

— *Arbitraje de equidad:* En el que el fallo o laudo no se ajustará a norma o sistema jurídico alguno, sino que el árbitro se basará en sus conocimientos sobre el asunto objeto de la controversia a resolver. Es decir, con arreglo a su leal saber y entender.

Arbitraje de equidad: regla general en la ley de 1988

En la nueva Ley de Arbitraje española de 1988, la regla general es el arbitraje de equidad.

En relación con la forma de organización del arbitraje, distinguimos:

— *Ad Hoc,* caracterizado por ser un arbitraje cuyo procedimiento elabora el árbitro conjuntamente con las partes, sin apoyo institucional alguno, salvo pacto en contrario.

— *Institucional o administrado,* según lo prescrito en el Reglamento o Estatuto de la Institución elegida por las partes para el desarrollo del procedimiento. De mayor solidez, seguridad y eficacia que el anterior, al menos en principio. La Corte Española de Arbitraje, sería un supuesto válido.

— *Vigilado,* es propiamente una variante del institucional, caracterizado por la mayor intervención de la Corte u otro organismo, que no se limita a supervisar el procedimiento establecido en el reglamento sino que incluso interviene en la elaboración del propio laudo. La Corte de Arbitraje de la Cámara de Comercio Internacional (CCI), es un buen ejemplo.

Sede del arbitraje

Respecto al lugar o sede del arbitraje, podrá ser el del domicilio del demandado, el del árbitro o el del Presidente del Tribunal arbitral, según sea arbitraje unipersonal o colegiado. Otros criterios válidos serían donde estén vigentes los Convenios Internacionales de arbitraje, y más específicamente en aquellos países en los que tengan en vigor el Convenio de Nueva York de 1.958.

Atención, a la determinación del lugar del arbitraje, por comodidad de reunir a las partes simplemente. Puede tener repercusiones legales.

En este sentido, se podrán plantear problemas de procedimiento, y en todo caso, la nacionalidad del laudo sería la del lugar en que se dictó. Deberá ser consultado este aspecto al especialista jurídico, antes de iniciarse el procedimiento.

Lengua o idioma

Pleitear en un idioma que no se domina, es un handicap. Se deberá evitar el recurso sistemático a traducciones e intérpretes. En último caso, deberán ser intérpretes jurados.

Podrá ser el idioma del contrato, al haberse admitido desde el inicio por las partes. O el idioma del árbitro, pudiendo facilitar el conocimiento de su mentalidad. Finalmente, será factible que cada parte presente su defensa en su propio idioma. El laudo se dictará en el idioma, bien del contrato o bien del propio árbitro.

Se deberá prestar atención al intercambio de cartas,telexes o faxes en que se hayan realizado la oferta-aceptacion, ya que el idioma de las mismas, a falta de pacto en contrario, será el que rija el arbitraje.

Administración de las pruebas

En todo procedimiento contradictorio, son básicas proponer la realización de determinadas pruebas. Periciales, testificales, en confesión y documentales. Deberán ser aportadas por las partes, e incluso a instancia del árbitro cuando sea imprescindible para conocer el fondo del conflicto.

Las pruebas serán administradas y calificadas de procedentes o no, por el árbitro o tribunal competente. Podrá recabar del juez, la realización de las pruebas que no pueda llevar a cabo por sí mismo el árbitro nombrado.

El principio general es dar a las partes en el procedimiento igualdad de trato, compatible con la situación.

La necesidad práctica, nos induce a ampliar el intercambio previo del procedimiento escrito a través de la prueba documental, cuya interpretación se dejará al árbitro. Se admite como prueba documental el intercambio de telex y de telefax en principio, reconociéndose análogos efectos a los documentos intervenidos por fedatario público. También será útil establecer un procedimiento oral complementario que permita el examen contradictorio, a la manera acusatoria, con la fijación de los hechos.

Prueba pericial

La importancia de los peritos en el arbitraje internacional lo demuestra la utilización frecuente de los mismos, como ayuda esencial al desarrollo de las pruebas,en el marco del procedimiento.

El perito dictamina. El árbitro decide. Muchos pleitos son la proyección jurídica de dificultades de orden técnico.

En la utilización de estos expertos profesionales, podemos distinguir:

A) Recurrir las partes, con carácter *previo al arbitraje,* a un sistema de peritaje técnico prearbitral. Con ello, se hubiera podido evitar el arbitraje en muchas ocasiones.

B) Recurrir a los peritos *en el transcurso del arbitraje.* La Cámara de Comercio Internacional creó el Centro Internacional de Peritaje, desde diciembre de 1.976. En su Reglamento se otorgan facilidades a las peritos para cumplir su misión probatoria, para la extensión de su misión o competencia. En todo caso, no será una prueba que vincule a las partes, pero sí en gran medida al árbitro.

¿Cuál es el principio fundamental que rige la prueba?

— Que los árbitros lleguen al pleno y total convencimiento, sobre la decisión que deben tomar.

— No existirá prioridad y, carecerá de toda valoración formal.

— Los árbitros gozarán de una amplia discrecionalidad, tan solo limitada por la propia voluntad de las partes y en el marco legal del arbitraje.

Las pruebas periciales, en las que el perito es la base técnica para la decisión de los árbitros, es indispensable para el desarrollo del procedimiento arbitral. La designación de los mismos y el marco de sus intervenciones, deben estar contemplados en un Anexo al contrato, y, mejor todavía en el Reglamento del Centro Internacional de Peritaje de la CCI, al cual se deben de remitir las partes. La intervención prearbitral podrá ser eficaz, evitando un litigio en los contratos de ejecución a largo plazo, -especialmente-, y servirá para colmar lagunas, a fin de precisar los términos del contrato e incluso nuevas circustancias no previstas.

La intervención del perito en el arbitraje facilita el fallo, ya que conoce la materia sobre la cual se discute como experto que es.

No hay regla general para fijar los medios de prueba y cómo se administra. Dependerá del tipo de arbitraje, de la naturaleza del litigio y de los propios árbitros que dicten la prueba y cómo deberá conducirse la misma. La voluntad de las partes y el propio marco legal donde se sustancie, serán sus límites suelen carecer de toda formalidad.

Prueba documental

La prueba documental es más amplia, que la admitida ante un jüez ordinario. Basta, que de manera inequívoca la voluntad de las partes hayan hecho constar su deseo, de someter la controversia al arbitraje por escrito,y con independencia de la forma en que se haya efectuado. Es decir, se admiten cartas, telex e incluso fax. En la práctica, es raro que se cuestione la autenticidad, admitiéndose las fotocopias, salvo oposición de parte, siendo esto excepcional. Es frecuente el testimonio escrito de personas, que no puedan comparecer personalmente ante los árbitros. La valoración de las pruebas se someten a las denominadas reglas de la "sana crítica", siendo decisivo para el convencimiento interno de los árbitros. A veces incluso, estos, deciden sobre los propios contratos respecto a la calidad o cantidad del producto objeto de la venta, etc.

Prueba testifical

La prueba testifical, permite obtener una impresión directa y oral de las circustancias de la operación y ejecución del contrato. Enriquece la opinión a través del diálogo y del careo, entre los testigos y los asesores de las partes. El interrogatorio suele ser directo y vivo, debiéndose prestar atención a la utilización y recurso de este tipo de prueba.

Un sabio consejo es utilizar con prudencia la prueba testifical, ya que de lo contrario más de un arbitraje se puede perder.

La conciliación

La conciliación no es requisito formal para el procedimiento arbitral.

La conciliación ha pasado de ser un acto obligatorio, sin cuyo intento previo la demanda era inadmisible, a convertirse en un mero acto potestativo del actor o demandante, que puede intentarla, en función de sus concretos intereses.

No obstante en la práctica, se contempla como un término natural, según el giro que tome el arbitraje.

La Cámara de Comercio Internacional prevée, en el Reglamento de su Corte, la conciliación previa.

Hemos querido dejar para el final, los aspectos, quizás, más interesantes desde la práctica cotidiana en el arbitraje comercial internacional. Aspectos y temas como:

— Condiciones de un árbitro.

— Responsabilidad arbitral.

— Convenio arbitral.

— Ley aplicable.

— Costes generales y particulares de un arbitraje internacional.

— Ejecución de laudos extranjeros: Reconocimiento y efectividad jurídica.

— Medidas cautelares en el proceso arbitral.

CONDICIONES DEL ARBITRO

Deberán reunir una serie de condiciones indispensables, para el correcto funcionamiento de la institución arbitral.

Los árbitros serán:

— Independientes.

— Intuitivos.

— Diligentes.

— Imparciales.

— Competentes.

— Resolutivos.

Se podrá recusar al árbitro nombrado por análogas circunstancias que a un juez.

RESPONSABILIDAD ARBITRAL

La elaboración de un código ético ([2]) para los árbitros, se deriva de las responsabilidades que éstos pueden contraer frente a las partes, e incluso, frente a la institución que los nombró, en defecto de áquellos. Además, serviría de orientación a los árbitros para el cumplimiento de sus importantísimas misiones. Los propios organismos arbitrales, tendran que investigar y promover tales "códigos de conducta", con medidas y disposiciones que reforzáran y orientarán a los árbitros a cumplir con su alta misión. Involucrar a éstos, para que actúen conforme a los Reglamentos arbitrales de aplica-

---

[2] El primer Código Etico para los árbitros data de 1977, elaborado por la American Bar Association, sólo referido al arbitraje interno en los EE.UU.

El Código de Etica profesional de la Abogacía Iberoamericana, fue aprobado por la Declaración de Mar de la Plata en 1984.

ción, supondría aumentar la confianza y credibilidad de las partes por el arbitraje.

La Ley Española de Arbitraje, establece que "la aceptación obliga a los árbitros y, en su caso, a la corporación o asociación, a cumplir fielmente su encargo, incurriendo, si no lo hicieren, *en responsabilidad* por los daños y perjuicios que causaren por dolo o culpa". Añadiendo que "en los arbitrajes encomendados a una Corporación o asociación, el perjudicado tendrá acción directa contra la misma" "con independencia de las acciones de resarcimiento que asistan a áquella contra los árbitros".

Tener un trato equitativo, dar igualdad de alegaciones, y facilitar el derecho de las partes a ser oidas.

La responsabilidad de los árbitros básicamente se centra en el caso de *dolo* y *negligencia inexcusable.*

En resumen:

1) Variará del país dónde se desarrolle el procedimiento arbitral y del derecho que se aplique a cada caso.

2) Se estará, en defecto de acuerdo entre las partes, a lo previsto en los diversos reglamentos en vigor de las Cortes y Organismos especializados en la materia, que se han de aplicacar en su caso.

Sistema de nombramiento del árbitro

Dependerá del tipo de arbitraje que se haya escogido.

En el arbitraje "ad hoc", el árbitro será nombrado para cada caso determinado por las partes.

En el arbitraje institucional o administrado, lo nombrarán de acuerdo al Reglamento de la propia Institución o Corte de Arbitraje, a la que hayan acudido.

Ante la falta de una jurisdicción interestatal, el arbitraje internacional supone una respuesta válida para las empresas que operan en el comercio internacional.

Convenio arbitral

La competencia del árbitro la recibe de la voluntad de las partes, via convenio arbitral. Tiene valor y fuerza de ley especial desde el alcance del pacto o convenio, hasta la ejecución del laudo. Puede adoptar la forma de claúsula o compromiso. El género es el Convenio y las especies, la claúsula y el compromiso.

La redacción del Convenio arbitral tiene decisiva importancia para el resultado del procedimiento.

Su interpretación, existencia y validez corresponderá al árbitro. Su base está en la misma voluntad de las partes. Sus límites en el orden público, moral y buenas costumbres.

El arbitraje presupone un acuerdo necesariamente por escrito: telex, fax, telegramas.

Para su existencia y validez, se exige por escrito. El Convenio sobre Reconocimiento y Ejecución de Sentencias Arbitrales Extranjeras (N. York 1958) publicado en el BOE de julio de 1977, en su artículo 2, exige que se substancie, bien por intercambio de correspondencia, bien por telegramas. El Convenio de Arbitraje Europeo (Ginebra, 1961) publicado en el BOE de 4 de octubre de 1975, admite el télex. En la Ley 36/5 Diciembre de 1.988 de Arbitraje, vease anexo, y en el artículo 6 dispone que: "…. o de cualquier otro medio de comunicación que deje constancia documental de la voluntad inequivoca de las partes de someterse al arbitraje". Por analogía, se admitirá el fax en general.

La nulidad de un contrato no llevará consigo de modo necesario la del Convenio arbitral accesorio (Art. 8 Ley de Arbitraje, 1988).

La obligación de cumplir la decisión del árbitro, deberá expresarse en el convenio arbitral.

La Convención Interamericana de Arbitraje Comercial Internacional, de Panamá 1.975, no ratificada todavía por España, en su artículo 1º, detemina que el acuerdo o convenio arbitral estará redactado "en la forma permitida por las leyes".

Requisitos del acuerdo arbitral

Serán los comunes a todo contrato.

— Capacidad de las partes.

— Libre consentimiento.

— Formas o solemnidades exigidas por la Ley.

La nueva ley de Arbitraje establece como causa de nulidad, entre otras, "cuando el Convenio arbitral coloque a una parte en situación de privilegio con respecto a la designación de los árbitros". Ahora bien, deberá de probarse, cómo, cuándo y dónde, siguiendo el artº. 3 de la Ley Uniforme de Estrasburgo de 1966.

El arbitraje comienza con el Convenio y debe terminar con el laudo.

El Convenio de arbitraje deberá redactarse en forma clara y terminante.

El Convenio arbitral tiene fuerza excluyente de otra solución que no sea la prevista en el contrato: N. York - 58. Art. 2 - p 3.

Los temas que podrán considerarse en todo Convenio arbitral, se resumen en:

— *Identificación de la partes:* domicilios. En el caso de que existan más de dos partes vinculadas a un solo contrato, como por ejemplo en un consorcio, o en un acuerdo de join venture, o diversas partes en una serie de contratos, pero todos con un único fin, construcción de una planta llave en mano, por ejemplo. Donde existen una serie de contratos y subcontratos conexos, estaremos ante el denominado arbitraje múltiparte.

Por tanto, las posibles controversias serán sometidas a un tribunal arbitral y en el marco de un sólo procedimiento según lo dispuesto en el Reglamento de la Corte de Arbitraje de la CCI.

— Manifestación inequívoca de la voluntad de las partes de someter la controversia al arbitraje, con exclusión de la jurisdicción ordinaria, a que las partes esten o puedan estar subordinadas.

Gran novedad de la Ley española de 1.988: Las partes ya pueden deferir a un tercero el nombramiento de árbitros y la organización del sistema arbitral.

NO PODRAN SOMETERSE AL ARBITRAJE EN EL DERECHO ESPAÑOL:

1 — Cuestiones sobre las que haya recaído resolución judicial firme y definitiva.

2 — Cuestiones laborales y de derecho de familia.

3 — Estado civil de las personas, derechos políticos, honorificos, privilegios.

4 — Acciones civiles derivadas de un delito.

5 — Cuestiones que intervengan por ley, el Ministerio Fiscal, quiebras y suspensiones de pago, juicios sobre incapacitación.

6 — Por atribución imperativa de jurisdicción, sería el supuesto de arrendamientos y sociedades.

En el derecho de la República Federal Alemana, se restringe parcialmente el arbitraje en asuntos de Propiedad Industrial, Patentes, Marcas, ya que existen Tribunales especiales para esta clase de temas. Por el contrario, en EE.UU es susceptible de sometimiento arbitral, toda controversia que se derive del derecho económico, comercial, de familia, etc.

— La sede del arbitraje, con consecuencias no solo idiomáticas, sino jurisdiccionales, según las formalidades y eventuales recursos. Con la legislación arbitral española, hoy casi es igual, arbitrar en Barcelona o Hamburgo, que en Londres o Madrid.

— La Ley aplicable al convenio arbitral, y al fondo de la controversia, según las normas de conflictos de las Leyes de Derecho Internacional Privado (el lugar de celebración del contrato, es una de ellas, en defecto de pacto en contrario de las partes).

Ley aplicable al arbitraje

En los contratos internacionales, la normativa aplicable al procedimiento arbitral, será:

1) El procedimiento que las partes hayan escogido.

2) La Convención de N. York 58 o la de Ginebra 61, con los países que los hayan ratificado.

3) La Ley 36 de Arbitraje de 1988.

Las partes, en uso de su autonomía pueden crear en el Convenio arbitral un procedimiento haciendo constar:

— La mención y número de árbitros que, fallarán conforme a derecho o a equidad.

— La forma del procedimiento. Libre en el arbitraje ad hoc y preestablecido en el arbitraje institucional, según el Reglamento de la Corte en cuestión.

— El idioma que utilizaron a lo largo del procedimiento y en el propio laudo.

— El plazo en que deberá dictarse el laudo y requisitos de su elaboración. Motivado en Derecho. En equidad, sin argumentar el fallo necesariamente.

— Quién pagará y en que proporciones los honorarios de los árbitros y los gastos de administración del conflicto. Será facultativo este extremo.

Se recomienda transcribir los convenios y clausulas-tipo de las cortes de arbitraje, evitando originalidades que puedan menoscabar la seguridad y la firmeza del laudo.

Observense las claúsulas-tipos en los contratos correspondientes.

La eficacia de la claúsula arbitral incompleta, dependerá de la posibilidad de que se pueda solicitar a la autoridad judicial del lugar del domicilio de la parte recurrente, para convenir sobre el nombramiento de un árbitro único, o indicar el árbitro, según se disponga en el acuerdo arbitral. Esta facultad se equipara con la ejecución forzosa de la clausula arbitral incompleta.

En el curso del procedimiento arbitral, se podrán solicitar medidas provisionales o preventivas de conservación o seguridad, ya que ni el convenio, ni el propio procedimiento las excluye. Se solicitaran ante el Juez competente, posibilitando y garantizando su futura ejecución. Abundaremos sobre esta importante cuestión, posteriormente.

Coste de un arbitraje

En los Reglamentos de las Cortes, existen unos baremos que determinan, en función de la cuantía del conflicto, los porcentajes por tramos a aplicar. Dos gastos fijos, se regulan:

— Gastos de administración del conflicto, análogo a las costas.

— Honorarios de los árbitros. Si hay 3, se multiplicará por igual número.

En la Corte Española de Arbitraje, existen máximos y mínimos. Dependerá de la complejidad del asunto, mayor o menor intervención de los servicios de la Corte, etc., el que se apliquen unos u otros. Será facultad discrecional de la Corte, valorar estos y otros aspectos semejantes.

— Otros gastos variables seran:

- Derechos de admisión de la demanda 2.000 $, en la CCI. (Cámara de Comercio Internacional).
- Honorarios de los peritos.
- Remuneración Secretario del Tribunal, etc.

El laudo: su ejecución

Es el punto más crucial, junto con el convenio árbitral, la colaboración del laudo y su fuerza ejecutiva. El laudo es la sentencia arbitral que dictará el árbitro o el tribunal arbitral competente, poniendo fin al procedimiento. Se dictará resolviendo el conflicto sometido por las partes.

Deberá corresponderse el laudo con los puntos del conflicto (congruencia), de no ser así, podría ser objeto de recurso por exceso de poder del árbitro, al haberse extralimitado de los poderes concedidos por las partes.

> *El laudo deberá resolver el conflicto en sus estrictos límites, pudiéndose rechazar el reconocimiento del mismo en caso contrario.*

Recuérdese que se aplicará el derecho, pactado por las partes. En su defecto, será el árbitro el que determine la ley aplicable, en función de los puntos de conexión que en cada uno se den. Por ejemplo, el lugar en que se dictó, donde se entregaron los bienes, donde se pagaron, etc. (Art. VII, Convenio 61 Ginebra).

Según la Ley de 1988 española, en su artº. 62, "... en defecto de voluntad expresa de las partes, se aplicará la ley a la relación de la que se derive la controversia; a falta de ella, la más aproximada a las circunstancias de la misma". Nada se dice del papel de los usos y costumbres de cada sector, con carácter supletorio.

Los recursos contra el laudo son escasos, y se aplicaran restrictivamente por las causas previstas en la ley que rija el procedimiento.

La excepción a dicha regla general, será en aquellas legislaciones donde establecen como derechos irrenunciables el recurso ante los tribunales, de laudos, por el juego y efecto del orden público nacional o interno.

En la Ley de 1.988, se establece el recurso de anulación (art. 45) por causas tasadas en la Ley, y el recurso de revisión según lo establecido en la legislación procesal para las sentencias judiciales firmes. Se sustanciará ante la Audiencia Provincial, del lugar donde se dicto el laudo.

El laudo firme produce efectos idénticos a la cosa juzgada.

Es decir, no se podrá plantear ante un juez, con identidad de sujetos y objetos el conflicto, previamente fallado en arbitraje.

Deberá en España, protocolizarse notarialmente y ser notificado fehacientemente a las partes.

Para el reconocimiento de un laudo extranjero (fuerza coercitiva vía EXEQUATUR) será de aplicación el Convenio de N. York de 1958, salvo que se haya dictado en un Estado que no haya ratificado el citado Convenio.

La denegación de exequatur, solo será factible por las causas previstas en el art. V del precitado convenio. Generalmente, la denegación procederá a instancia de la parte interesada. Para la ejecución del laudo reconocido, se aplicará los artículos 951 a 958 de la Ley de Enjuiciamiento Civil, de manera análoga a lo dispuesto para la ejecución de sentencias dictadas por tribunales extranjeros.

En la Ley de 1988, la ejecución de laudos extranjeros, se solicitará ante la Sala Iª del Tribunal Supremo.

El Título IX, de la Ley, ha sido uno de los puntos escasamente desarrollados. Menos mal, que es de aplicación el Convenio sobre Reconocimiento y Ejecución de Sentencias Arbitrales Extranjeras, que, como derecho convencional pactado, será de aplicación prioritaria, al mecanismo parco de nuestra Ley del 88.

La reciprocidad en la ejecución de laudos, nacidos de los Convenios bilaterales, también colmará el mecanismo de la propia Ley de Arbitraje española.

Concluyamos con la afirmación de que conocer y aplicar racionalmente el arbitraje, es ganar una baza comercial sabiendo usarla a tiempo.

Medidas cautelares en el proceso arbitral

El arbitraje se configura, actualmente, como un medio más *rápido* de solución a cualquier litigio derivado de una relación contractual previa, evitando en lo posible, la intervención de los tribunales estatales.

Sin embargo, a veces, la intervención jurisdiccional no sólo resulta necesaria, sino, también *inevitable*. En este punto, es el Juez quién debe tomar una actitud activa dentro del juicio arbitral. La ley de 1988 en lo concerniente a las medidas aseguradoras de bienes, es, cuando menos parca -tan sólo se mencionan en el artículo 50 de la LAP y para un supuesto muy concreto y determinado- por no decir que silencia deliberadamente el tema. Así, se suprimieron del proyecto de ley, las enmiendas destinadas a regularlas dentro de este tema, creando un vacío legislativo, cuando menos, confuso.

Resulta necesario, analizar los requisitos de tales medidas. Así, quién solicita una medida cautelar, debe demostrar:

1. Periculum in mora, ya que si no, la medida carecería de sentido, y

2. Fumus boni iuris, simplemente bastando un principio de prueba.

Y son precisamente estos signos distintivos, los que nos inducen a deducir que, tales medidas tienen el carácter de PROVISIONALES, en tanto en cuanto se resuelva el litigio, y, que, además son INSTRUMENTALES, respecto a ese mismo litigio. Así, "*toda medida cautelar existe en función de una medida ejecutiva*" y son *las partes* las que deben pedirla, bien inmediata o simultáneamente, a la presentación de la demanda. Este es el esquema básico de tales medidas que nos presenta la LEC, y cuya única conexión legal con el arbitraje, la constituye el anteriormente citado artículo 50 de la LAP. Sin embargo, no es la única manifestación positiva de tales medidas en el arbitraje, ya que en el *Convenio Europeo sobre arbitraje comercial internacional de 21 de abril de 1961,* determina en su artículo 4 que la solicitud de tales medidas ante un órgano jurisdiccional estatal, no suponen la sumisión (tácita) "al tribunal judicial para que éste resuelva en cuanto al fondo".

A patir de aquí, y fuera del limitado ámbito del Convenio, tanto en función de la materia (comercial) como en función de los países que lo han ratificado, ajustándonos a la estricta letra de la ley, cualquier petición de medidas provisionales por las partes, constituirá una SUMISION TACITA (artículo 58 de la LEC), ya que se requiere la presentación de una demanda, o la existencia de una sentencia.

Sin embargo, es necesario argumentar, en contra de tal interpretación restrictiva, como muy bien ha intentado la sentencia de la audiencia provincial de Cádiz (quizás con más fe que argumentos) debiendo ampliar, mediante una interpretación analógica, la letra de la ley, que en este caso resulta del silencio.

Partiendo del análisis del artículo 50 de la LAP, únicamente las partes pueden pedir medidas provisionales y nunca los árbitros. Establecido ésto si admitimos que no se pueden solicitar medidas provisionales, fuera del estrecho supuesto de este articulo, por las partes sometidas a un procedimiento arbitral, sin que tal petición implique una sumisión a los tribunales públicos, ya que tal solicitud lleva implícita la existencia de una *demanda* (simultánea o posteriormente) o de una *sentencia*, y generalizamos, lo que no dice la ley, convirtiendo toda petición de medidas fuera de este supuesto, desvirtuamos completamente una Norma (como es el artículo 58 de la LEC), pensada para resolver cuestiones de COMPETENCIA TERRITORIAL, intentando convertirla en lo que no es: una NORMA de competencia funcional.

Otra posible objeción, que podría hacerse a la admisión de la posibilidad de que las partes soliciten medidas de aseguramiento al juez, sin que por ello renuncien al convenio arbitral, sería que el juez debe tener un conocimiento previo del asunto, para poder dictar tales medidas.

Es decir ¿Es posible desvincular la adopción de tales medidas, del fondo del asunto? ¿Puede un juez dictar medidas cautelares sobre un asunto, del que previamente nada conoce? Planteada en estos términos la cuestión, la respuesta debe ser positiva. Y ello, bien entendido que únicamente el juez tiene el poder de dictar dichas medidas de caracter coercitivo, es decir que, si la *jurisdiction to prescribe* debe quedar en manos tanto del árbitro como del *juez*, la *jurisdiction to enforce*", dado el carácter instrumental de tales medidas, deba el Juez tener un conocimiento previo del asunto mayor, del que le proporcionan:

1. De la situación de periculum, en relación con el tiempo.

2. De la prueba, que debe aportar el solicitante (Informe árbitro).

Rasgos como la provisionalidad de tales medidas, o la posibilidad de reconocimiento y ejecución de laudos arbitrales extranjeros, en los que nunca se debe entrar a conocer sobre el fondo del asunto, abogan por —al menos— la posibilidad de que el juez no necesite conocer el asunto previamente, para dictar una medida asegurativa de los bienes litigiosos.

Problema añadido, a la ya de por sí díficil cuestión de las medidas provisionales, es la forma que deberían adoptar, es decir, si deben ser recogidas en un laudo provisional, o si, bien, deben seguirse los trámites procesales fijados para las sentencias. A mi juicio, como muy bien argumenta el profesor Chillón, la posibilidad de un laudo provisional es inexistente en la actual Ley española de 1988. A mayor abundamiento, un laudo provisional, en caso de poderse dictar por un tribunal arbitral, sería inejecutable, en aquellos países firmantes del convenio de Nueva York en virtud del artículo 5.e.

Un lugar idóneo para regular esta cuestión sería, tal vez, los reglamentos de las Cámaras o entidades adecuadas para el ejercicio del arbitraje, como ya se ha hecho en el reglamento de la CCI, artículo 26, con clara inspiración en las recomendaciones de UNCITRAL. De lege lata, el silencio de la ley es inexplicable e incluso incita a la argumentación analógica defendida. De lege ferenda, sería un gran avance regular con mayor precisión cuestiones como esta, en las que la ley poco o nada dice.

El Reglamento de Uncitral, aprobado por la Resolución 31/98 de la Asamblea General de Naciones Unidas de fecha 15 de diciembre de 1976, en su artículo 26, dispone:

1. A petición de cualquiera de las partes, el tribunal arbitral podrá tomar las medidas provisionales que considere necesarias, respecto al objeto de litigio, inclusive medidas destinadas a la conservación de los bienes que constituyen el objeto en litigio, como ordenar que los bienes se depositen en manos de un tercero o que se vendan los bienes perecederos.

2. Dichas medidas, podrán estipularse en un laudo provisional. El tribunal arbitral podrá exigir una garantía para asegurar el coste de esas medidas.

3. La solicitud de adopción de medidas provisionales dirigida a una autoridad judicial, por cualquiera de las partes no se considerará incompatible con el acuerdo de arbitraje ni con una renuncia a ese acuerdo.

Esta norma, es la que aplica la Corte Española de Arbitraje, al formar parte de su Reglamento de aplicación.

VI.- CONCLUSION DEL NEGOCIO: EXITO O FRACASO

Después de haberse negociado un contrato con firmeza y confianza, basado en la preparación de la oferta para que sea competitiva, llega la hora de recoger lo sembrado.

El exito, en cualquiera de las facetas humanas, es un término difícil de explicar con palabras, por la infinidad de factores que deben conjugarse, incluido el factor suerte.

Desde una óptica comercial, el éxito puede consistir en satisfacer plenamente a nuestros clientes. Por el contrario, el fracaso, es a la inversa.

Lograr la máxima identificación con el cliente, hasta cumplir nuestro compromiso de ser el mejor y más comprometido socio de sus negocios y proyectos, supone tanto como haber triunfado.

Por tanto, nuestra satisfación estará definida por su grado de satisfacción, y nuestro éxito estará indisolublemente ligado al suyo. Unicamente el conocimiento exhaustivo del negocio en el que operan nuestros potenciales clientes, nos permitirá aportarles soluciones más idóneas y más generadoras de ventajas competitivas.

A comienzos de 1993, la prestigiosa revista BUSSINES TOKIO, publicaba en relación a una multinacional norteamericana, lo siguiente: "La corporación X, ha aprendido a fabricar productos que el consumidor japonés desea. Nos impresiona su capacidad de elaborar los productos adecuados, y damos la bienvenida a este tipo de competencia, puesto que permitirá a las compañías japonesas mejorar también".

Se había conseguido el éxito, en un mercado tan competitivo como el japonés. Ahora, se debería consolidar y expandir en el futuro.

¿Cuál es la medida del éxito de un líder, en el comercio internacional?

Muchos pagarían para conocerlo. A falta de otra respuesta mejor, el triunfo en un mercado se basa en la suma de factores. Por ejemplo:

— Inexistencia de rigideces organizativas, y jerarquización funcional etefantiásica.

— Recursos humanos competentes e incentivados.

— Reputación de honestidad, ganándose la confianza de proveedores, clientes y colaboradores.

— Management prudente y conservador.

— Innovación constante de productos.

— Gran experiencia en el marketing internacional.

La dedicación total a la ética en cualquier aspecto de un negocio, unido al esfuerzo en I + D, han sido vitales en el pasado y continuarán siendo factores críticos, tanto en el presente como en el futuro.

Claves del éxito de todo proceso comercial son:

— La honestidad.

— El diseño.

— La tecnología.

— La información.

— El servicio al cliente.

— La formación.

— La organización.

— La solidez financiera.

En definitiva, en este nuevo escenario de innovación empresarial y de estrategías para optimizar beneficios y minimizar riesgos, indisolublemente unido al éxito está, la calidad de los productos o servicios, objetos de toda transacción comercial.

El panorama actual, y el futuro previsible, es de constante cambio, que partiendo del entorno afecta a la empresa y a sus protagonistas, tanto en el plano de los valores como en el de las acciones concretas. Ello implica una actitud de constante innovación.

En el desarrollo de toda relación comercial, presidida por la buena fe de las partes, *el éxito* no se improvisa, sino que es fruto de un esfuerzo coordinado de los diferentes elementos que componen la empresa.

El fracaso, es la consecuencia en ocasiones de la imprevisión, precipitación y desconocimiento de las claves básicas de la operación.

Pues bien, el 15 de abril de 1994 está previsto el acto formal de la firma del Acta Final de GATT 1994, en Marrakech.

Se abren nuevas espectativas, y se van despejando incertidumbres. Es la hora de los retos. La liberalización del comercio y de los servicios, son los resultados de las negociaciones comerciales Multilaterales, en el marco de la Ronda Uruguay.

Además, con la puesta en vigor también del NAFTA y del Espacio Económico Europeo, el año 1994 pasará a los anales de la historia, como crucial en el acontecer político, económico, comercial y social de nuestro mundo.

INDICE DE ANEXOS

		Págs
I	ACUERDO POR EL QUE SE ESTABLECE LA ORGANIZACION MUTILATERAL DE COMERCIO	171
II	CONVENCION DE LAS NACIONES UNIDAS SOBRE CONTRATOS DE COMPRAVENTA INTERNACIONAL DE MERCADERIAS. CONVENIO DE VIENA 1980	183
III	LEY 36/1988, DE 5 DE DICIEMBRE, DE ARBITRAJE	213
IV	RELACION DE PAISES QUE HAN RATIFICADO EL CONVENIO SOBRE RECONOCIMIENTO Y EJECUCION DE SENTENCIAS ARBITRALES EXTRANJERAS DE NUEVA YORK, 1958	233
V	RELACION DE PAISES QUE HAN RATIFICADO EL CONVENIO SOBRE ARBITRAJE EUROPEO DE GINEBRA, 1961	235
VI	RELACION DE PAISES ADHERIDOS AL CONVENIO DE VIENA 1980	237
VII	RELACION DE CONVENIOS DE DOBLE IMPOSICION SUSCRITOS POR ESPAÑA	239
VIII	LEY 12/1992 DE 27 DE MAYO SOBRE CONTRATO DE AGENCIA	247
IX	TERMINOS JURIDICOS BASICOS ESPAÑOL-INGLES	255
X	CONVENIO SOBRE LEY APLICABLE A LA RESPONSABILIDAD POR PRODUCTOS. LA HAYA 1973	257
XI	RESUMEN BIBLIOGRAFICO	263

ANEXO I

ACUERDO POR EL QUE SE ESTABLECE LA ORGANIZACION MULTILATERAL DE COMERCIO

Las *Partes* en el presente Acuerdo

Reconociendo que sus relaciones en la esfera de la actividad comercial y económica deben tender a elevar los niveles de vida, a lograr el pleno empleo y un volumen considerable y en contante aumento de ingresos reales y demanda efectiva y a acrecentar la producción y el comercio de bienes y servicios, permitiendo al mismo tiempo la utilización óptima de los recursos mundiales de conformidad con el objetivo de un desarrollo sostenible y procurando proteger y preservar al medio ambiente e incrementar los medios para hacerlo, de manera compatible con sus respectivas necesidades e intereses según los diferentes niveles de desarrollo económico.

Reconociendo además que es necesario realizar esfuerzos positivos para que los países en desarrollo, y especialmente los menos adelantados, obtengan una parte del incremento del comercio internacional que corresponda a las necesidades de su desarrollo económico.

Deseosas de contribuir al logro de estos objetivos mediante la celebración de acuerdos encaminados a obtener, sobre la base de la reciprocidad y de mutuas ventajas, la reducción sustancial de los aranceles aduaneros y de los demás obstáculos al comercio, así como la eliminación del trato discriminatorio en las relaciones comerciales internacionales.

Resueltas, por consiguiente, a desarrollar un sistema multilateral de comercio integrado, más viable y duradero que abarque el Acuerdo General sobre Aranceles Aduaneros y Comercio, los resultados de anteriores esfuerzos de liberalización del comercio y los resultados integrales de las negociaciones comerciales multilaterales de la Ronda Uruguay.

Decididas a preservar los principios fundamentales y a favorecer la consecución de los objetivos que informan este sistema multilateral de comercio.

Acuerdan lo siguiente:

Artículo I
Establecimiento de la Organización

Se establece por el presente Acuerdo la Organización Multilateral de Comercio (denominada en adelante "OMC").

Artículo II
Ambito de la OMC

1. La OMC constituirá el marco institucional común para el desarrollo de las relaciones comerciales entre sus Miembros en los asuntos relacionados con los acuerdos e instrumentos jurídicos conexos incluidos en los Anexos del presente Acuerdo.

2. Los acuerdos y los instrumentos jurídicos conexos incluidos en los Anexos 1, 2 y 3 (denominados en adelante "Acuerdos Comerciales Multilaterales") forman parte integrante del presente Acuerdo y son vinculantes para todos sus Miembros.

3. Los acuerdos y los instrumentos jurídicos conexos incluidos en el Anexo 4 (denominados en adelante "Acuerdos Comerciales Plurilaterales") también forman parte del presente Acuerdo para los Miembros que los hayan aceptado, y son vinculantes para éstos. Los Acuerdos Comerciales Plurilaterales no crean obligaciones ni derechos para los Miembros que no los hayan aceptado.

4. El Acuerdo General sobre Aranceles Aduaneros y comercio que figura en el Anexo 1A (denominado en adelante "GATT de 1994"), es un instrumento jurídicamente distinto del Acuerdo General sobre Aranceles Aduaneros y Comercio, de fecha 30 de octubre de 1947, posteriormente rectificado, enmendado o modificado (denominado en adelante GATT de 1947).

Artículo III
Funciones de la OMC

1. La OMC facilitará la aplicación, administración y funcionamiento del presente Acuerdo y de los Acuerdos Comerciales Multilaterales y favorecerá la consecución de sus objetivos, y constituirá también el marco para la aplicación, administración y funcionamiento de los Acuerdos Comerciales Plurilaterales.

2. La OMC será el foro para las negociaciones entre sus Miembros acerca de sus relaciones comerciales multilaterales en asuntos tratados en el marco de los Acuerdos incluidos en los Anexos del presente Acuerdo. La OMC podrá también servir de foro para ulteriores negociaciones entre sus Miembros acerca de sus relaciones comerciales multilaterales, y de marco para la aplicación de los resultados de esas negociaciones, según decida la Conferencia Ministerial.

3. La OMC administrará el Entendimiento relativo a las normas y procedimientos por los que se rige la solución de diferencias, que figura en el anexo 2 del presente Acuerdo.

4. La OMC administrará el Mecanismo de Examen de las Políticas Comerciales establecido en el Anexo 3 del presente Acuerdo.

5. Con el fin de lograr una mayor coherencia en la formulación de las políticas económicas a escala mundial, la OMC cooperará, según proceda,

con el Fondo Monetario Internacional y con el Banco Internacional de Reconstrucción y Fomento y sus organismos conexos.

Artículo IV
Estructura de la OMC

1. Se establecerá una Conferencia Ministerial, compuesta por representantes de todos los Miembros, que se reunirá por lo menos una vez cada dos años. La Conferencia Ministerial desempeñará las funciones de la OMC y adoptará las disposiciones necesarias a tal efecto. La Conferencia Ministerial tendrá facultad de adoptar decisiones sobre todos los asuntos comprendidos en el ámbito de cualquiera de los Acuerdos Comerciales Multilaterales, si así se lo pide un Miembro, de conformidad con las prescripciones concretas que en materia de adopción de decisiones se establecen en el presente Acuerdo y en el Acuerdo Comercial Multilateral correspondiente.

2. Se establecerá un Consejo General, compuesto por representantes de todos los Miembros, que se reunirá según proceda. En los intervalos entre reuniones de la Conferencia Ministerial, desempeñará las funciones de ésta el Consejo General. El Consejo General cumplirá también las funciones que se le atribuyan en el presente Acuerdo. El Consejo General establecerá su reglamento y aprobará los reglamentos de los Comités previstos en el párrafo 7.

3. El Consejo General se reunirá según proceda para desempeñar las funciones del Organo de Solución de Diferencias establecido en el Entendimiento relativo a las normas y procedimientos por lo que se rige la solución de diferencias, que figura en el Anexo 2. El Organo de Solución de Diferencias podrá tener su propio presidente y establecerá el reglamento que considere necesario paa el cumplimiento de dichas funciones.

4. El Consejo General se reunirá según proceda para desempeñar las funciones del Organo de Examen de las Políticas Comerciales establecido en el Mecanismo de Examen de las Políticas Comerciales que figura en el anexo 3. El Organo de Examen de las Políticas Comerciales podrá tener su propio presidente y establecerá el reglamento que considere para el cumplimiento de dichas funciones.

5. Se establecerán un Consejo del Comercio de Mercancías, un Consejo del Comercio de Servicios y un Consejo de los Aspectos de los Derechos de Propiedad Intelectual Relacionados con el Comercio (ADPIC), que funcionarán bajo la orientación general del Consejo General. El Consejo del Comercio de Mercancías supervisará el funcionamiento de los Acuerdos Comerciales Multilaterales del Anexo 1A, el Consejo del Comercio de Servicios supervisará el funcionamiento del Acuerdo Comercial Multilateral del Anexo 1B y el Consejo de los Aspectos de los Derechos de Propiedad Intelectual Relacionados con el Comercio supervisará el funcionamiento del Acuerdo Comercial Multilateral del Anexo 1C. Estos Consejos desempeñarán las funciones a ellos atribuidas en los respectivos Acuerdos y por el Consejo General. Establecerán sus respectivos regla-

mentos, a reserva de aprobación por el Consejo General. Podrán formar parte de estos Consejos representantes de todos los Miembros. Estos Consejos se reunirán según sea necesario para el desempeño de sus funciones.

6. El Consejo del Comercio de Mercancías, el Consejo del Comercio de Servicios y el Consejo de los Aspectos de los Derechos de Propiedad Intelectual Relacionados con el Comercio establecerán los órganos subsidiarios que sean necesarios. Dichos órganos subsidiarios establecerán sus respectivos reglamentos a reserva de aprobación por los Consejos correspondientes.

7. La Conferencia Ministerial establecerá un Comité de Comercio y Desarrollo, un Comité de Restricciones por Balanza de Pagos y un Comité de Asuntos Presupuestarios, Financieros y Administrativos, que desempeñarán las funciones a ellos atribuidas en el presente Acuerdo y en los Acuerdos Comerciales Multilaterales, así como las funciones adicionales que estime apropiadas. El Comité de Comercio y Desarrollo examinará periódicamente, como parte de sus funciones, las disposiciones especiales en favor de los países menos adelantados Miembros contenidas en los Acuerdos Comerciales Multilaterales y presentará informe al Consejo General para la adopción de disposiciones apropiadas. Podrán formar parte de estos Comités representantes de todos los Miembros.

8. Los órganos establecidos en virtud de los Acuerdos Comerciales Plurilaterales desempeñarán las funciones a ellos atribuidas en virtud de dichos Acuerdos y funcionarán dentro del marco institucional de la OMC. Dichos órganos informarán regularmente al Consejo General sobre sus respectivas actividades.

Artículo V
Relaciones con otras organizaciones

1. El Consejo General concertará acuerdos apropiados de cooperación efectiva con otras organizaciones intergubernamentales que tengan responsabilidades afines a las de la OMC.

2. El Consejo General podrá adoptar disposiciones apropiadas para la celebración de consultas y la cooperación con organizaciones no gubernamentales que se ocupen de cuestiones afines a las de la OMC.

Artículo VI
La Secretaría

1. Se establece una Secretaría de la OMC dirigida por un Director General.

2. La Conferencia Ministerial nombrará al Director General y adoptará un reglamento que estipule las facultades, los deberes, las condiciones de servicio y la duración del mandato del Director General.

3. El director General nombrará al personal de la Secretaría y determinará sus deberes y condiciones de servicio de conformidad con los reglamentos que adopte la Conferencia Ministerial.

4. Las funciones del Director General y del personal de la Secretaría serán de carácter exclusivamente internacional. En el cumplimiento de sus deberes, el Director General y el personal de la Secretaría no solicitarán ni aceptarán instrucciones de ningún gobierno ni de ninguna otra autoridad ajena a la OMC y se abstendrán de realizar cualquier acto que pueda ser incompatible con su condición de funcionarios internacionales. Los Miembros de la OMC respetarán el carácter internacional de las funciones del Director General y del personal de la Secretaría y no tratarán de influir sobre ellos en el cumplimiento de sus deberes.

Artículo VII
Presupuesto y contribuciones

1. El Director General presentará al Comité de Asuntos Presupuestarios, Financieros y Administrativos el proyecto de presupuesto y el estado financiero anuales de la OMC. El Comité de Asuntos Presupuestarios, Financieros y Administrativos examinará el proyecto de presupuesto y el estado financiero anuales presentados por el Director General y formulará al respecto recomendaciones al Consejo. Los proyectos de presupuesto anuales estarán sujetos a la aprobación del Consejo General.

2. El Comité de Asuntos Presupuestarios, Financieros y Administrativos propondrá al Consejo General un reglamento financiero que comprenderá disposiciones en las que se establezcan:

a) la escala de contribuciones por la que se prorrateen los gastos de la OMC entre sus Miembros; y.

b) las medidas que habrán de adoptarse con respecto a los Miembros con atrasos en el pago.

El reglamento financiero se basará, en la medida en que sea factible, en las disposiciones y prácticas del GATT de 1947.

3. El Consejo General adoptará el reglamento financiero y los proyectos de presupuesto anual por una mayoría de dos tercios que comprenda más de la mitad de los Miembros de la OMC.

4. Cada Miembro aportará sin demora a la OMC la parte que le corresponda en los gastos de la Organización de conformidad con el reglamento financiero adoptado por el Consejo General.

Artículo VIII
Condición jurídica de la OMC

1. La OMC tendrá personalidad jurídica, y cada uno de sus Miembros le conferirá la capacidad jurídica necesaria para el ejercicio de sus funciones.

2. Cada uno de los Miembros conferirá a la OMC los privilegios e inmunidades necesarios para el ejercicio de sus funciones.

3. Cada uno de los Miembros conferirá igualmente a los funcionarios de la OMC y a los representantes de los Miembros los privilegios e inmunidades necesarios para el ejercicio independiente de sus funciones en relación con la OMC.

4. Los privilegios e inmunidades que ha de otorgar un Miembro a la OMC, a sus funcionarios y a los representantes de sus Miembros serán similares a los privilegios e inmunidades estipulados en la Convención sobre Prerrogativas e Inmunidades de los Organismos Especializados, aprobada por la Asamblea General de las Naciones Unidas el 21 de noviembre de 1947.

5. La OMC podrá celebrar un acuerdo sobre la sede.

Artículo IX
Adopción de Decisiones

1. La OMC mantendrá la práctica de adopción de decisiones por consenso seguida en el marco del GATT de 1947[1]. Salvo disposición en contrario, cuando no se pueda llegar a una decisión por consenso la cuestión objeto de examen se decidirá mediante votación. En las reuniones de la Conferencia Ministerial y del Consejo General, cada Miembro de la OMC tendrá un voto. Cuando las Comunidades Europeas ejerzan su derecho de voto, tendrán un número de votos igual al número de sus Estados miembros [2] que sean Miembros de la OMC. Las decisiones de la Conferencia Ministerial y del Consejo General se adoptarán por mayoría de los votos emitidos, salvo que se disponga lo contrario en el presente Acuerdo o en los Acuerdos Comerciales Multilaterales[3].

2. La Conferencia Ministerial y el Consejo General tendrán la facultad exclusiva de adoptar interpretaciones del presente Acuerdo y de los Acuerdos Comerciales Multilaterales. En el caso de una interpretación de un Acuerdo Comercial Multilateral del Anexo 1, ejercerán dicha facultad sobre la base de una recomendación del Consejo encargado de supervisar el funcionamiento de ese Acuerdo. La decisión de adoptar una interpretación se tomará por mayoría de tres cuartos de los Miembros. El presente párrafo no se aplicará de manera que menoscabe las disposiciones en materia de enmienda establecidas en el artículo X.

3. En circunstancias excepcionales, la Conferencia Ministerial[4] podrá decidir eximir a un Miembro de una obligación impuesta por el presente Acuerdo o por cualquiera de los Acuerdos Comerciales Multilaterales, a

---

[1]Se considerará que el órgano de que se trate ha adoptado una decisión por consenso sobre un asunto sometido a su consideración si ningún Miembro presente en la reunión en que se adopte la decisión se opone formalmente a ella.

[2]El número de votos de las Comunidades Europeas y sus Estados miembros no excederá en ningún caso del número de los Estados miembros de las Comunidades Europeas.

[3]Las decisiones del Consejo General reunido como Órgano de Solución de Diferencias sólo podrán adoptarse de conformidad con las disposiciones del párrafo 2.4 del artículo 2 del Entendimiento relativo a las normas y procedimientos por los que se rige la solución de diferencias.

[4]Las referencias a la Conferencia Ministerial se entienden también como referencias al Consejo General.

condición de que tal decisión sea aprobada por tres cuartos[5] de los Miembros.

i) Las solicitudes de exención con respecto al presente Acuerdo se presentarán a la Conferencia Ministerial para que las examine con arreglo a la práctica de adopción de decisiones por consenso. La Conferencia Ministerial establecerá un plazo que no excederá de noventa días para examinar la solicitud. Si durante dicho plazo no se llegara a un consenso, toda decisión de conceder una exención se adoptará por tres cuartos[5] de los Miembros.

ii) Las solicitudes de exención con respecto a los Acuerdos Comerciales Multilaterales de los Anexos 1A, 1B o 1C y a sus Anexos se presentarán inicialmente al Consejo del Comercio de Mercancías, al Consejo del Comercio de Servicios o al Consejo de los ADPIC, respectivamente, para que las examinen dentro de un plazo que no excederá de noventa días. Al final de dicho plazo, el Consejo correspondiente presentará un informe a la Conferencia Ministerial.

4. En toda decisión de la Conferencia Ministerial por la que se otorgue una exención se indicarán las circunstancias excepcionales que justifiquen la decisión, los términos y condiciones que rijan la aplicación de la exención y la fecha de expiración de ésta. Toda exención otorgada por un período de más de un año será objeto de examen por la Conferencia Ministerial a más tardar un año después de concedida, y posteriormente una vez al año hasta que quede sin efecto. En cada examen, la Conferencia Ministerial verá si subsisten las circunstancias excepcionales que justificaron la exención y si se han cumplido los términos y condiciones a que está sujeta. Sobre la base del examen anual, la Conferencia Ministerial podrá prorrogar, modificar o dejar sin efecto la exención.

5. Las decisiones adoptadas en el marco de un Acuerdo Comercial Plurilateral, incluidas las relativas a interpretaciones y exenciones, se regirán por las disposiciones de ese Acuerdo.

Artículo X
Enmiendas

1. Todo miembro de la OMC podrá promover una propuesta de enmienda de las disposiciones del presente Acuerdo o de los Acuerdos Comerciales Multilaterales del Anexo 1 presentándola a la Conferencia Ministerial[6]. Los Consejos enumerados en el artículo IV podrán también presentar a la Conferencia Ministerial propuestas de enmienda de las disposi-

---

[5]Las decisiones de conceder una exención respecto de una obligación sujeta a un período de transición o a un período de aplicación escalonada que el Miembro solicitante no haya cumplido al final del período correspondiente se adoptarán únicamente por consenso.

[6]Las referencias a la Conferencia Ministerial se entienden también como referencias al Consejo General.

ciones de los correspondiente. Acuerdos Comerciales Multilaterales del Anexo 1 cuyo funcionamiento supervisen. Durante un período de noventa días contados a partir de la presentación formal de la propuesta en la Conferencia Ministerial, salvo que ésta decida un período más extenso, toda decisión de la Conferencia Ministerial de someter a la aceptación de los Miembros la enmienda propuesta se adoptará por consenso. A menos que sean aplicables las disposiciones de los párrafos 2, 5 ó 6, en esa decisión se especificará si se aplicarán las disposiciones de los párrafos 3 ó 4. Si se llega a un consenso, la Conferencia Ministerial someterá de inmediato a la aceptación de los Miembros la enmienda propuesta. De no llegarse a un consenso en una reunión celebrada por la Conferencia Ministerial dentro del período establecido, la Conferencia Ministerial decidirá por mayoría de dos tercios de los Miembros si someterá o no a la aceptación de los Miembros la enmienda propuesta. A reserva de lo dispuesto en los párrafos 2, 5 y 6, serán aplicables a la enmienda propuesta las disposiciones del párrafo 3, a menos que la Conferencia Ministerial decida por mayoría de tres cuartos de los Miembros que se aplicarán las disposiciones del párrafo 2 por la Conferencia Ministerial. Las decisiones de aprobar enmiendas del Acuerdo Comercial Multilateral del Anexo 3 sufrirán efecto para todos los Miembros tras su aprobación por la Conferencia Ministerial.

2. Las enmiendas de las disposiciones del presente artículo y de las disposiciones de los artículos que se enumeran a continuación surtirán efecto únicamente tras su aceptación por todos los Miembros:

Artículo IX del presente Acuerdo;

Artículos primero y II del GATT de 1994, que figura en el Anexo 1A;

Artículo II, párrafo 1, del Acuerdo General sobre el Comercio de Servicios, contenido en el Anexo 1B;

Artículo 4 del Acuerdo sobre los Aspectos de los Derechos de Propiedad Intelectual Relacionados con el Comercio, incluido el Comercio de Mercancías Falsificadas, que figura en el Anexo 1C.

3. Las enmiendas de las disposiciones del presente Acuerdo o de los Acuerdos Comerciales Multilaterales de los Anexos 1A y 1C no comprendidas entre las enumeradas en los párrafos 2 y 6, que por su naturaleza puedan alterar los derechos y obligaciones de los Miembros, sufrirán efecto para los Miembros que las hayan aceptado tras su aceptación por dos tercios de los Miembros, y después, para cada uno de los demás Miembros, tras su aceptación por él. La Conferencia Ministerial podrá decidir, por mayoría de tres cuartos de los Miembros, que una enmienda hecha efectiva en virtud del presente párrafo es de tal naturaleza que todo Miembro que no la haya aceptado dentro del plazo fijado en cada caso por la Conferencia Ministerial podrá retirarse de la OMC o seguir siendo Miembro con el consentimiento de la Conferencia Ministerial.

4. Las enmiendas de las disposiciones del presente Acuerdo o de los Acuerdos Comerciales Multilaterales de los Anexos 1A y 1C no comprendidas entre las enumeradas en los párrafos 2 y 6, que por su naturaleza no puedan alterar los derechos y obligaciones de los Miembros, surtirán efecto para todos los Miembros tras su aceptación por dos tercios de éstos.

5. A reserva de lo dispuesto en el párrafo 2 *supra,* las enmiendas de las Partes I, II y III del Acuerdo General sobre el Comercio de Servicios, contenido en el Anexo 1B, y de los correspondientes Anexos surtirán efecto para los Miembros que las hayan aceptado tras su aceptación por dos tercios de los Miembros, y después, para cada Miembro, tras su aceptación por él. La Conferencia Ministerial podrá decidir, por mayoría de tres cuartos de los Miembros, que una enmienda hecha efectiva en virtud de la precedente disposición es de tal naturaleza que todo Miembro que no la haya aceptado dentro del plazo fijado en cada caso por la Conferencia Ministerial podrá retirarse de la OMC o seguir siendo Miembro con el consentimiento de la Conferencia Ministerial. Las enmiendas de las Partes IV, V y VI del Acuerdo General sobre el Comercio de Servicios, contenido en el Anexo 1B, y de los correspondientes Anexos surtirán efecto para todos los Miembros tras su aceptación por dos tercios de éstos.

6. No obstante las demás disposiciones del presente artículo, las enmiendas del Acuerdo sobre los Aspectos de los Derechos de Propiedad Intelectual Relacionados con el Comercio, incluido el Comercio de Mercancías Falsificadas, contenido en el Anexo 1C, que satisfagan los requisitos establecidos en el párrafo 2 del artículo 71 de dicho Acuerdo podrán ser adoptadas por la Conferencia Ministerial sin otro proceso de aceptación formal.

7. Todo Miembro que acepte una enmienda del presente Acuerdo o de un Acuerdo Comercial Multilateral del Anexo 1 depositará un instrumento de aceptación en poder del Director General de la OMC dentro del plazo de aceptación fijado por la Conferencia Ministerial.

8. Todo Miembro de la OMC podrá promover una propuesta de enmienda de las disposiciones de los Acuerdos Comerciales Multilaterales de los Anexos 2 y 3 presentándola a la Conferencia Ministerial. La decisión de aprobar enmiendas del Acuerdo Comercial Multilateral del Anexo 2 se adoptará por consenso y estas enmiendas surtirán efecto para todos los Miembros tras su aprobación.

9. La Conferencia Ministerial, previa petición de los Miembros partes en un acuerdo comercial, podrá decidir, exclusivamente por consenso, que se incorpore ese acuerdo al Anexo 4. La Conferencia Ministerial, previa petición de los Miembros partes en un Acuerdo Comercial Plurilateral del Anexo 4, podrá decidir que se suprima ese Acuerdo de dicho Anexo.

10. Las enmiendas de un Acuerdo Comercial Plurilateral del Anexo 4 se regirán por las disposiciones de ese Acuerdo.

Artículo XI
Miembros iniciales

1. Las partes contratantes del GATTde 1947 en la fecha de entrada en vigor del presente Acuerdo, y las Comunidades Europeas, que acepten el presente Acuerdo y los Acuerdos Comerciales Multilaterales y para las cuales se anexen Listas de Concesiones y Compromisos al GATT de 1994, y para las cuales se anexen Listas de Compromisos Específicos al Acuerdo

General sobre el Comercio de Servicios contenido en el Anexo 1B, pasarán a ser Miembros iniciales de la OMC.

2. Los países menos adelantados reconocidos como tales por las Naciones Unidas sólo deberán asumir compromisos y hacer concesiones en la medida compatible con las necesidades de cada uno de ellos en materia de desarrollo, finanzas y comercio o con sus capacidades administrativas e institucionales.

Artículo XII
Adhesión

1. Todo Estado o territorio aduanero distinto que disfrute de plena autonomía en la conducción de sus relaciones comerciales exteriores y en las demás cuestiones tratadas en el presente Acuerdo y en los Acuerdos Comerciales Multilaterales podrá adherirse al presente Acuerdo en condiciones que habrá de convenir con la OMC. Esa adhesión será aplicable al presente Acuerdo y a los Acuerdos Comerciales Multilaterales anexos al mismo.

2. Las decisiones en materia de adhesión serán adoptadas por la Conferencia Ministerial, que aprobará el acuerdo sobre las condiciones de adhesión por mayoría de dos tercios de los Miembros de la OMC.

3. La adhesión a un Acuerdo Comercial Plurilateral se regirá por las disposiciones de ese Acuerdo.

Artículo XIII
No aplicación de los Acuerdos Comerciales Multilaterales entre Miembros

1. El presente Acuerdo y Acuerdos Comerciales Multilaterales enumerados en los Anexos 1 y 2 no se aplicarán entre dos Miembros si uno no consiente en dicha aplicación en el momento en que pase a ser Miembro cualquiera de ellos.

2. Se podrá recurrir al párrafo 1 entre Miembros iniciales de la OMC que hayan sido partes contratantes del GATT de 1947 únicamente en caso de que se hubiera recurrido anteriormente al artículo XXXV de ese Acuerdo y de que dicho artículo estuviera vigente entre esas partes contratantes en el momento de la entrada en vigor para ellas del presente Acuerdo.

3. El párrafo 1 se aplicará entre un Miembro y otro Miembro que se adhiera al amparo del artículo XII únicamente si el Miembro que no consienta en la aplicación lo hubiera notificado a la Conferencia Ministerial antes de la aprobación por ésta del acuerdo sobre las condiciones de adhesión.

4. A petición de cualquier Miembro, la Conferencia Ministerial podrá examinar la aplicación del presente artículo en casos particulares y formular recomendaciones apropiadas.

5. La no aplicación de un Acuerdo Comercial Plurilateral entre partes en el mismo se regirá por las disposiciones de ese Acuerdo.

Artículo XIV
Aceptación, entrada en vigor y depósito

1. El presente Acuerdo estará abierto a la aceptación, mediante firma o formalidad de otra clase, de las partes contratantes del GATT de 1947, y de las Comunidades Europeas, que reúnan las condiciones estipuladas en el artículo XI del presente Acuerdo para ser Miembros iniciales de la OMC. Tal aceptación se aplicará al presente Acuerdo y a los Acuerdos Comerciales Multilaterales a él anexos. El presente Acuerdo y los Acuerdos Comerciales Multilaterales a él anexos entrarán en vigor en la fecha que determinen los Ministros según lo dispuesto en el párrafo 3 del Acta Final en que se incorporan los resultados de la Ronda Uruguay de Negociaciones Comerciales Multilaterales y quedarán abiertos a la aceptación durante un período de dos años a partir de esa fecha, salvo decisión en contrario de los Ministros. Toda aceptación posterior a la entrada en vigor del presente Acuerdo surtirá efecto al trigésimo día siguiente a la fecha de depósito del instrumento de aceptación.

2. Los Miembros que acepten el presente Acuerdo con posterioridad a su entrada en vigor pondrán en aplicación las concesiones y obligaciones establecidas en los Acuerdos Comerciales Multilaterales que han de aplicarse a lo largo de un plazo contado a partir de la entrada en vigor del presente Acuerdo como si hubieran aceptado este instrumento en la fecha de su entrada en vigor.

3. Hasta la entrada en vigor del presente Acuerdo, su texto y el de los Acuerdos Comerciales Multilaterales serán depositados en poder del Director General de las PARTES CONTRATANTES del GATT de 1947. El Director General remitirá sin dilación a cada signatario del presente Acuerdo copia autenticada de este instrumento y de los Acuerdos Comerciales Multilaterales y notificación de cada aceptación de los mismos. En la fecha de su entrada en vigor, el presente Acuerdo y los Acuerdos Comerciales Multilaterales, al igual que toda enmienda de los mismos, quedarán depositados en poder del Director General de la OMC.

4. La aceptación y entrada en vigor de un Acuerdo Comercial Plurilateral se regirán por las disposiciones de ese Acuerdo. Tales Acuerdos quedarán depositados en poder del Director General de la OMC.

Artículo XV
Denuncia

1. Todo Miembro podrá denunciar al presente Acuerdo. Esa denuncia se aplicará al presente Acuerdo y a los Acuerdos Comerciales Multilaterales y surtirá efecto a la expiración de un plazo de seis meses contado a partir de la fecha en que haya recibido notificación escrita de la misma el Director General de la OMC.

2. La denuncia de un Acuerdo Comercial Plurilateral se regirá por las disposiciones de ese acuerdo.

Artículo XVI
Disposiciones varias

1. Salvo disposición en contrario en el presente Acuerdo o en los Acuerdos Comerciales Multilaterales, la OMC se regirá por las decisiones, procedimientos y práctica consuetudinaria de las PARTES CONTRATANTES del GATT de 1947 y los órganos establecidos en el marco del mismo.

2. En la medida que sea factible, la Secretaría del GATT de 1947 pasará a ser la Secretaría de la OMC y el Director General de las PARTES CONTRATANTES del GATT de 1947 actuará como Director General de la OMC hasta que la Conferencia Ministerial nombre un Director General de conformidad con lo previsto en el párrafo 2 del artículo VI del presente Acuerdo.

3. En caso de conflicto entre las disposiciones del presente acuerdo y las de cualquiera de los Acuerdos Comerciales Multilaterales, prevalecerán las disposiciones del presente Acuerdo.

4. Cada Miembro se asegurará de la conformidad de sus leyes, reglamentos y procedimientos administrativos con las obligaciones que le impongan los Acuerdos anexos.

5. No podrán formularse reservas respecto de ninguna de las disposiciones del presente Acuerdo. Las reservas respecto de las disposiciones de los Acuerdos Comerciales Multilaterales sólo podrán formularse de conformidad con las disposiciones de los mismos. Las reservas respecto de las disposiciones de un Acuerdo Comercial Plurilateral se regirán por las disposiciones de ese Acuerdo.

6. El presente Acuerdo será registrado de conformidad con las disposiciones del Artículo 102 de la Carta de las Naciones Unidas.

Hecho en ....el.........de...............de mil novecientos noventa y ...., en un solo ejemplar y en los idiomas español, francés e inglés, siendo cada uno de los textos igualmente auténtico.

Notas explicativas:

Debe entenderse que los términos "país" y "países" utilizados en el presente Acuerdo y en los Acuerdos Comerciales Multilaterales incluyen todo territorio aduanero distinto Miembro de la OMC.

En el caso de un territorio aduanero distinto Miembro OMC, cuando una expresión que figure en el presente Acuerdo y en los Acuerdos Comerciales Multilaterales esté calificada por el término "nacional" se entenderá que dicha expresión se refiere a ese territorio aduanero, salvo estipulación en contrario.

ANEXO II

CONVENCION DE LAS NACIONES UNIDAS SOBRE CONTRATOS DE COMPRAVENTA INTERNACIONAL DE MERCADERIAS. CONVENIO DE VIENA DE 11 DE ABRIL DE 1980

Los Estados partes en la presente Convención.

Teniendo en cuenta los amplios objetivos de las resoluciones aprobadas en el 6º Período extraordinario de Sesiones de la Asamblea General de las Naciones Unidas sobre el establecimiento de un nuevo orden económico internacional.

Considerando que el desarrollo del comercio internacional sobre la base de la igualdad y del beneficio mutuo constituye un importante elemento para el fomento de las relaciones amistosas entre los Estados.

Estimando que la adopción de normas uniformes aplicables a los contratos de compraventa internacional de mercaderías en las que se tengan en cuenta los diferentes sistemas sociales, económicos y jurídicos contribuiría a la supresión de los obstáculos jurídicos con que tropieza el comercio internacional y promovería el desarrollo del comercio internacional.

Han convenido en lo siguiente:

PARTE PRIMERA

Ambito de aplicación y disposiciones generales

CAPITULO PRIMERO

Ambito de aplicación

Artículo 1

1. La presente Convención se aplicará a los contratos de compraventa de mercaderías entre las partes que tengan sus establecimientos en Estados diferentes:

a) Cuando esos Estados sean Estados contratantes: o

b) Cuando las normas de derecho internacional privado prevean la aplicación de la Ley de un Estado contratante.

2. No se tendrá en cuenta el hecho de que las partes tengan sus establecimientos en Estados diferentes cuando ello no resulte del contrato ni de los tratos entre ellas ni de información revelada por las partes en cualquier momento antes de la celebración del contrato o en el momento de su celebración.

3. A los efectos de determinar la aplicación de la presente Convención no se tendrán en cuenta ni la nacionalidad de las partes ni el carácter civil o comercial de las partes o del contrato.

Artículo 2

La presente Convención no se aplicará a las compraventas:

a) De mercaderías compradas para uso personal, familiar o domestico, salvo que el vendedor, en cualquier momento antes de la celebración del contrato o en el momento de su celebración, no hubiera tenido ni debiera haber tenido conocimiento de que las mercaderías se compraban para ese uso.

b) En subastas

c) Judiciales

d) De valores mobiliarios, título o efectos de comercio y dinero.

e) De buques, embarcaciones, aerodeslizadores y aeronaves.

f) De electricidad.

Artículo 3

1. Se considerarán compraventas los contratos de suministro de mercaderías que hayan de ser manufacturadas o producidas, a menos que la parte que las encargue asuma la obligación de proporcionar una parte sustancial de los materiales necesarios para esa manufactura o producción.

2. La presente Convención no se aplicará a los contratos en los que la parte principal de las obligaciones de la parte que proporcione las mercaderías consista en suministrar mano de obra o prestar otros servicios.

Artículo 4

La presente Convención regula exclusivamente la formación del contrato de compraventa y los derechos y obligaciones del vendedor y del comprador dimanantes de ese contrato. Salvo disposición expresa en contrario de la presente Convención, ésta no concierne, en particular:

a) A la validez del contrato ni a la de ninguna de sus estipulaciones, ni tampoco a la de cualquier uso.

b) A los efectos que el contrato pueda producir sobre la propiedad de las mercaderías vendidas.

Artículo 5

La presente Convención no se aplicará a la responsabilidad del vendedor por la muerte o las lesiones corporales causadas a una persona por las mercaderías.

Artículo 6

Las partes podrán excluir la aplicación de la presente Convención o, sin perjuicio de lo dispuesto en el articulo 12, establecer excepciones a cualquiera de sus disposiciones o modificar sus efectos.

CAPITULO II

Disposiciones generales

Artículo 7

1. En la interpretación de la presente Convención se tendrán en cuenta su carácter internacional y la necesidad de promover la uniformidad en su aplicación y de asegurar la observancia de la buena fe en el comercio internacional.

2. Las cuestiones relativas a las materias que se rigen por la presente Convención que no estén expresamente resueltas en ella se dirimirán de conformidad con los principios generales en los que se basa la presente Convención o, a falta de tales principios, de conformidad con la Ley aplicable en virtud de normas de derecho internacional privado.

Artículo 8

1. A los efectos de la presente Convención, las declaraciones y otros actos de una parte deberán interpretarse conforme a su intención cuando la otra parte haya conocido o no haya podido ignorar cuál era esa intención.

2. Si el párrafo precedente no fuere aplicable, las declaraciones y otros actos de una parte deberán interpretarse conforme al sentido que les habría dado en igual situación una persona razonable de la misma condición que la otra parte.

3. Para determinar la intención de una parte o el sentido que habría dado una persona razonable deberán tenerse debidamente en cuenta todas las circunstancias pertinentes del caso, en particular las negociaciones, cualesquiera prácticas que las partes hubieran establecido entre ellas, los usos y el comportamiento ulterior de las partes.

Artículo 9

1. Las partes quedarán obligadas por cualquier uso en que hayan convenido y por cualquier práctica que hayan establecido entre ellas.

2. Salvo pacto en contrario se considerará que las partes han hecho tácitamente aplicable al contrato o a su formación un uso del que tenían o debían haber tenido conocimiento y que, en el comercio internacional, sea ampliamente conocido y regularmente observado por las partes en contratos del mismo tipo en el tráfico mercantil de que se trate.

Artículo 10

A los efectos de la presente Convención:

a) Si una de las partes tiene más de un establecimiento, su establecimiento será el que guarde la relación más estrecha con el contrato y su cumplimiento, habida cuenta de las circunstancias conocidas o previstas por las partes en cualquier momento antes de la celebración del contrato o en el momento de su celebración.

b) Si una de las partes no tiene establecimiento, se tendra en cuenta su residencia habitual.

Artículo 11

El contrato de compraventa no tendrá que celebrarse ni probarse por escrito ni estará sujeto a ningún otro requisito de forma. Podrá probarse por cualquier medio, incluso por testigos.

Artículo 12

No se aplicará ninguna disposición del artículo 11, del artículo 29 ni de la parte II de la presente Convención que permita que la celebración, la modificación o la extinción por mutuo acuerdo del contrato de compraventa o la oferta, la aceptación o cualquier otra manifestación de intención se hagan por procedimiento que no sea por escrito, en el caso de que cualquiera de las partes tenga su establecimiento en un Estado contratante que haya hecho una declaración con arreglo al artículo 96 de la presente Convención. Las partes no podrán establecer excepciones a este artículo ni modificar sus efectos.

Artículo 13

A los efectos de la presente Convención, la expresión " por escrito" comprende el telegrama y el télex.

PARTE II

Formación del contrato

Artículo 14

1. La propuesta de celebrar un contrato, dirigida a una o varias personas determinadas, constituirá oferta si es suficientemente precisa e indica la intención del oferente de quedar obligado en caso de aceptación. Una propuesta es suficientemente precisa si indica las mercaderías y expresa o tácitamente, señala la cantidad y el precio o prevé un medio para determinarlos.

2. Toda propuesta no dirigida a una o varias personas determinadas será considerada como una simple invitación a hacer ofertas a menos que la persona que haga la propuesta indique claramente lo contrario.

Artículo 15

1. La oferta surtirá efecto cuando llegue al destinatario.

2. La oferta, aun cuando sea irrevocable, podrá ser retirada si su retiro llega al destinatario antes o al mismo tiempo que la oferta.

Artículo 16

1. La oferta podrá ser revocada hasta que se perfeccione el contrato si la revocación llega al destinatario antes que éste haya enviado la aceptación.

2. Sin embargo, la oferta no podrá revocarse:

a) Si indica, al señalar un plazo fijo para la aceptación o de otro modo, que es irrevocable: o

b) Si el destinatario podía razonablemente considerar que la oferta era irrevocable y ha actuado basándose en esa oferta.

Artículo 17

La oferta, aun cuando sea irrevocable, quedará extinguida cuando su rechazo llegue al oferente.

Artículo 18

1. Toda declaración u otro acto del destinatario que indique asentimiento a una oferta constituirá aceptación. El silencio o la inacción, por si solos, no constituirán aceptación.

2. La aceptación de la oferta surtirá efecto en el momento en que la indicación de asentimiento llegue al oferente. La aceptación no surtirá efec-

to si la indicación de asentimiento no llega al oferente dentro del plazo que éste haya fijado o, si no se ha fijado plazo, dentro de un plazo razonable, habida cuenta de las circunstancias de la transacción y en particular, de la rapidez de los medio de comunicación empleados por el oferente. La aceptación de las ofertas verbales tendrá que ser inmediata, a menos que de las circunstancias resulte otra cosa.

3. No obstante, si en virtud de la oferta de prácticas que las partes hayan establecido entre ellas o de los usos, el destinatario puede indicar su asentimiento ejecutando un acto relativo, por ejemplo, a la expedición de las mercaderías o al pago del precio, sin comunicación al oferente, la aceptación surtirá efecto en el momento en que se ejecute ese acto, siempre que esa ejecución tenga lugar dentro del plazo establecido en el párrafo precedente.

Artículo 19

1. La respuesta a una oferta que pretenda ser una aceptación y que contenga adiciones, limitaciones u otras modificaciones, se considerará como rechazo de la oferta y constituirá una contraoferta.

2. No obstante, la respuesta a una oferta que pretenda ser una aceptación y que contenga elementos adicionales o diferentes que no alteren sustancialmente los de la oferta constituirá aceptación a menos que el oferente, sin demora injustificada, objete verbalmente la discrepancia o envie una comunicación en tal sentido. De no hacerlo así, los términos del contrato serán los de la oferta con las modificaciones contenidas en la aceptación.

3. Se considerará que los elementos adicionales o diferentes relativos, en particular, al precio, al pago, a la calidad y la cantidad de las mercaderías, al lugar y la fecha de la entrega, al grado de responsabilidad de una parte con respecto a la otra o a la solución de las controversias alteran sustancialmente los elementos de la oferta.

Artículo 20

1. El plazo de aceptación fijado por el oferente en un telegrama o en una carta comenzará a correr desde el momento en que el telegrama sea entregado para su expedición o desde de la carta o, si no se hubiere indicado ninguna, desde la fecha que figure en el sobre. El plazo de aceptación fijado por el eferente por teléfono, télex u otros medios de comunicación instantánea comenzará a correr desde el momento en que la oferta llegue al destinatario.

2. Los días feriados oficiales o no laborables no se excluirán del cómputo del plazo de aceptación. Sin embargo, si la comunicación de aceptación no pudiere ser entregada en la dirección del oferente el día del vencimiento del plazo, por ser ese día feriado oficial o no laborable en el lugar del establecimiento del oferente, el plazo se prorrogará hasta el primer día laborable siguiente.

Artículo 21

1. La aceptación tardía surtirá, sin embargo, efecto como aceptación si el oferente, sin demora, informa verbalmente de ello al destinatario o le envía una comunicación en tal sentido.

2. Si la carta u otra comunicación por escrito que contenga una aceptación tardía indica que ha sido enviada en circunstancias tales que si su transmisión hubiera sido normal habría llegado al oferente en el plazo debido, la aceptación tardía surtirá efecto como aceptación a menos que, sin demora, el oferente informe verbalmente al destinatario de que considera su oferta caducada o le envíe una comunicación en tal sentido.

Artículo 22

La aceptación podrá ser retirada si su retiro llega al oferente antes que la aceptación haya surtido efecto o en ese momento.

Artículo 23

El contrato se perfeccionará en el momento de surtir efecto la aceptación de oferta conforme a los dispuesto en la presente Convención.

Artículo 24

A los efectos de esta parte de la presente Convención, la oferta, la declaración de aceptación o cualquier otra manifestación de intención "llega" al destinatario cuando se le comunica verbalmente o se entrega por cualquier otro medio al destinatario personalmente, o en su establecimiento o dirección postal, o si no tiene establecimiento ni dirección postal, en su residencia habitual.

PARTE III

Compraventa de mercaderías

CAPITULO PRIMERO

Disposiciones generales

Artículo 25

El incumplimiento del contrato por una de las partes será esencial cuando cause a la otra parte un perjuicio tal que la prive sustancialmente de lo que tenía derecho a esperar en virtud del contrato, salvo que la parte que haya incumplido no hubiera previsto tal resultado y que una persona razonable de la misma condición no lo hubiera previsto en igual situación.

Artículo 26

La declaración de resolución del contrato surtirá efecto solo si se comunica a la otra parte.

Artículo 27

Salvo disposición expresa en contrario de esta parte de la presente Convención, si una de las partes hace cualquier notificación, petición u otra comunicación conforme a dicha parte y por medios adecuados a las circunstancias, las demoras o los errores que puedan producirse en la transmisión de esa comunicación o el hecho de que no llegue a su destino no privarán a esa parte del derecho a invocar tal comunicación.

Artículo 28

Si conforme a lo dispuesto en la presente Convención, una parte tiene derecho a exigir de la otra el cumplimiento de una obligación, el Tribunal no estará obligado a ordenar el cumplimiento específico a menos que lo hiciere , en virtud de su propio derecho, respecto de contratos de compraventa similares no regidos por la presente Convención.

Artículo 29

1. El contrato podrá modificarse o extinguirse por mero acuerdo entre las partes.

2. Un contrato por escrito que contenga una estipulación que exija que toda modificación o extinción por mutuo acuerdo se haga por escrito no podrá modificarse ni extinguirse por mutuo acuerdo de otra forma. No obstante, cualquiera de las partes quedará vinculada por sus propios actos y no podrá alegar esa estipulación en la medida en que la otra parte se haya basado en tales actos.

CAPITULO II

Obligaciones del vendedor

Artículo 30

El vendedor deberá entregar las mercaderías, transmitir su propiedad y entregar cualesquiera documentos relacionados con ellas en las condiciones establecidas en el contrato y en la presente Convención.

SECCION I. ENTREGA DE LAS MARCADERIAS Y DE LOS DOCUMENTOS

Artículo 31

Si el vendedor no estuviere obligado a entregar las mercaderías en otro lugar determinado, su obligación de entrega consistirá:

a) Cuando el contrato de compraventa implique el transporte de las mercaderías en ponerlas en poder del primer porteador para que las traslade al comprador.

b) Cuando, en los casos no comprendidos en el apartado precedente, el contrato verse sobre mercaderías ciertas o sobre mercaderías no identificadas que hayan de extraerse de una masa determinada o que deban ser manufacturadas o producidas y cuando, en el momento de la celebración del contrato, las partes sepan que las mercaderías se encuentran o deben ser manufacturadas o producidas en un lugar determinado, en ponerlas a disposición del comprador en ese lugar.

c) En los demás casos, en poner las mercaderías a disposición del comprador en el lugar donde el vendedor tenga su establecimiento en el momento de la celebración del contrato.

Artículo 32

1. Si el vendedor, conforme al contrato o a la presente Convención, pusiese las mercaderías en poder de un porteador y éstas no estuvieren claramente identificadas a los efectos del contrato mediante señales en ellas, mediante los documentos de expedición o de otro modo, el vendedor deberá enviar al comprador un aviso de expedición en el que se especifiquen las mercaderías.

2. El vendedor, si estuviere obligado a disponer el transporte de las mercaderías, deberá concertar los contratos necesarios para que este se efectúe hasta el lugar señalado por los medios de transporte adecuados a las circunstancias y en las condiciones usuales para tal transporte.

3. El vendedor, si no estuviere obligado a contratar el seguro de transporte, deberá proporcionar al comprador, a petición de éste, toda la información disponible que sea necesaria para contratar ese seguro.

Artículo 33

El vendedor deberá entregar las mercaderías:

a) Cuando, con arreglo al contrato, se haya fijado o pueda determinarse una fecha, en esa fecha; o

b) Cuando, con arreglo al contrato, se haya fijado o pueda determinarse un plazo, en cualquier momento dentro de ese plazo, a menos que de las circunstancias resulte que corresponde al comprador elegir la fecha; o

c) En cualquier otro caso, dentro de un plazo razonable a partir de la celebración del contrato.

Artículo 34

El vendedor, si estuviere obligado a entregar documentos relacionados con las mercaderías, deberá entregarlos en el momento, en el lugar y en la forma fijados por el contrato. En caso de entrega anticipada de documentos, el vendedor podrá, hasta el momento fijado para la entrega, subsanar cualquier falta de conformidad de los documentos, si el ejercicio de ese derecho no ocasiona al comprador inconvenientes ni gastos excesivos. No obstante, el comprador conservará el derecho a exigir la indemnización de los daños y perjuicios conforme a la presente convención.

SECCION II. CONFORMIDAD DE LAS MERCADERIAS Y PRETENSIONES DE TERCEROS

Artículo 35

1. El vendedor deberá entregar mercaderías cuya cantidad, calidad y tipo correspondan a los estipulados en el contrato y que estén envasadas o embaladas en la forma fijada por el contrato.

2. Salvo que las partes hayan pactado otra cosa, las mercaderías no serán conformes al contrato a menos:

a) Que sean aptas para los usos a que ordinariamente se destinen mercaderías del mismo tipo.

b) Que sean aptas para cualquier uso especial que expresa o tácitamente se haya hecho saber al vendedor en el momento de la celebración del contrato, salvo que de las circunstancias resulte que el comprador no confió, o no sea razonable que confiara, en la competencia y el juicio del vendedor.

c) Que posean las cualidades de la muestra o modelo que el vendedor haya presentado al comprador.

d) Que estén envasadas o embaladas en la forma habitual para tales mercaderías o, si no existe tal forma, de una forma adecuada para conservarlas y protegerlas.

3. El vendedor no será responsable, en virtud de los apartados a) al d) del párrafo precedente, de ninguna falta de conformidad de las mercaderías que el comprador conociera o no hubiera podido ignorar en el momento de la celebración del contrato.

Artículo 36

1. El vendedor sera responsable, conforme al contrato y a la presente Convención, de toda falta de conformidad que exista en el momento de la transmisión del riesgo al comprador, aun cuando esa falta sólo sea manifiesta después de ese momento.

2. El vendedor también será responsable de toda falta de conformidad ocurrida después del momento indicado en el párrafo precedente y que sea imputable al incumplimiento de cualquiera de sus obligaciones, incluido el incumplimiento de cualquier garantía de que, durante determinado

período, las mercaderías seguirán siendo aptas para su uso ordinario o para un uso especial o conservarán las cualidades y características especificadas.

Artículo 37

En caso de entrega anticipada, el vendedor podrá, hasta la fecha fijada para la entrega de las mercaderías, bien entregar la parte o cantidad que falte de las mercaderías o entregar otras mercaderías en sustitución de las entregadas que no sean conformes, bien subsanar cualquier falta de conformidad de las mercaderías entregadas, siempre que el ejercicio de ese derecho no ocasione al comprador inconvenientes ni gastos excesivos. No obstante, el comprador conservará el derecho a exigir la indemnización de los daños y perjuicios conforme a la presente Convención.

Artículo 38

1. El comprador deberá examinar o hacer examinar las mercaderías en el plazo más breve posible atendidas las circunstancias.

2. Si el contrato implica el transporte de las mercaderías, el examen podrá aplazarse hasta que éstas hayan llegado a su destino.

3. Si el comprador cambia en tránsito el destino de las mercaderías o las reexpide sin haber tenido una oportunidad razonable de examinarlas y si en el momento de la celebración del contrato el vendedor tenía o debía haber tenido conocimiento de la posibilidad de tal cambio de destino o reexpedición, el examen podrá aplazarse hasta que las mercaderías hayan llegado a su nuevo destino.

Artículo 39

1. El comprador perderá el derecho a invocar la falta de conformidad de las mercaderías si no lo comunica al vendedor, especificando su naturaleza, dentro de un plazo razonable a partir del momento en que la haya o debiera haberla descubierto.

2. En todo caso, el comprador perderá el derecho a invocar la falta de conformidad de las mercaderías si no lo comunica al vendedor en un plazo máximo de dos años contados desde la fecha en que las mercaderías se pusieron efectivamente en poder del comprador, a menos que ese plazo sea incompatible con un período de garantía contractual.

Artículo 40

El vendedor no podrá invocar las disposiciones de los artículos 38 y 39 si la falta de conformidad se refiere a hechos que conocía o no podía ignorar y que no haya revelado al comprador.

Artículo 41

El vendedor deberá entregar las mercaderías libres de cualesquiera derechos o pretensiones de un tercero, a menos que el comprador convenga en aceptarlas sujetas a tales derechos o pretensiones. No obstante, si tales derechos o pretensiones se basan en la propiedad industrial u otros tipos de propiedad intelectual, la obligación del vendedor se regirá por el artículo 42.

Artículo 42

1. El vendedor deberá entregar las mercaderías libres de cualesquiera derechos o pretensiones de un tercero basados en la propiedad industrial u otros tipos de propiedad intelectual que conociera o no hubiera podido ignorar en el momento de la celebración del contrato, siempre que los derechos o pretensiones se basen en la propiedad industrial u otros tipos de propiedad intelectual:

a) En virtud de la Ley del Estado en que hayan de revenderse o utilizarse las mercaderías, si las partes hubieren previsto en el momento de la celebración del contrato que las mercaderías se revenderán o utilizarían en ese Estado; o

b) En cualquier otro caso, en virtud de la Ley del Estado en que el comprador tenga su establecimiento.

2. La obligación del vendedor conforme al párrafo precedente no se extenderá a los casos en que :

a) En el momento de la celebración del contrato, el comprador conociera o no hubiera podido ignorar la existencia del derecho o de la pretensión; o

b) El derecho a la pretensión resulte de haberse ajustado el vendedor a fórmulas, diseños y dibujos técnicos o a otras especificaciones análogas proporcionados por el comprador.

Artículo 43

1. El comprador perderá el derecho a invocar las disposiciones del artículo 41 o del artículo 42 si no comunica al vendedor la existencia del derecho o la pretensión del tercero, especificando su naturaleza, dentro de un plazo razonable a partir del momento en que haya tenido o debiera haber tenido conocimiento de ella.

2. El vendedor no tendrá derecho a invocar las disposicioes del párrafo precedente si conocía el derecho o la pretensión del tercero y su naturaleza.

Artículo 44

No obstante lo dispuesto en el párrafo 1 del artículo 39 y en el párrafo 1 del artículo 43, el comprador podrá rebajar el precio conforme al artículo

50 o exigir la indemnización de los daños y perjuicios, excepto el lucro cesante, si puede aducir una excusa razonable por haber omitido la comunicación requerida.

SECCION III. DERECHOS Y ACCIONES EN CASO DE INCUMPLIMIENTO DEL CONTRATO POR EL VENDEDOR

Artículo 45

1. Si el vendedor no cumple cualquiera de las obligaciones que le incumben conforme al contrato o a la presente Convención, el comprador podrá:

a) Ejercer los derechos establecidos en los artículos 46 a 52.

b) Exigir la indemnización de los daños y perjuicios conforme a los artículos 74 a 77.

2. El comprador no perderá el derecho a exigir la indemnización de los daños y perjuicios aunque ejercite cualquier otra acción conforme a su derecho.

3. Cuando el comprador ejercite una acción por incumplimiento del contrato, el juez o el árbitro no podrán conceder al vendedor ningún plazo de gracia.

Artículo 46

1. El comprador podrá exigir al vendedor el cumplimiento de sus obligaciones, a menos que haya ejercitado un derecho o acción incompatible con esa exigencia.

2. Si las mercaderías no fueren conformes al contrato, el comprador podrá exigir la entrega de otras mercaderías en sustitución de aquéllas sólo si la falta de conformidad constituye un incumplimiento esencial del contrato y la petición de sustitución de las mercaderías se formula al hacer la comunicación a que se refiere el artículo 39 o dentro de un plazo razonable a partir de ese momento.

3. Si las mercaderías no fueron conformes al contrato, el comprador podrá exigir al vendedor que las repare para subsanar la falta de conformidad, a menos que esto no sea razonable habida cuenta de todas las circunstancias. La petición de que no se reparen las mercaderías deberá formularse al hacer la comunicación a que se refiere el artículo 39 o dentro de un plazo razonable a partir de ese momento.

Artículo 47

1. El comprador podrá fijar un plazo suplementario de duración razonable para el cumplimiento por el vendedor de las obligaciones que le incumban.

2. El comprador, a menos que haya recibido la comunicación del vendedor de que no cumplirá lo que le incumbe en el plazo fijado conforme al párrafo precedente, no podrá, durante ese plazo, ejercitar acción alguna por incumplimiento del contrato. Sin embargo, el comprador no perderá por ello el derecho a exigir la indemnización de los daños y perjuicios por demora en el cumplimiento.

Artículo 48

1. Sin perjuicio de lo dispuesto en el artículo 49, el vendedor podrá, incluso después de la fecha de entrega subsanar a su propia costa todo incumplimiento de sus obligaciones, si puede hacerlo sin una demora excesiva y sin causar al comprador inconvenientes excesivos o incertidumbre en cuanto al reembolso por el vendedor de los gastos anticipados por el comprador. No obstante, el comprador conservará el derecho a exigir la indemnización de los daños y perjuicios conforme a la presente Convención.

2. Si el vendedor pide al comprador que le haga saber si acepta el cumplimiento y el comprador no atiende la petición en un plazo razonable, el vendedor podrá cumplir sus obligaciones en el plazo indicado en su petición. El comprador no podrá antes del vencimiento de ese plazo, ejercitar ningún derecho o acción incompatible con el cumplimiento por el vendedor de las obligaciones que le incumban.

3. Cuando el vendedor comunique que cumplirá sus obligaciones en un plazo determinado, se presumirá que pide al comprador que le haga saber su decisión conforme al párrafo precedente.

4. La petición o comunicación, hecha por el vendedor conforme al párrafo 2 o al párrafo 3 de este articulo no surtirá efecto a menos que sea recibida por el comprador.

Artículo 49

1. El comprador podrá declarar resuelto el contrato:

a) Si el incumplimiento por el vendedor de cualquiera de las obligaciones que le incumban conforme al contrato o a la presente Convención constituye un incumplimiento esencial del contrato; o

b) En caso de falta de entrega, si el vendedor no entrega las mercaderías dentro del plazo suplementario fijado por el comprador conforme al párrafo 1 del artículo 47 o si declara que no efectuará la entrega dentro del plazo así fijado.

2. No obstante, en los casos en que el vendedor haya entregado las mercaderías, el comprador perderá el derecho a declarar resuelto el contrato si no lo hace:

a) En caso de entrega tardía, dentro de un plazo razonable después de que haya tenido conocimiento de que se ha efectuado la entrega.

b) En caso de incumplimiento distinto de la entrega tardía, dentro de un plazo razonable:

I) Después de que haya o debiera haber tenido conocimiento del incumplimiento; o

II) Después del vencimiento del plazo suplementario fijado por el comprador conforme al párrafo 1 del artículo 47, o después de que el vendedor haya declarado que no cumplirá sus obligaciones dentro de ese plazo suplementario; o

III) Después del vencimiento del plazo suplementario indicado por el vendedor conforme al párrafo 2 del artículo 48, o después de que el comprador haya declarado que no aceptará el cumplimiento.

Artículo 50

Si las mercaderías no fueren conformes al contrato, háyase pagado o no el precio, el comprador podrá rebajar el precio proporcionalmente a la diferencia existente entre el valor que las mercaderías efectivamente entregadas tenían en el momento de la entrega y el valor que habrían tenido en ese momento mercaderías conformes al contrato. Sin embargo, el comprador no podrá rebajar el precio si el vendedor subsana cualquier incumplimiento de sus obligaciones conforme al artículo 37 o al artículo 48 o si el comprador se niega a aceptar el cumplimiento por el vendedor conforme a esos artículos.

Artículo 51

1. Si el vendedor sólo entrega una parte de las mercaderías o si sólo una parte de las mercaderías entregadas es conforme al contrato, se aplicarán los artículos 46 a 50 respecto de la parte que falte o que no sea conforme.

2. El comprador podrá declarar resuelto el contrato en su totalidad solo si la entrega parcial o no conforme al contrato constituye un imcumplimiento esencial de éste.

Artículo 52

1. Si el vendedor entrega las mercaderías antes de la fecha fijada, el comprador podrá aceptar o rehusar su recepción.

2. Si el vendedor entrega una cantidad de mercaderías mayor que la expresada en el contrato, el comprador podrá aceptar o rehusar la recepción de la cantidad excedente. Si el comprador acepta la recepción de la totalidad o de parte de la cantidad excedente, deberá pagarla al precio del contrato.

CAPITULO III

Obligaciones del comprador

Artículo 53

El comprador deberá pagar el precio de las mercaderías y recibirlas en las condiciones establecidas en el contrato y en la presente Convención.

SECCION I. PAGO DEL PRECIO

Artículo 54

La obligación del comprador de pagar el precio comprende la de adoptar las medidas y cumplir los requisitos fijados por el contrato o por las leyes o los reglamentos pertinentes para que sea posible el pago.

Artículo 55

Cuando el contrato haya sido válidamente celebrado pero en él ni expresa ni tácitamente se haya señalado el precio o estipulado un medio para determinarlo, se considerará, salvo indicación en contrario, que las partes han hecho referencia implícitamente al precio generalmente cobrado en el momento de la celebración del contrato por tales mercaderías, vendidas en circunstancias semejantes, en el tráfico mercantil de que se trate.

Artículo 56

Cuando el precio se señale en función del peso de las mercaderías, será el peso neto, en caso de duda, el que determine dicho precio.

Artículo 57

El comprador, si no estuviere obligado a pagar el precio en otro lugar determinado, deberá pagarlo al vendedor:

a) En el establecimiento del vendedor; o

b) Si el pago debe hacerse contra entrega de las mercaderías o de documentos, en el lugar en que se efectúe la entrega.

2. El vendedor deberá soportar todo aumento de los gastos relativos al pago ocasionado por un cambio de su establecimiento acaecido después de la celebración del contrato.

Artículo 58

1. El comprador, si no estuviere obligado a pagar el precio en otro momento determinado, deberá pagarlo cuando el vendedor ponga a su disposición las mercaderias o los correspondientes documentos representativos conforme al contrato y a la presente Convención. El vendedor podrá hacer del pago una condición para la entrega de las mercaderías o los documentos.

2. Si el contrato implica el transporte de las mercaderías, el vendedor podrá expedirlas estableciendo que las mercaderías o los correspondientes documentos representativos no se pondrán en poder del comprador más que contra el pago del precio.

3. El comprador no estará obligado a pagar el precio mientras no haya tenido la posibilidad de examinar las mercaderías, a menos que las modali-

dades de entrega o de pago pactadas por las partes sean incompatibles con esa posibilidad.

Artículo 59

El comprador deberá pagar el precio en la fecha fijada o que pueda determinarse con arreglo al contrato y a la presente Convención, sin necesidad de requerimiento ni de ninguna otra formalidad por parte del vendedor.

SECCION II. RECEPCION

Artículo 60

La obligación del comprador de proceder a la recepción consiste:

a) En realizar todos los actos que razonablemente quepa esperar de él para que el vendedor pueda efectuar la entrega; y

b) En hacerse cargo de las mercaderías.

SECCION III. DERECHOS Y ACCIONES EN CASO DE INCUMPLIMIENTO DEL CONTRATO POR EL COMPRADOR

Artículo 61

1. Si el comprador no cumple cualquiera de las obligaciones que le incumben conforme al contrato o a la presente Convención, el vendedor podrá:

a) Ejercer los derechos establecidos en los artículos 62 a 65.

b) Exigir la indemnización de los daños y perjuicios conforme a los artículos 74 a 77.

2. El vendedor no perderá el derecho a exigir la indemnización de los daños y perjuicios aunque ejercite cualquier otra acción conforme a su derecho.

3. Cuando el vendedor ejercite una acción por incumplimiento del contrato, el juez o el árbitro no podrán conceder al comprador ningún plazo de gracia.

Artículo 62

El vendedor podrá exigir al comprador que pague el precio, que reciba las mercaderías o que cumpla las demás obligaciones que le incumban, a menos que el vendedor haya ejercitado un derecho o acción incompatible con esa exigencia.

Artículo 63

1. El vendedor podrá fijar un plazo suplementario de duración razonable para el cumplimiento por el comprador de las obligaciones que le incumban.

2. El vendedor, a menos que haya recibido comunicación del comprador de que no cumplirá lo que le incumbe en el plazo fijado conforme al párrafo precedente, no podrá, durante ese plazo, ejercitar acción alguna por incumplimiento del contrato. Sin embargo, el vendedor no perderá por ello el derecho que pueda tener a exigir la indemnización de los daños y perjuicios por demora en el cumplimiento.

Artículo 64

1. El vendedor podrá declarar resuelto el contrato:

a) Si el incumplimiento por el comprador de cualquiera de las obligaciones que le incumben conforme al contrato o a la presente Convención constituye un incumplimiento esencial del contrato; o

b) Si el comprador no cumple su obligación de pagar el precio o no recibe las mercaderías dentro del plazo suplementario fijado por el vendedor conforme al párrafo 1 del artículo 63 o si declara que no lo hará dentro del plazo así fijado.

2. No obstante, en los casos en que el comprador haya pagado el precio, el vendedor perderá el derecho a declarar resuelto el contrato si no lo hace:

a) En caso de cumplimiento tardío por el comprador, antes de que el vendedor tenga conocimiento de que se ha efectuado el cumplimiento: o

b) En caso de incumplimiento distinto del cumplimiento tardío por el comprador, dentro de un plazo razonable:

I) Después de que el vendedor haya tenido o debiera haber tenido conocimiento del incumplimiento; o

II) Después del vencimiento del plazo suplementario fijado por el vendedor conforme al párrafo 1 del artículo 63, o después de que el comprador haya declarado que no cumplirá sus obligaciones dentro de ese plazo suplementario.

Artículo 65

1. Si conforme al contrato correspondiere al comprador especificar la forma, las dimensiones u otras características de las mercaderías y el comprador no hiciere tal especificación en la fecha convenida o en un plazo razonable después de haber recibido un requerimiento del vendedor, éste

podrá, sin perjuicio de cualesquiera otros derechos que le correspondan, hacer la especificación él mismo de acuerdo con las necesidades del comprador que le sean conocidas.

2. El vendedor, si hiciere la especificación él mismo, deberá informar de sus detalles al comprador y fijar un plazo razonable para que éste pueda hacer una especificación diferente. Si, después de recibir esa comunicación, el comprador no hiciere uso de esta posibilidad dentro del plazo así fijado, la especificación hecha por el vendedor tendrá fuerza vinculante.

CAPITULO IV

Transmisión del riesgo

Artículo 66

La pérdida o el deterioro de las mercaderías sobrevenidos después de la transmisión del riesgo al comprador no liberarán a éste de su obligación de pagar el precio, a menos que se deban a un acto u omisión del vendedor.

Artículo 67

1. Cuando el contrato de compraventa implique el transporte de las mercaderías y el vendedor no esté obligado a entregarlas en un lugar determinado, el riesgo se transmitirá al comprador en el momento en que las mercaderías se pongan en poder del primer porteador para que las traslade al comprador conforme al contrato de compraventa. Cuando el vendedor esté obligado a poner las mercaderías en poder de un porteador en un lugar determinado, el riesgo no se transmitirá al comprador hasta que las mercaderías se pongan en poder del porteador en ese lugar. El hecho de que el vendedor esté autorizado a retener los documentos representativos de las mercaderías no afectará a la transmisión del riesgo.

2. Sin embargo, el riesgo no se transmitirá al comprador hasta que las mercaderías estén claramente identificadas a los efectos del contrato mediante señales en ellas, mediante los documentos de expedición, mediante comunicación enviada al comprador o de otro modo.

Artículo 68

El riesgo respecto de las mercaderías vendidas en tránsito se transmitirá al comprador desde el momento de la celebración del contrato. No obstante, si así resultare de las circunstancias, el riesgo será asumido por el comprador desde el momento en que las mercaderías se hayan puesto en poder del porteador que haya expedido los documentos acreditativos del transporte. Sin embargo, si en el momento de la celebración del contrato de compraventa el vendedor tuviera o debiera haber tenido conocimiento de que las mercaderías habían sufrido pérdida o deterioro y no lo hubiera revelado al comprador, el riesgo de la pérdida o deterioro será de cuenta del vendedor.

Artículo 69

1. En los casos no comprendidos en los articulos 67 y 68, el riesgo se transmitirá al comprador cuando éste se haga cargo de las mercaderías, se pongan a su disposición e incurra en incumplimientro del contrato al rehusar su recepción.

2. No obstante, si el comprador estuviere obligado a hacerse cargo de las mercaderías en un lugar distinto de un establecimiento del vendedor, el riesgo se transmitirá cuando deba efectuarse la entrega y el comprador tenga conocimiento de que las mercaderías están a su disposición en ese lugar.

3. Si el contrato versa sobre mercaderías aún sin identificar, no se considerará que las mercaderías se han puesto a disposición del comprador hasta que estén claramente identificadas a los efectos del contrato.

Artículo 70

Si el vendedor ha incurrido en incumplimiento esencial del contrato, las disposiciones de los articulos 67, 68 y 69 no afectarán a los derechos y acciones de que disponga el comprador como consecuencia del incumplimiento.

CAPITULO V

Disposiciones comunes a las obligaciones del vendedor y del comprador

SECCION I. INCUMPLIMIENTO PREVISIBLE Y CONTRATOS CON ENTREGAS SUCESIVAS

Artículo 71

1. Cualquiera de las partes podrá diferir el cumplimiento de sus obligaciones si, despues de la celebración del contrato, resulta manifiesto que la otra parte no cumplirá una parte sustancial de sus obligaciones a causa de:

a) Un grave menoscabo de su capacidad para cumplirlas o de su solvencia;

b) Su comportamiento al disponerse a cumplir el contrato.

2. El vendedor, si ya hubiere expedido las mercaderías antes de que resulten evidentes los motivos a que se refiere el párrafo precedente, podrá oponerse a que las mercaderías se pongan en poder del comprador, aun cuando éste sea tenedor de un documento que le permita obtenerlas. Este párrafo concierne sólo a los derechos respectivos del comprador y del vendedor sobre las mercaderías.

3. La parte que difiera el cumplimiento de lo que le incumbe, antes o después de la expedición de las mercaderías, deberá comunicarlo inmediatamente a la otra parte y deberá proceder al cumplimiento si esa otra parte da seguridades suficientes de que cumplirá sus obligaciones.

3. Los requisitos del párrafo precedente no se aplicarán si la otra parte hubiere declarado que no cumplirá sus obligaciones.

Artículo 72

1. Si antes de la fecha de cumplimiento fuere patente que una de las partes incurrirá en incumplimiento esencial del contrato, la otra parte podrá declararlo resuelto.

2. Si hubiere tiempo para ello, la parte que tuviere la intención de declarar resuelto el contrato deberá comunicarlo con antelación razonable a la otra parte para que ésta pueda dar seguridades suficientes de que cumplirá sus obligaciones.

3. Los requisitos del párrafo precedente no se aplicarán si la otra parte hubiere declarado que no cumplirá sus obligaciones.

Artículo 73

1. En los contratos que estipulen entregas sucesivas de mercaderías, si el incumplimiento por una de las partes de cualquiera de sus obligaciones relativas a cualquiera de las entregas constituye un incumplimiento esencial del contrato en relación con esa entrega, la otra parte podrá declarar resuelto el contrato en lo que respecta a esa entrega.

2. Si el incumplimiento por una de las partes de cualquiera de sus obligaciones relativas a cualquiera de las entregas da a la otra parte fundados motivos para inferir que se producirá un incumplimiento esencial del contrato en relación con futuras entregas, esa otra parte podrá declarar resuelto el contrato para el futuro, siempre que lo haga dentro de un plazo razonable.

3. El comprador que declare resuelto el contrato respecto de cualquier entrega podrá, al mismo tiempo, declararlo resuelto respecto de entregas ya efectuadas o de futuras entregas si, por razón de su interdependencia, tales entregas no pudieren destinarse al uso previsto por las partes en el momento de la celebración del contrato.

SECCION II. INDEMNIZACION DE DAÑOS Y PERJUICIOS

Artículo 74

La indemnización de daños y perjuicios por el incumplimiento del contrato en que haya incurrido una de las partes comprenderá el valor de la pérdida sufrida y el de la ganancia dejada de obtener por la otra parte como consecuencia del incumplimiento. Esa indemnización no podra exceder de la pérdida que la parte que haya incurrido en incumplimiento hubiera previsto o debiera haber previsto en el momento de la celebración del contrato, tomando en consideración los hechos de que tuvo o debió haber tenido conocimiento en ese momento, como consecuencia posible del incumplimiento del contrato.

Artículo 75

Si se resuelve el contrato y si, de manera razonable y dentro de un plazo razonable después de la resolución, el comprador procede a una compra de reemplazo o el vendedor a una venta de reemplazo, la parte que exija la indemnización podrá obtener la diferencia entre el precio del contrato y el precio estipulado en la operación de reemplazo, así como cualesquiera otros daños y perjuicios exigibles conforme al artículo 74.

Artículo 76

1. Si se resuelve el contrato y existe un precio corriente de las mercaderías, la parte que exija la indemnización podrá obtener, si no ha procedido a una compra de reemplazo o a una venta de reemplazo conforme al artículo 75, la diferencia entre el precio señalado en el contrato y el precio corriente en el momento de la resolución, asi como cualesquiera otros daños y perjuicios exigibles conforme al artículo 74. No obstante, si la parte que exija la indemnización ha resuelto el contrato después de haberse hecho cargo de las mercaderías, se aplicará el precio corriente en el momento en que se haya hecho cargo de ellas en vez del precio corriente en el momento de la resolución.

2. A los efectos del párrafo precedente, el precio corriente es el del lugar en que debiera haberse efectuado la entrega de las mercaderías o, si no hubiere precio corriente en ese lugar, el precio en otra plaza que pueda razonablemente sustituir ese lugar, habida cuenta de las diferencias de costo del transporte de las mercaderías.

Artículo 77

La parte que invoque el incumplimiento del contrato debera adoptar las medidas que sean razonables, atendidas las circunstancias, para reducir la pérdida, incluido el lucro cesante, resultante del incumplimiento. Si no adopta tales medidas, la otra parte podrá pedir que se reduzca la indemnización de los daños y perjuicios en la cuantía en que debía haberse reducido la pérdida.

SECCION III. INTERESES

Artículo 78

Si una parte no paga el precio o cualquier otra suma adeudada, la otra parte tendrá derecho a percibir los intereses correspondientes sin perjuicio de toda acción de indemnización de los daños y perjuicios exigibles conforme al artículo 74.

SECCION IV. EXONERACION

Artículo 79

1. Una parte no será responsable de la falta de cumplimiento de cualquiera de sus obligaciones si prueba que esa falta de cumplimiento se debe a un impedimento ajeno a su voluntad y si no cabía razonablemente esperar que tuviese en cuenta el impedimento en el momento de la celebración del contrato, que lo evitase o superase o que evitase o superase sus consecuencias.

2. Si la falta de cumplimento de una de las partes se debe a la falta de cumplimento de un tercero al que haya encargado la ejecución total o parcial del contrato, esa parte sólo quedará exonerada de responsabilidad:

a) Si está exonerada conforme al párrafo precedente y

b) Si el tercero encargado de la ejecución también estaría exonerado en el caso de que se le aplicaran las disposiciones de ese párrafo.

3. La exoneración prevista en este artículo sustirá efecto mientras dure el impedimento.

4. La parte que no haya cumplido sus obligaciones deberá comunicar a la otra parte el impedimento y sus efectos sobre su capacidad para cumplirlas. Si la otra parte no recibiera la comunicación dentro de un plazo razonable después de que la parte que no haya cumplido tuviera o debiera haber tenido conocimiento del impedimento, esta última parte será responsable de los daños y perjuicios causados por esa falta de recepción.

5. Nada de los dispuesto en este artículo impedirá a una u otra de las partes ejercer cualquier derecho distinto del derecho a exigir la indemnización de los daños y perjuicios conforme a la presente Convención.

Artículo 80

Una parte no podrá invocar el incumplimento de la otra en la medida en que tal incumplimento haya sido causado por acción u omisión de aquélla.

SECCION V. EFECTOS DE LA RESOLUCION

Artículo 81

1. La resolución del contrato liberará a las dos partes de sus obligaciones, salvo la indemnización de daños y perjuicios que pueda ser debida. La

resolución no afectará a las estipulaciones del contrato relativas a la solución de controversias ni a ninguna otra estipulación del contrato que regule los derechos y obligaciones de las partes en caso de resolución.

2. La parte que haya cumplido total o parcialmente el contrato podrá reclamar a la otra parte la restitución de lo que haya suministrado o pagado conforme al contrato. Si las dos partes están obligadas a restituir, la restitución deberá realizarse simultáneamente.

Artículo 82

1. El comprador perderá el derecho a declarar resuelto el contrato o a exigir al vendedor la entrega de otras mercaderías en sustitución de las recibidas cuando le sea imposible restituir éstas en un estado sustancialmente idéntico a aquel en que las hubiera recibido.

2. El párrafo precedente no se aplicará:

a) Si la imposibilidad de restituir las mercaderías o de restituirlas en un estado sustancialmente idéntico a aquel en que el comprador las hubiera recibido no fuere imputable a un acto u omisión de éste.

b) Si las mercaderías o una parte de ellas hubieren perecido o se hubieren deteriorado como consecuencia del examen prescrito en el artículo 38; o

c) Si el comprador, antes de que descubriera o debiera haber descubierto la falta de conformidad, hubiere vendido las mercaderías o una parte de ellas en el curso normal de sus negocios o las hubiere consumido o transformado conforme a un uso normal.

Artículo 83

El comprador que haya perdido el derecho a declarar resuelto el contrato o a exigir al vendedor la entrega de otras mercaderías en sustitición de las recibidas, conforme al artículo 82, conservará todos los demás derechos y acciones que le correspondan conforme al contrato y a la presente Convención.

Artículo 84

1. El vendedor, si estuviere obligado a restituir el precio, deberá abonar también los intereses correspondientes a partir de la fecha en que se haya efectuado el pago.

2. El comprador deberá abonar al vendedor el importe de todos los beneficios que haya obtenido de las mercaderías o de una parte de ellas:

a) Cuando deba restituir las mercaderías o una parte de ellas; o

b) Cuando le sea imposible restituir la totalidad o una parte de las mercaderías o restituir la totalidad o una parte de las mercaderías en un estado sustancialmente idéntico a aquel en que las hubiera recibido, pero haya declarado resuelto el contrato o haya exigido al vendedor la entrega de otras mercaderías en sustitución de las recibidas.

SECCION VI. CONSERVACION DE LAS MERCADERIAS

Artículo 85

Si el comprador se demora en la recepción de las mercaderías o, cuando el pago del precio y la entrega de las mercaderías deban hacerse simultáneamente, no paga el precio, el vendedor, si está en posesión de las mercaderías o tiene de otro modo poder de disposición sobre ellas, deberá adoptar las medidas que sean razonables, atendidas las circunstancias, para su conservación. El vendedor tendrá derecho a retener las mercaderías hasta que haya obtenido del comprador el reembolso de los gastos razonables que haya realizado.

Artículo 86

1. El comprador, si ha recibido las mercaderías y tiene la intención de ejercer cualquier derecho a rechazarlas que le corresponda conforme al contrato o a la presente Convención, deberá adoptar las medidas que sean razonables, atendidas las circunstancias, para su conservación. El comprador tendrá derecho a retener las mercaderías hasta que haya obtenido del vendedor el reembolso de los gastos razonables que haya realizado.

2. Si las mercaderías expedidas al comprador han sido puestas a disposición de éste en el lugar de destino y el comprador ejerce el derecho a rechazarlas, deberá tomar posesión de ellas por cuenta del vendedor, siempre que ello pueda hacerse sin pago del precio y sin inconvenientes ni gastos excesivos. Esta disposición no se aplicará cuando el vendedor o una persona facultada para hacerse cargo de las mercaderías por cuenta de aquél está presente en el lugar de destino. Si el comprador toma posesión de las mercaderías conforme a este párrafo, sus derechos y obligaciones se regirán por el párrafo precedente.

Artículo 87

La parte que esté obligada a adoptar medidas para la conservación de las mercaderías podrá depositarlas en los almacenes de un tercero a expensas de la otra parte siempre que los gastos resultantes no sean excesivos.

Artículo 88

1. La parte que esté obligada a conservar las mercaderías conforme a los artículos 85 u 86 podrá venderlas por cualquier medio apropiado si la

otra parte se ha demorado excesivamente en tomar posesión de ellas, en aceptar su devolución o en pagar el precio o los gastos de su conservación, siempre que comunique con antelación razonable a esa otra parte su intención de vender.

2. Si las mercaderías están expuestas a deterioro rápido, o si su conservación entraña gastos excesivos, la parte que esté obligada a conservarlas conforme a los articulos 85 u 86 deberá adoptar medidas razonables para venderlas. En la medida de lo posible deberá comunicar a la otra parte su intención de vender.

3. La parte que venda las mercaderías tendrá derecho a retener del producto de la venta una suma igual a los gastos razonables de su conservación y venta. Esa parte deberá abonar el saldo a la otra parte.

PARTE IV

Disposiciones finales

Artículo 89

El Secretario general de las Naciones Unidas queda designado depositario de la presente Convención.

Artículo 90

La presente Convención no prevalecerá sobre ningún acuerdo internacional ya celebrado o que se celebre que contenga disposiciones relativas a las materias que se rigen por la presente Convención, siempre que las partes tengan sus establecimientos en Estados partes en ese acuerdo.

Artículo 91

1. La presente Convención estará abierta a la firma en la sesión de clausura de la Conferencia de las Naciones Unidas sobre los Contratos de Compraventa Internacional de Mercaderías y permanecerá abierta a la firma de todos los Estados en la sede de las Naciones Unidas, Nueva York, hasta el 30 de septiembre de 1981.

2. La presente Convención estará sujeta a ratificación, aceptación o aprobación por los Estados signatarios.

3. La presente Convención estará abierta a la adhesión de todos los Estados que no sean Estados signatarios desde la fecha en que quede abierta a la firma.

4. Los instrumentos de ratificación, aceptación, aprobación y adhesión se depositarán en poder del Secretario general de las Naciones Unidas.

Artículo 92

1. Todo Estado contratante podrá declarar en el momento de la firma, la ratificación, la aceptación, la aprobación o la adhesión que no quedará obligado por la parte II de la presente Convención o que no quedará obligado por la parte III de la presente Convención.

2. Todo Estado contratante que haga una declaración conforme al párrafo precedente respecto de la parte II o de la parte III de la presente Convención no será considerado Estado contratante a los efectos del párrafo I del artículo 1 de la presente Convención respecto de las materias que se rijan por la parte a la que se aplique la declaración.

Artículo 93

1. Todo Estado contratante integrado por dos o más unidades territoriales en las que, con arreglo a su constitución, sean aplicables distintos sistemas jurídicos en relación con la materias objeto de la presente Convención podrá declarar en el momento de la firma, la ratificación, la aceptación, la aprobación o la adhesión que la presente Convención se aplicará a todas sus unidades territoriales o sólo a una o varias de ellas y podrá modificar en cualquier momento su declaración mediante otra declaración.

2. Esas declaraciones serán notificadas al depositario y en ellas se hará constar expresamente a qué unidades territoriales se aplica la Convención.

3. Si, en virtud de una declaración hecha conforme a este artículo, la presente Convención se aplica a una o varias de las unidades territoriales de un Estado contratante, pero no a todas ellas, y si el establecimiento de una de las partes está situado en ese Estado, se considerará que, a los efectos de la presente Convención, ese establecimiento no está en un Estado contratante, a menos que se encuentre en una unidad territorial a la que se aplique la Convención.

4. Si el Estado contratante no hace ninguna declaración conforme al párrafo 1 de este artículo, la Convención se aplicará a todas las unidades territoriales de ese Estado.

Artículo 94

1. Dos o más Estados contratantes que, en las materias que se rigen por la presente Convención, tengan normas jurídicas idénticas o similares podrán declarar, en cualquier momento, que la Convención no se aplicará a los contratos de compraventa ni a su formación cuando las partes tengan establecimientos en esos Estados. Tales declaraciones podrán hacerse conjuntamente o mediante declaraciones unilaterales recíprocas.

2. Todo Estado contratante que, en las materias que se rigen por la presente Convención, tenga normas jurídicas idénticas o similares a las de uno o varios Estados no contratantes, podrá declarar en cualquier momento, que la Convención no se aplicará a los contratos de compraventa ni a su formación cuando las partes tengan sus establecimientos en esos Estados.

3. Si un Estado respecto del cual se haya hecho una declaración conforme al párrafo precedente llega a ser ulteriormente Estado contratante, la declaración surtirá los efectos de una declaración hecha con arreglo al párrafo 1 desde la fecha en que la Convención entre en vigor respecto del nuevo Estado contratante, siempre que el nuevo Estado contratante suscriba esa declaración o haga una declaración unilateral de carácter recíproco.

Artículo 95

Todo Estado podrá declarar en el momento del depósito de su instrumento de ratificación, aceptación, aprobación o adhesión que no quedará obligado por el apartado b) del párrafo 1 del artículo 1 de la presente Convención.

Artículo 96

El Estado contratante cuya legislación exija que los contratos de compraventa se celebren o se aprueben por escrito podrá hacer en cualquier momento una declaración conforme al art. 12 en el sentido de que cualquier disposición del artículo 11. del artículo 29 o de la parte II de la presente Convención que permita que la celebración, la modificación o la extinción por mutuo acuerdo del contrato de compraventa, o la oferta, la aceptación o cualquier otra manifestación de intención, se hagan por un procedimiento que no sea por escrito no se aplicará en el caso de que cualquiera de las partes tenga su establecimiento en ese Estado.

Artículo 97

1. Las declaraciones hechas conforme a la presente Convención en el momento de la firma estarán sujetas a confirmación cuando se proceda a la ratificación, la aceptación o la aprobación.

2. Las declaraciones y las confirmaciones de declaración se harán constar por escrito y se notificarán formalmente al depositario.

3. Toda declaración surtirá efecto en el momento de la entrada en vigor de la presente Convención respecto del Estado de que se trate. No obstante, toda declaración de la que el depositario reciba notificación formal después de tal entrada en vigor surtirá efecto el primer día del mes siguiente a la expiración de un plazo de seis meses contados desde la fecha en que haya sido recibida por el depositario. Las declaraciones unilaterales recíprocas hechas conforme al artículo 94 surtirán efecto el primer día del mes siguiente a la expiración de un plazo de seis meses contados desde la fecha en que el depositario haya recibido la última declaración.

4. Todo Estado que haga una declaración conforme a la presente Convención podrá retirarla en cualquier momento mediante notificación formal hecha por escrito al depositario. Este retiro surtirá efecto el primer día

del mes siguiente a la expiración de un plazo de seis meses contados desde la fecha en que el depositario haya recibido la notificación.

5. El retiro de una declaración hecha conforme al artículo 94 hará ineficaz, a partir de la fecha en que surta efecto el retiro, cualquier declaración de carácter recíproco hecha por otro Estado conforme a ese artículo.

Artículo 98

No se podrán hacer más reservas que las expresamente autorizadas por la presente Convención.

Artículo 99

1. La presente Convención entrará en vigor, sin perjuicio de lo dispuesto en el párrafo 6 de este artículo, el primer día del mes siguiente a la expiración de un plazo de doce meses, contados desde la fecha en que haya sido depositado el décimo instrumento de ratificación, aceptación, aprobación o adhesión, incluido todo instrumento que contenga una declaración hecha conforme al artículo 92.

2. Cuando un Estado ratifique, acepte o apruebe la presente Convención, o se adhiera a ella, después de haber sido depositado el décimo instrumento de ratificación, aceptación, aprobación o adhesión, la Convención, salvo la parte excluida, entrará en vigor respecto de ese Estado, sin perjuicio de lo dispuesto en el párrafo 6 de este artículo, el primer día del mes siguiente a la expiración de un plazo de doce meses, contados desde la fecha en que haya depositado su instrumento de ratificación, aceptación, aprobación o adhesión.

3. Todo Estado que ratifique, acepte o apruebe la presente Convención, o se adhiera a ella, y que sea parte en la Convención relativa a una Ley uniforme sobre la formación de contratos para la venta internacional de mercaderías, hecha en La Haya el 1 de julio de 1964 (Convención de La Haya sobre la formación, de 1964), o en la Convención relativa a una Ley uniforme sobre la venta internacional de mercaderías, hecha en la Haya el 1 de julio de 1964 (Convención de La Haya sobre la venta, de 1964), o en ambas convenciones, deberá denunciar al mismo tiempo, según el caso, la Convención de la Haya sobre la venta, de 1964; la Convención de La Haya sobre la formación, de 1964 o ambas Convenciones, mediante notificación al efecto al Gobierno de los Paises Bajos.

4. Todo Estado parte en la Convención de La Haya sobre la venta, de 1964, que ratifique, acepte o apruebe la presente Convención, o se adhiera a ella, y que declare o haya declarado, conforme al artículo 92, que no quedará obligado por la parte II de la presente Convención denunciará en el momento de la ratificación, la aceptación, la aprobación o la adhesión la Convención de La Haya sobre la venta, de 1964, mediante notificación al efecto al Gobierno de los Países Bajos.

5. Todo Estado parte en la Convención de La Haya sobre la formación, de 1964, que ratifique, acepte o apruebe la presente Convención, o se adhiera a ella, y que declare o haya declarado, conforme al artículo 92, que no quedará obligado por la parte III de la presente Convención denunciará en el momento de la ratificación, la aceptación, la aprobación o la adhesión la Convención de La Haya sobre la formación, de 1964, mediante notificación al efecto al Gobierno de los Países Bajos.

6. A los efectos de este artículo, las ratificaciones, aceptaciones, aprobaciones y adhesiones formuladas respecto de la presente Convención por Estados partes en la Convención de La Haya sobre la formación, de 1964, o en la Convención de La Haya sobre la venta, de 1964, no surtirán efecto hasta que las denuncias que esos estados deban hacer, en su caso, respecto de estas dos últimas Convenciones hayan surtido a su vez efecto. El depositario de la presente Convención consultará con el Gobierno de los Países Bajos, como depositario de las Convenciones de 1964, a fin de lograr la necesaria coordinación a este respecto.

Artículo 100

1. La presente Convención se aplicará a la formación del contrato sólo cuando la propuesta de celebración del contrato se haga en la fecha de entrada en vigor de la Convención respecto de los Estados contratantes a que se refiere el apartado a) del párrafo 1 del artículo 1, o respecto del Estado contratante a que se refiere el apartado b) del párrafo 1 del artículo 1, o después de esa fecha.'

2. La presente Convención se aplicará a los contratos celebrados en la fecha de entrada en vigor de la presente Convención respecto de los Estados contratantes a que se refiere el apartado a) del párrafo 1 del artículo 1, o respecto del Estado contratante a que se refiere el apartado b) del párrafo 1 del artículo 1, o después de esa fecha.

Artículo 101

1. Todo Estado contratante podrá denunciar la presente Convención, o su parte II o su parte III, mediante notificación formal hecha por escrito al depositario.

2. La denuncia surtirá efecto el primer día del mes siguiente a la expiración de un plazo de doce meses, contados desde la fecha en que la notificación haya sido recibida por el depositario. Cuando en la notificación se establezca un plazo más largo para que la denuncia surta efecto, la denuncia surtirá efecto a la expiración de ese plazo, contado desde la fecha en que la notificación haya sido recibida por el depositario.

Hecha en Viena el día 11 de abril de 1980, en un solo original, cuyos textos en árabe, chino, español, francés, inglés y ruso son igualmente auténticos.

(BOE, 30 de enero de 1991)

ANEXO III

LEY 36/1988, de 5 de diciembre, de Arbitraje

JUAN CARLOS I
REY DE ESPAÑA

A todos los que la presente vieren y entendieren.

Sabed: Que las Cortes Generales han aprobado y Yo vengo en sancionar la siguiente Ley:

La sustitución del régimen jurídico del arbitraje de Derecho Privado vigente viene siendo reclamada desde diversos sectores y corporaciones. La Ley de 22 de diciembre de 1953 supuso un innegable avance sobre la situación existente con anterioridad. Sin embargo, la Ley de 1953 estaba concebida para la solución arbitral de conflictos de Derecho Civil en el más estricto sentido de la palabra; la práctica ha demostrado, en cambio, que dicha ley no sirve para solucionar mediante instrumentos de composición arbitral las controversias que surgen en el tráfico mercantil, ni menos aún para las que surgen en el tráfico mercantil internacional.

La nueva regulación se estructura en nueve Títulos.

El Título I delimita el ámbito de aplicación de la Ley, configurando el objeto sobre el que pueda recaer el arbitraje y separando esta Institución de otras figuras afines. Se elimina la distribución entre el contrato preliminar de arbitraje y el compromiso, que efectúa la Ley de 1953. El convenio arbitral, instrumento en el que se plasma el derecho de las personas a solucionar las cuestiones litigiosas de su libre disposición que reconoce el artículo 1º., puede poner por objeto cuestiones presentes o futuras. Se trata con ello de superar la relativa ineficacia de la cláusula compromisoria o contrato preliminar de arbitraje, que solía estipularse antes del nacimiento real de la controversia entre las partes, obligando quizá por la misma naturaleza de las cosas a exigir su formalización judicial cuando la controversia ya estaba presente entre las partes.

El Titulo II introduce como novedades el principio de libertad formal en el convenio arbitral, la consagración legislativa del principio de separabilidad del convenio arbiral accesorio de un negocio jurídico principal y, sobre todo, la posibilidad de que las partes defieran a un tercero el nombramiento de los arbitros e, incluso, la organización del sistema arbitral. Se dota de un amplio margen de actuación al principio de autonomía de la voluntad, pero se adoptan las cautelas lógicas frente a las posibles situaciones de desigualdad contractual en las que puedan encontrarse las partes. Así se declara nulo en convenio que coloque a una de las partes en situación de privilegio en relación con la designación de los árbitros, se comtempla el supuesto de convenio arbitral y se dispone que los reglamentos arbitrales que establezcan las asociaciones y entidades sin ánimo de lucro y corporaciones de Derecho público a quienes se permite que las partes encomienden la organización y administración de servicios arbitrales se protocolicen notarialmente a fin de dotarles de la necesaria fijeza.

El Titulo III se refiere a los árbitros y regula su capacidad, sus incompatibilidades y su abstención y recusación. En el caso de pluralidad de árbitros, éstos elegirán un presidente a quien incumbe dictar el laudo en el caso de que no hubiera acuerdo mayoritario.

El procedimiento arbitral, regulado en el Título IV queda también remitido en gran parte a la autonomía de la voluntad. Sin embargo, se requiere la observancia de unos trámites mínimos, y en todo caso, el respeto a los principios de audiencia, contradicción e igualdad.

El Título V regula el laudo arbitral, exigiendo su motivación y su notificación fehaciente a las partes. Cabe destacar como novedad la regulación de la posibilidad de corregir errores u omisiones materiales.

El Título VI se dedica a la intervención jurisdiccional a lo largo del procedimiento arbitral. Tal intervención se ha reducido a la estrictamente necesaria. Con la intención de simplificar el procedimiento arbitral propiamente dicho y en línea con lo establecido en otros ordenamientos, se encomienda a los árbitros, en defecto de acuerdo de las partes, la delimitación de la controversia sometida a arbitraje, lo que permitirá descargar a la Administración de Justicia de algunas de las funciones que actualmente tiene encomendadas en la formalización judicial del arbitraje.

El convenio arbitral no implica renuncia de las partes a su derecho fundamental de tutela judicial, consagrado en el artículo 24 de la Constitución. Por ello, el Título VII regula un recurso de anulación del laudo, a fin de garantizar que el nacimiento, desarrollo y conclusión del procedimiento arbitral se ajustan a lo establecido en la Ley. Junto a ello se ha introducido la posibilidad de anular el laudo cuando éste fuese contrario al orden público, concepto que habrá de ser interpretado a la luz de los principios de nuestra Constitución. El órgano competente para conocer del recurso es la Audiencia Provincial. Es ésta una decisión ecléctica entre la regulación vigente de los recursos contra el laudo, cuyo conocimiento se atribuye al Tribunal Supremo, como si de una sentencia se tratara, y los que postulan que, siendo el laudo una decisión puramente privada, su anulación debería incumbir a los Juzgados de primera Instancia. La Ley ha optado por la vía intermedia, consciente de que un órgano pluripersonal con competencias en el orden civil como la Audiencia Provincial, tal y como aparece configurada en la Ley Orgánica del Poder Judicial, podía ser el adecuado para conocer de la anulación.

Se prevé, por otra parte, que, en tanto se tramita la posible anulación, pueda el interesado solicitar la adopción de medidas cautelares que garanticen la efectividad del laudo.

El Título VIII regula la ejecución judicial del laudo, con un sistema lo suficientemente completo como para encauzar la pretensión de ejecución y la oposición a la misma con las garantías suficientes para ambas partes.

El Título IX prevé el reconocimiento, que se atribuye al Tribunal Supremo y la ejecución, que se atribuye a los Jueces de Primera Instancia, de los laudos arbitrales extranjeros, sin perjuicio de los tratados internacionales que formen parte del ordenamiento interno y de los cuales ya están haciendo uso nuestros Tribunales con relativa frecuencia.

En el Título X se contienen normas de Derecho Internacional Privado, relativas a la capacidad para otorgar el convenio arbitral, a la validez y los efectos de éste y a la Ley aplicable para decidir el fondo de la cuestión litigiosa, cuando se trate de un arbitraje de derecho. Se ha mantenido el criterio, ya presente en el artículo 10.5 del Código Civil, de exigir algún grado de conexión entre la Ley aplicable y la controversia objeto de arbitraje, a fin de evitar que por la vía del arbitraje se produzca lo que se ha dado en llamar la fuga del Derecho en determinadas relaciones jurídicas internacionales.

La Ley efectúa una reforma en profundidad del arbitraje para que esta institución resulte apta no sólo para resolver los litigios que se planteen en el marco de complejas relaciones mercantiles o de aisladas relaciones jurídico-civiles, sino también para eliminar conflictos como los que se producen en el tráfico jurídico en masa, mediante la autonomía de la voluntad de las partes. El Comité de Ministros del Consejo de Europa, en su Recomendación 12/1986, referente a ciertas medidas tendentes a prevenir y reducir la sobrecarga de trabajo de los Tribunales, postula que los gobiernos adopten las disposiciones adecuadas para que " en los casos que se presten a ello, el arbitraje pueda constituir una alternativa más accesible y más eficaz a la acción judicial".

Por ello, leyes recientes, como la de Ordenación del Seguro Privado, la General para la Defensa de los Consumidores y Usuarios, la de Propiedad Intelectual y la de Ordenación de los Transportes Terrestes crean instancias arbitrales a las que la presente Ley servirá de norma complementaria, especialmente desde el punto de vista procesal.

Esta Ley facilitará un cauce sencillo y económico para la eliminación de conflictos mediante el uso de su libertad por parte de los ciudadanos, garantizando, al mismo tiempo, que el sistema que se instaura es igualitario. Se trata, en definitiva, de remover, conforme ordena el artículo 9º de la Constitución, los obstáculos que dificulten o impidan la libertad y la igualdad del individuo y de los grupos en que se integra.

TITULO I

Disposiciones generales

Artículo 1

Mediante el arbitraje, las personas naturales o jurídicas pueden someter, previo convenio, a la decisión de uno o varios árbitros las cuestiones litigiosas, surgidas o que puedan surgir, en materias de su libre disposición conforme a derecho.

Artículo 2

1. No podrán ser objeto de arbitraje:

a) Las cuestiones sobre las que haya recaído resolución judicial firme y definitiva, salvo los aspectos derivados de su ejecución.

b) Las materias inseparablemente unidas a otras sobre las que las partes no tengan poder de disposición.

c) Las cuestiones en que, con arreglo a las Leyes, deba intervenir el Ministerio Fiscal en representación y defensa de quienes, por carecer de capacidad de obrar o de representación legal, no pueden actuar por sí mismos.

2. Quedan excluidos del ámbito de aplicación de la presente Ley los arbitrajes laborales.

Artículo 3

1. El arbitraje para ser válido deberá ajustarse a las prescripciones de esta Ley.

2. Cuando en forma distinta de la prescrita en esta Ley dos o más personas, pacten la intervención dirimente de uno o más terceros y acepten expresa o tácitamente su decisión, después de emitida, el acuerdo será válido y obligatorio para las partes si en él concurren los requisitos necesarios para la validez de un contrato.

Artículo 4

1. Los árbitros decidirán la cuestión litigiosa con sujeción a derecho o en equidad, según su saber y entender, a elección de las partes.

2. En el caso de que las partes no hayan optado expresamente por el arbitraje de derecho, los árbitros resolverán en equidad, salvo que hayan encomendado la administración del arbitraje a una corporación o asociación en cuyo caso se estará a lo que resulte de su reglamento.

TITULO II

Del Convenio arbitral y sus efectos

Artículo 5

1. El convenio arbitral deberá expresar la voluntad inequívoca de las partes de someter la solución de todas las cuestiones litigiosas o de algunas

de estas cuestiones, surgidas o que puedan surgir de relaciones jurídicas determinadas, sean o no contractuales, a la decisión de uno o más árbitros, así como expresar la obligación de cumplir tal decisión.

2. Si el convenio arbitral se ha aceptado dentro de un contrato de adhesión, la validez de este pacto y su interpretación se acomodarán a lo prevenido por las disposiciones en vigor respecto de estas modalidades de contratación.

Artículo 6

1. El convenio arbitral deberá formalizarse por escrito y podrá concertarse como cláusula incorporada a un contrato principal o por acuerdo independiente del mismo.

2. Se entenderá que el acuerdo se ha formalizado por escrito no sólo cuando esté consignado en un único documento suscrito por las partes, sino también cuando resulte de intercambio de cartas, o de cualquier otro medio de comunicación que deje constancia documental de la voluntad de las partes de someterse al arbitraje.

Artículo 7

Excepcionalmente, será válido el arbitraje instituido por la sola voluntad del testador que lo establezca para solucionar las diferencias que puedan surgir entre herederos no forzosos o legatarios para cuestiones relativas a la distribución o administración de la herencia.

Artículo 8

La nulidad de un contrato no llevará consigo de modo necesario la del convenio arbitral accesorio.

Artículo 9

1. El contenido del convenio arbitral podrá extenderse a la designación de los árbitros y a la determinación de las reglas de procedimiento. Si las partes no hubieren pactado sobre estos extremos podrán completar, en cualquier momento, mediante acuerdos complementarios, el contenido del convenio arbitral.

2. Las partes podrán deferir a un tercero, ya sea persona física o jurídica, la designación de los árbitros.

3. Será nulo el convenio arbitral que coloque a una de las partes en cualquier situación de privilegio con respecto a la designación de los árbitros.

Artículo 10

1. Las partes podrán también encomendar la administración del arbitraje y la designación de los árbitros, de acuerdo con su reglamento, a:

a) Corporaciones de Derecho Público que puedan desempeñar funciones arbitrales, según sus normas reguladoras.

b) Asociaciones y entidades sin ánimo de lucro en cuyos estatutos se prevean funciones arbitrales.

2. Los reglamentos arbitrales de las Corporaciones de Derecho Público y de las Asociaciones y sus modificaciones, se protocolizarán notarialmente.

3. La Corporación o Asociación quedará obligada desde su aceptación, a la administración del arbitraje.

Artículo 11

1. El convenio arbitral obliga a las partes a estar y pasar por lo estipulado e impedirá a los Jueces y Tribunales conocer de las cuestiones litigiosas sometidas a arbitraje, siempre que la parte a quien interese lo invoque inmediatamente a la oportuna excepción.

2. Las partes podrán renunciar por convenio al arbitraje pactado, quedando expedita la vía judicial. En todo caso, se entenderá que renuncian cuando, interpuesta demanda por cualquiera de ellas, el demandado o demandados realicen, después de personados en el juicio, cualquier actividad procesal que no sea la de proponer en forma la oportuna excepción.

TITULO III

De los árbitros

Artículo 12

1. Pueden ser árbitros las personas naturales que se hallen, desde su aceptación en el pleno ejercicio de sus derechos civiles.

2. Cuando la cuestión litigiosa haya de decidirse con arreglo a Derecho, los árbitros habrán de ser abogados en ejercicio.

3. No podrán actuar como árbitros quienes tengan con las partes o con la controversia que se les somete, alguna de las relaciones que establecen la posibilidad de abstención y recusación de un Juez, sin perjuicio de los dispuesto en el artículo 17.2.

4. Tampoco podrán actuar como árbitros los Jueces, Migistrados y Fiscales en activo, ni quienes ejerzan funciones públicas retribuidas por arancel.

Artículo 13

El número de árbitros, que será siempre impar, y las reglas para el nombramiento del Presidente del Colegio Arbitral, en caso de ser varios, se fijarán por las partes de comun acuerdo. A falta de acuerdo los árbitros serán tres y el Presidente del Colegio Arbitral será elegido por mayoría por los propios arbitros. Si éstos no llegaran a un acuerdo ejercerá como Presidente el árbitro de mayor edad. Cuando la administración del arbitraje se haya encomendado a una Corporación o Asociación la designación de Presidente se hará de acuerdo con su reglamento.

Artículo 14

El nombramiento de los árbitros en el supuesto del artículo 10.1 se efectuará conforme a los reglamentos de la Corporación o Asociación, siempre que se respeten los requisitos exigidos en la presente Ley y sin que puedan ser designados árbitros quienes hubieren incumplido su encargo dentro del plazo establecido o su prórroga o incurrido en responsabilidad declarada judicialmente en el desempeño de anteriores funciones arbitrales.

Artículo 15

1. La designación se comunicará fehacientemente a cada uno de los árbitros para su aceptación.

2. Si los árbitros no hubiesen aceptado por escrito ante quien los designó en el plazo de quince dias naturales a contar desde el siguiente a su notificación se entenderá que no aceptan el nombramiento.

3. En la misma forma y con los mismos efectos se procederá en los casos en que la designación se hiciera por medio de una Corporación o Asociación o en el caso del artículo 9.2.

Artículo 16

1. La aceptación obliga a los árbitros y, en su caso, a la Corporación o Asociación, a cumplir fielmente su encargo, incurriendo, si no lo hicieren, en responsabilidad por los daños y perjuicios que causaren por dolo o culpa.

En los arbitrajes encomendados a una Corporación o Asociación el perjudicado tendrá acción directa contra la misma, con independencia de las acciones de resarcimiento que asistan a aquélla contra los árbitros.

2. Salvo pacto en contrario, tanto los árbitros como la Corporación o Asociación podrán exigir a las partes la provisión de fondos que estimen necesaria para atender a los honorarios de los árbitros y a los gastos que pueden producirse en la administración del arbitraje.

Artículo 17

1. Los árbitros podrán ser recusados por las mismas causas que los Jueces, con las especialidades de los párrafos siguientes.

2. Los árbitros sólo son recusables por causas que hayan sobrevenido después de su designación. También podrán serlo por causas anteriores cuando no hubieren sido nombrados directamente por las partes o cuando aquéllas fueren conocidas con posterioridad.

3. Las personas designadas árbitros están obligadas a poner de manifiesto las circunstancias que puedan determinar su recusación tan pronto como las conozcan.

Artículo 18

1. Si el árbitro recusado acepta la recusación será apartado de sus funciones, procediéndose al nombramiento de otro en la forma prevista para las sustituciones.

2. Si no la aceptare, el interesado podrá, en su caso, hacer valer la recusación al solicitar la anulación del laudo.

Artículo 19

Cualquiera que sea la causa por la que haya que designar un nuevo árbitro, se hará por el mismo procedimiento mediante el cual fué designado el sustituido.

Artículo 20

1. De acuerdo con las partes, los árbitros podrán nombrar un Secretario.

2. En su defecto, los árbitros podrán elegir de entre ellos, si lo consideran conveniente, al que desempeñe las funciones de Secretario, que en ningún caso deberá ser el Presidente del Colegio arbitral.

TITULO IV

Del procedimiento

Artículo 21

1. El procedimiento arbitral se ajustará en todo caso a lo dispuesto en esta Ley, con sujeción a los principios esenciales de audiencia, contradicción e igualdad entre las partes.

2. El desarrollo del procedimiento arbitral se regirá por la voluntad de las partes o por las normas establecidas por la Corporación o Asociación a

la que se haya encomendado la administración del arbitraje y en su defecto, por acuerdo de los árbitros.

3. Las partes podrán actuar por sí mismas o valerse de abogado en ejercicio.

Artículo 22

1. El procedimiento arbitral comienza cuando los árbitros hayan notificado a las partes por escrito la aceptación del arbitraje.

2. La inactividad de las partes no impedirá que se dicte el laudo ni la privará de eficacia.

Artículo 23

1. La oposición al arbitraje por falta de competencia objetiva de los árbitros, inexistencia, nulidad o caducidad del convenio arbitral deberá formularse en el momento de presentar las partes sus respectivas alegaciones iniciales.

2. Si los árbitros estimaren la oposición planteada sobre las cuestiones del párrafo anterior quedará expedito el aceso a los órganos jurisdiccionales para la solución de la cuestión litigiosa sin que quepa recurso contra la decisión arbitral. La decisión arbitral desestimatoria sobre cuestiones podrá impugnarse, en su caso, al solicitarse la anulación judicial del laudo.

3. En todo caso, la falta de competencia objetiva de los árbitros podrá ser apreciada de oficio por éstos aunque no hubiese sido invocada por las partes.

Artículo 24

1. Salvo lo acordado, en el convenio arbitral o lo que dispongan los reglamentos arbitrales, los árbitros decidirán el lugar donde se desarrollará la actuación arbitral, así como el lugar en el que deban realizar cualquier actuación concreta y lo notificarán a las partes.

2. Salvo acuerdo de las partes, los árbitros determinarán el idioma o idiomas en que haya de desarrollarse el procedimiento arbitral y lo notificarán a las partes. No podrán elegir un idioma que ninguna de las partes conozca o que no sea oficial en el lugar en que se desarrollará la actuación arbitral.

3. Las partes podrán designar un domicilio para recibir notificaciones. En su defecto, se entenderá como domicilio el del propio interesado o, en su caso, el de su representante.

Artículo 25

1. Los árbitros no están sujetos en el desarrollo del arbitraje a plazos determinados, salvo acuerdo de las partes y sin perjuicio de lo establecido en esta Ley respecto del plazo para dictar el laudo.

2. No obstante, los árbitros fijarán a las partes plazos preclusivos para formular las alegaciones.

Artículo 26

Los árbitros practicarán a instancia de parte, o por propia iniciativa, las pruebas que estimen pertinentes y admisibles en Derecho. A toda práctica de prueba serán citadas y podrán intervenir las partes o sus representantes.

Artículo 27

Los árbitros podrán solicitar el auxilio del Juez de Primera Instancia del lugar donde se desarrolle el arbitraje, en la forma prevenida en el articulo 43, para practicar las pruebas que no puedan efectuar por sí mismos.

Artículo 28

Si en el curso del arbitraje se incorpora un nuevo árbitro en sustitución de otro anterior, se volverán a practicar todas las pruebas que se hubieren realizado con anterioridad, salvo si el árbitro se considera suficientemente informado por la lectura de las actuaciones.

Artículo 29

Los árbitros podrán acordar, una vez practicadas las pruebas, oir a las partes o a sus representates.

TITULO V

Del laudo arbitral

Artículo 30

1. Si las partes no hubieren dispuesto otra cosa, los árbitros deberán dictar su laudo en el plazo de seis meses, contados desde la fecha en que hubieren aceptado la resolución de la controversia o desde el día en que fuera sustituido el último de los componentes del Colegio arbitral. Este plazo sólo podrá ser prorrogado por acuerdo de las partes, notificado a los árbitros antes de la expiración del plazo inicial.

2. Transcurrido el plazo sin que se hubiere dictado el laudo, quedará sin efecto el convenio arbitral y expedita la vía judicial para plantear la controversia.

Artículo 31

En cualquier momento antes de dictarse el laudo las partes, de común acuerdo, pueden desistir del arbitraje o suspenderlo por un plazo cierto y determinado.

Artículo 32

1. El laudo deberá dictarse por escrito. Expresará al menos las circunstancias personales de los árbitros y de las partes, el lugar en que se dicta, la cuestión sometida arbitraje, una sucinta relación de las pruebas practicadas, las alegaciones de las partes y la decisión arbitral.

2. El laudo será motivado cuando los árbitros decidan la cuestión litigiosa con sujeción a Derecho.

Artículo 33

1. El laudo será firmado por los árbitros, que podrán hacer constar su parecer discrepante. Si alguno de los árbitros no lo firmase, se entenderá que se adhiere a la decisión de la mayoría.

2. El laudo se protocolizará notarialmente y será notificado de modo fehaciente a las partes.

Artículo 34

El laudo arbitral, así como cualquier acuerdo o resolución del Colegio arbitral, se decidirá por mayoría de votos, dirimiendo los empates el voto del Presidente. Si no hubiere acuerdo mayoritario, el laudo será dictado por el Presidente.

Artículo 35

1. Los árbitros se pronunciarán en el laudo sobre las costas de arbitraje, que incluirán los honorarios y gastos debidamente justificados de los árbitros, los gastos que origine la protocolización notarial del laudo, y su aclaración, los derivados de notificaciones y los que origine la práctica de las pruebas y, en su caso, el coste del servicio prestado por la corporación o asociación que tenga encomendada la administración del arbitraje.

2. Salvo acuerdo de las partes, cada una de ellas deberá satisfacer los gastos efectuados a su instancia y los que sean comunes por partes iguales, a no ser que los árbitros apreciasen mala fe o temeridad en alguna de ellas.

Artículo 36

1. Dentro de los cinco días siguientes a la notificación del laudo cualquiera de las partes podrá pedir a los árbitros que corrijan cualquier error

de cálculo, de copia, tipográfico o similar o que aclaren algún concepto oscuro u omisión del laudo.

2. Los árbitros resolverán dentro de los diez días siguientes, protocolizarán su decisión notarialmente y harán que se notifique fehacientemente a las partes. Si en el plazo señalado no hubiesen resuelto se entenderá que deniegan la petición.

Artículo 37

El laudo arbitral firme produce efectos idénticos a la cosa juzgada. Contra el mismo sólo cabrá el recurso de revisión, conforme a lo establecido en la legislación procesal para las sentencias judiciales firmes.

TITULO VI

De la intervención jurisdiccional

Artículo 38

1. Si las partes no se pusieren de acuerdo con la designación de los árbitros, se procederá a instancia de cualquiera de los interesados a la formalización judicial del arbitraje conforme a las reglas establecidas en los artículos siguientes.

2. No obstante, no procederá la formalización judicial del arbitaje si los árbitros hubieren sido designados directamente por las partes y todos o alguno de ellos no aceptasen o se imposibilitasen para emitir el laudo o si la corporación o asociación a la que se encomendó la adminstración del arbitraje no aceptase el encargo. En estos casos, salvo que las partes lleguen a un acuerdo, quedará expedita la vía judicial para la resolución de la controversia.

Artículo 39

1. Será competente para conocer la formalización judicial del arbitraje el Juez de Primera Instancia del lugar donde deba dictarse el laudo; en su defecto, a elección del actor, el del domicilio o residencia habitual de cualquiera de los demandados.

2. El actor se dirigirá por escrito al Juzgado, indicando las circunstancias concretas de la falta de acuerdo. Acompañará al escrito los documentos acreditativos del convenio arbitral.

3. El Juez procederá conforme a las formalidades previstas para el juicio verbal.

Artículo 40

1. La incomparecencia del demandado o de alguno de los demandados o de sus representantes no suspenderá la celebración del acto.

2. La incomparecencia del demandante o de todos los demandantes o de sus representantes dará lugar a que se les tenga por desistidos de su pretensión, condenándoseles al pago de las costas salvo que el demandado o alguno de los demandados o sus representantes manifestaren su interés por la formalización judicial del arbitraje, en cuyo caso se verificará la celebración del acto.

Artículo 41

1. En el acto de la comparecencia el Juez oirá a las partes o sus representantes y les invitará a ponerse de acuerdo sobre la designación de los árbitros.

2. Si no hay convenio sobre la designación de los árbitros o modo de designarlos y las partes no se ponen de acuerdo, procederá el Juez a la designación de los árbitros mediante sorteo de entre los nombres incluidos en la lista de abogados en ejercicio que solicitará del Colegio Profesional de la circunscripción judicial correspondiente o del Consejo General de la Abogacía. El ministerio de Justicia podrá regular, como requisitos para la inscripción en la lista, la práctica en los respectivos Colegios de Abogados de pruebas que acrediten la preparación, experiencia y capacidad de los solicitantes.

3. La lista estará formada por abogados con más de cinco años de ejercicio profesional que voluntariamente se hayan ofrecido, que no estén en el caso del artículo 14 y sin nota desfavorable en su expediente personal.

4. El sorteo se hará, en proporción de tres - titular y dos suplentes - por cada plaza de árbitro. En caso de renuncia, abstención, recusación aceptada o incapacitación sobrevenida, sustituirá al titular el primer suplente y a éste el segundo.

5. Si mediante las reglas indicadas no fuere posible proceder al nombramiento de los árbitros, el Juez designará libremente a abogados en ejercicio, si se tratase de arbitraje de derecho; cuando los árbitros deban decidir en equidad, el Juez solicitará de los Colegios Profesionales, Cámaras de Comercio, Industria y Navegación y otras Corporaciones, o a su órgano representante de carácter general, la remisión de las listas de profesionales colegiados para la libre designación de los que estime convenientes, oyendo la propuesta de las partes, o bien de entre los que éstos propongan de común acuerdo.

Artículo 42

1. El Juez únicamente podrá rechazar la formalización judicial del arbitraje cuando considere por los documentos aportados que no consta de manera inequívoca la voluntad de las partes.

2. El auto accediendo a la formalización judicial del arbitraje, que no prejuzgará la validez del convenio arbitral, no es susceptible de recurso alguno.

3. El auto denegatorio de la formalización será apelable. Contra la resolución de la Audiencia Provincial no cabrá recurso alguno y los puntos que hayan sido objeto de debate no podrán motivar en su día la declaración de nulidad a que se refiere el título VII de esta Ley.

Artículo 43

En los casos de auxilio jurisdiccional para la práctica de pruebas previstas en el artículo 27, el árbitro o el Presidente del colegio arbitral se dirigirá por escrito al Juez de Primera Instancia del lugar donde deba efectuarse la citación judicial u ordenarse la diligencia probatoria. El Juez procederá conforme a las reglas de la Ley de Enjuiciamiento Civil y practicará bajo su exclusiva dirección, si se lo pide el árbitro, la prueba solicitada, entregando testimonio de las actuaciones al solicitante.

Artículo 44

Los jueces de Primera Instancia rechazarán fundamentalmente la práctica de pruebas contrarias a las leyes, sin que contra sus resoluciones quepa recurso alguno.

TITULO VII

De la anulación del laudo

Artículo 45

El laudo sólo podrá anularse en los siguientes casos:

1. Cuando el convenio arbitral fuese nulo.

2. Cuando en el nombramiento de los árbitros y en el desarrollo de la actuación arbitral no se hayan observado las formalidades y principios esenciales establecidos en la Ley.

3. Cuando el laudo se hubiere dictado fuera de plazo.

4. Cuando los árbitros hayan resuelto sobre puntos no sometidos a su decisión o que, aunque lo hubiesen sido, no pueden ser objeto de arbitraje. En estos casos la anulación afectará solo a los puntos no sometidos a decisión o no susceptibles de arbitraje, siempre que los mismos tengan sustantividad propia y no aparezcan indisolublemente unidos a la cuestión principal.

5. Cuando el laudo fuese contrario al orden público.

Artículo 46

1. El conocimiento del recurso de anulación corresponderá a la Audiencia Provincial del lugar donde se hubiere dictado el laudo.

2. El recurso se interpondrá por medio de un escrito motivado que habrá de ser presentado dentro de los diez días siguientes al de la notificación del laudo o de la aclaración a que se refiere el artículo 36, si alguna de las partes la hubiere solicitado.

3. En dicho escrito se expondrán los fundamentos que sirvan para apoyar el motivo o motivos de anulación invocados, proponiéndose la prueba que sea necesaria y pertinente.

Artículo 47

1. Al escrito de recurso se acompañarán los documentos justificativos del convenio y del laudo arbitrales.

2. La Sala dispondrá los apremios necesarios para compeler a los árbitros a la entrega de las actuaciones arbitrales, si fueren necesarias y el recurrente no hubiere podido obtenerlas.

Artículo 48

1. Las demás partes podrán impugnar por escrito el recurso dentro de veinte días desde el traslado de la copia del mismo, proponiendo, si fueren necesarias, las pruebas que reúnan los requisitos anteriormente expresados.

2. Las pruebas habrán de practicarse en el plazo máximo de veinte días.

Artículo 49

1. Dentro de seis días desde la terminación del plazo concedido para la práctica de las pruebas, las partes podrán solicitar vista pública. La Sala accederá a ella dentro de los dos días siguientes, si al menos una parte la pidiere.

2. Dentro de los diez días siguientes al transcurso del plazo señalado en el párrafo anterior sin petición de vista o, en otro caso, de los posteriores a la celebración de ésta, la Audiencia Provincial dictará sentencia contra la que no cabrá ulterior recurso.

Artículo 50

1. Recurrido el laudo, la parte a quien interese podrá solicitar del Juez de Primera Instancia que fuere competente para la ejecución de medidas cautelares conducentes a asegurar la plena efectividad de aquel una vez que alcanzare firmeza.

2. El Juez podrá señalar los afianzamientos que considere oportunos en el auto que dicte autorizando la adopción de las medidas, que no será susceptible de recurso.

3. La petición se formulará por escrito, acompañando copia del laudo y el Juez resolverá en el plazo de tres días, previa comparecencia de las partes.

4. Las medidas cautelares se mantendrán hasta la resolución del recurso de anulación.

Artículo 51

Será preceptiva en la tramitación de este recurso la intervención de Abogado y Procurador.

TITULO VIII

De la ejecución forzosa del laudo

Artículo 52

Serán ejecutables de acuerdo con lo dispuesto en este Título los laudos dictados conforme a lo establecido en la presente Ley, dentro de la extensión y límites de la jurisdicción española.

Artículo 53

El laudo es eficaz desde la notificación a las partes. Transcurrido el plazo señalado en el artículo 46.2 sin que el laudo haya sido cumplido, podrá obtenerse su ejecución forzosa, ante el Juez de Primera Instancia del lugar en donde se haya dictado, por los trámites establecidos para la ejecución de sentencias firmes con las especialidades de los artículos siguientes.

Artículo 54

1. Al escrito solicitando la ejecución se acompañarán necesariamente copia autorizada del laudo y los documentos acreditativos de la notificación a las partes y del convenio arbitral.

2. Se acompañará igualmente, en su caso, testimonio de la resolución judicial a que se refiere el artículo 49.2 de esta Ley.

Artículo 55

1. El Juez dará traslado de la petición de ejecución y de los documentos presentados a la otra parte, quien, en el plazo de cuatro días, podrá alegar la pendencia del recurso de anulación regulado en el Título VII, siempre que se acredite documentalmente con el escrito de oposición, en cuyo caso el Juez dictará sin dilación auto suspendiendo la ejecución hasta que recai-

ga resolución de la Audiencia, o la anulación judicial del laudo, acreditada mediante testimonio de la sentencia a que se refiere el artículo 49.2 de esta Ley, en cuyo caso, el Juez dictará auto denegando la ejecución.

2. Fuera de los casos previstos en el párrafo anterior, el Juez dictará auto despachando la ejecución.

3. Los autos a que se refieren los párrafos anteriores no son susceptibles de recurso alguno.

TITULO IX

De la ejecución en España de los laudos arbitrales extranjeros

Artículo 56

1. Los laudos arbitrales extranjeros serán ejecutados en España de conformidad con los Tratados Internacionales que formen parte del ordenamiento interno y, en su defecto, de acuerdo con las normas de la presente Ley.

2. Se entiende por laudo arbitral extranjero el que no haya sido pronunciado en España.

Artículo 57

La ejecución de los laudos arbitrales extranjeros se solicitará ante la Sala de lo Civil del Tribunal Supremo, por cualquiera de las partes.

Artículo 58

1. La ejecución del laudo se llevará a efecto según las reglas establecidas en el ordenamiento procesal civil para la ejecución de sentencias dictadas por Tribunales extranjeros.

2. Denegada por defectos formales la ejecución del laudo arbitral extranjero, la parte a quien interese aquélla podrá, una vez subsanados dichos defectos, volver a solicitarla.

Artículo 59

La Sala declarará no haber lugar a la ejecución sólo si el laudo es contrario al orden público o si los árbitros han resuelto sobre cuestiones que, conforme a la Ley española, no son susceptibles de arbitraje. A instancia de parte o del Ministerio Fiscal la Sala podrá hacer la misma declaración:

a) Si el convenio arbitral es nulo conforme a la Ley que resulte aplicable.

b) En los casos del número 2 del artículo 45, conforme a la Ley que resulte aplicable.

c) Cuando los árbitros hayan resuelto sobre puntos no sometidos a su decisión.

TITULO X

De las normas de derecho internacional privado

Artículo 60

La capacidad de las partes para otorgar el convenio arbitral será exigida por su respectiva ley personal para disponer en la materia controvertida.

Artículo 61

La validez del convenio arbitral y sus efectos se rigen por la Ley expresamente designada por las partes, siempre que tenga alguna conexión con el negocio jurídico principal o con la controversia; en su defecto, por la ley aplicable a la relación de la que derive la controversia; en defecto de ésta, por la Ley del lugar en el que deba dictarse el laudo y, si éste no estuviese determinado, por la ley del lugar de celebración del convenio arbitral.

Artículo 62

En el arbitraje de Derecho, los árbitros resolverán conforme a la Ley designada expresamente por las partes, siempre que tenga alguna conexión con el negocio jurídico principal o con la controversia; en su defecto, conforme a la ley aplicable a la relación de la que derive la controversia y, en último término, de acuerdo con la más apropiada a las circunstancias de la misma.

Artículo 63

En los demás se estará a lo dispuesto en el Título Preliminar del Código Civil respecto del convenio, procedimiento y laudo.

DISPOSICIONES ADICIONALES

Primera 1. La presente Ley será de aplicación a los arbitrajes a que se refieren la Ley 26/1984, de 19 de julio, general para la defensa de consumidores y usuarios; el artículo 34.2 de la Ley 33/1984, de 2 de agosto, de ordenación del seguro privado; la Ley 16/1987, de 30 de julio, de ordenación de los transportes terrestres, y el artículo 143 de la Ley 22/1987, de 11 de noviembre, de Propiedad Intelectual, en todo lo no previsto en las mismas y en las disposiciones que las desarrollan. No obstante, no será precisa la protocolización notarial del laudo, que se dictará por los órganos arbitrales previstos en dichas normas.

2. Los arbitrajes a que se refiere el párrafo anterior son gratuitos.

Segunda.1. El Gobierno establecerá reglamentariamente la denominación, composición, carácter, forma de designación y ámbito territorial de los órganos arbitrales y demás especialidades del procedimiento y del régimen jurídico del sistema arbitral que prevé, en sus características básicas, el artículo 31 de la Ley 26/1984.

2. Se adiciona un párrafo final en el artículo 10.1 de la Ley 26/1984, de 19 de julio, general para la defensa de los consumidores y usuarios, con la siguiente redacción:

"Los convenios arbitrales establecidos en la contratación a que se refiere este artículo serán eficaces si, además de reunir los requisitos que para su validez exigen las leyes, resultan claros y explícitos. La negativa del consumidor o usuario a someterse a un convenio arbitral distinto del previsto en el artículo 31 de esta Ley no podrá impedir por sí misma la celebración del contrato principal".

Tercera. 1. Se añade un nuevo número al artículo 533 de la Ley de Enjuiciamiento Civil con la siguiente redacción:

"8ª. La sumisión de la cuestión litigiosa a arbitraje".

2. La excepción 10 del artículo 1.464 de la Ley de Enjuiciamiento Civil tendrá la siguiente redacción:

"10. La sumisión de la cuestión litigiosa a arbitraje".

DISPOSICION TRANSITORIA

Salvo en los casos en que el procedimiento arbitral se hubiese iniciado ya, los arbitrajes cuyo convenio arbitral se hubiere celebrado antes de la entrada en vigor de esta Ley se regirán por las disposiciones contenidas en la misma.

DISPOSICION DEROGATORIA

1. Queda derogada la Ley de 22 de diciembre de 1953, por la que se regulan los arbitrajes de derecho privado.

2. Quedan derogados el número 4 del artículo 1.687 y la sección IX del Título XXI del Libro Segundo de la Ley de Enjuiciamiento Civil.

3. El Capítulo II del Título XIII del Libro Cuarto del Código Civil queda sin contenido.

4. Quedan derogadas, además, cuantas disposiciones se opongan a esta Ley.

Por tanto,

Mando a todos los españoles, particulares y autoridades, que guarden y hagan guardar esta Ley.

Palacio de la Zarzuela, Madrid, a 5 de diciembre de 1988.

JUAN CARLOS R.

El Presidente del Gobierno,

FELIPE GONZALEZ MARQUEZ

ANEXO IV

PAISES QUE HAN RATIFICADO-ADHERIDO AL CONVENIO DE NUEVA YORK SOBRE RECONOCIMIENTO Y EJECUCION DE SENTENCIAS ARBITRALES EXTRANJERAS 1958

ALEMANIA (1)	ARGELIA	ANTIGUA y BARBADOS
ARGENTINA	AUSTRALIA	AUSTRIA
BARHEIN	BANGLADESH	BARBADOS
BELARUS	BELGICA	BENIN
BOTSWANA	BULGARIA	BURKINA FASO
CAMBOYA	CAMERUN	CANADA (2)
CHILE	CHINA	COLOMBIA
COREA	COSTA RICA	COSTA DE MARFIL
CUBA	CHIPRE	CHECOSLOVA-QUIA(3)
DINAMARCA	DJIBUTI	DOMINICA
ECUADOR	ESLOVENIA	ESPAÑA
ESTADOS UNIDOS	EGIPTO	FILIPINAS
FINLANDIA	FRANCIA	GHANA
GRECIA	GUATEMALA	GUINEA
HAITI	HONG KONG	HUNGRIA
HOLANDA	INDIA	INDONESIA
IRLANDA	ISRAEL	ITALIA
JAPON	JORDANIA	KENIA
KUWAIT	LITUANIA	LESOTHO
LUXEMBURGO	MADAGASCAR	MALASIA
MEXICO	MONACO	MARRUECOS
NUEVA ZELANDA	NIGER	NIGERIA
NORUEGA	PANAMA	PERU
POLONIA	R. CENTRO-AFICANA	REINO UNIDO
RUMANIA	RUSIA	SAN MARINO
SANTA SEDE	SINGAPUR	SIRIA
SUDAFRICA	SRI LANKA	SUECIA
SUIZA	TAHILANDIA	TANZANIA

TRINIDAD-TOBAGO	TUNEZ	TURQUIA
UGANDA	UCRANIA	URUGUAY
YUGOSLAVIA (4)		

(1) La República Federal Alemana incluye en su territorio a la antigua República Democrática Alemana, desde el 3 de octubre de 1990.

(2) Excepto la provincia de Quebec, desde el 20 de mayo de 1987.

(3) Rep. Checa y Eslovaca, desde 1 de enero de 1993.

(4) Bosnia y Herzegovina, Croacia, Macedonia y Eslovenia desde 1992.

ANEXO V

RATIFICACION Y ADHESION AL CONVENIO SOBRE ARBITRAJE EUROPEO, GINEBRA 1961

ALEMANIA(3)	HUNGRIA
AUSTRIA	BELGICA
BULGARIA	BURKINA FASO
CUBA	DINAMARCA (2)
FRANCIA	ITALIA
POLONIA	RUMANIA
UCRANIA	UNION SOVIETICA
BIELORUSIA	CHECOSLOVAQUIA (1)
ESPAÑA	LUXEMBURGO
TURQUIA	

(1) República Checa y Eslovaca desde 1 enero 1993.

(2) Extensible a las islas Faroe y Groenlandia desde el 12 de noviembre de 1975.

(3) La República Federal Alemana incluye en su territorio, desde el 3 de octubre de 1990, a la antigua República Democrática Alemana.

ANEXO VI

PAISES ADHERIDOS AL CONVENIO DE VIENA DE 11.4.1980 DE NACIONES UNIDAS SOBRE VENTA INTERNACIONAL DE MERCANCIAS

ESTADOS	ENTRADA EN VIGOR	
Alemania	1 Enero	1991
Argentina	1 Enero	1988
Australia	1 Abril	1989
Austria	1 Enero	1989
Bielorusia	1 Noviembre	1990
Bulgaria	1 Agosto	1991
Canadá	1 Mayo	1991
Checoslovaquia	1 Abril	1991
Chile	1 Marzo	1991
Dinamarca	1 Marzo	1991
Egipto	1 Enero	1988
España	1 Agosto	1991
Estados Unidos	1 Enero	1988
Finlandia	1 Enero	1989
Francia	1 Enero	1988
Ghana	Firmado 11-4-1980	
Holanda	1 Enero	1992
Hungría	1 Enero	1988
Irak	1 Abril	1991
Italia	1 Enero	1988
Lesotho	1 Enero	1988
Méjico	1 Enero	1989
Noruega	1 Agosto	1989
Polonia	Firmado 28-9-1981	
Rumanía	1 Junio	1992
Rusia	1 Septiembre	1991
Singapur	Firmado 11-4-1980	
Siria, Rep. Arabe de	1 Enero	1988
Suecia	1 Enero	1989
Suiza	1 Marzo	1991

Ucrania	1 Febrero 1991
Venezuela	Firmado 28-9-1981
Yugoslavia	1 Enero 1988
Zambia	1 Enero 1988

ANEXO VII

RELACION DE CONVENIOS DE DOBLE IMPOSICION SUSCRITOS POR ESPAÑA

AFRICA DEL SUR.

Canje de notas para evitar la doble imposición sobre las rentas procedentes del ejercicio de la navegación marítima o aérea.

Firma: 16 de octubre de 1973.

En vigor: 16 de octubre de 1973.

B.O.E.: 19 de diciembre de 1973.

ALEMANIA

Convenio para evitar la doble imposición y para prevenir la evasión fiscal en material de impuestos sobre la renta y sobre el patrimonio.

Firma: 5 de diciembre de 1966.

En vigor: 14 de marzo de 1968.

B.O.E.: 8 de abril de 1968.

Dos Canjes de notas sobre modo de aplicación del art. 23 anejo al Convenio y considerado parte del mismo.

Firma: 5 de diciembre de 1966.

ARGENTINA

Convenio para evitar la doble imposición internacional en relación con el ejercicio de la navegación marítima y aérea.

Firma: 30 de noviembre de 1978.

En vigor: 11 de febrero de 1983.

B.O.E.: 18 de febrero de 1983 y 24 de noviembre de 1983 (corrección errores).

Convenio para evitar la doble imposición y prevenir la evasión fiscal en materia de impuestos sobre la renta y sobre el patrimonio. Protocolo.

Firma: 21 de julio de 1992.

En vigor: —

B.O.E.: —

AUSTRALIA

Convenio para evitar la doble imposición y prevenir la evasión fiscal en materia de impuestos sobre la renta. Protocolo.

Firma: 24 de marzo de 1992.

En vigor: 10 de diciembre de 1992.
B.O.E.: 29 de diciembre de 1992 y 10 de marzo de 1993

AUSTRIA

Convenio para evitar la doble imposición en materia de impuestos sobre la renta y sobre el patrimonio.
Firma: 20 de diciembre de 1966.
En vigor: 1 de enero de 1968.
B.O.E.: 6 de enero de 1968.

BELGICA

Canje de notas sobre recíproca exención de impuestos a las compañías de navegación aérea.
Firma: 2 y 24 de noviembre de 1966.
En vigor: 24 de noviembre de 1966.
Convenio para evitar la doble imposición y regular determinadas cuestiones en materia de impuestos sobre la renta y sobre el patrimonio.
Firma: 24 de septiembre de 1970.
En vigor: 8 de octubre de 1972.
B.O.E.: 27 de octubre de 1972 y 6 de marzo de 1973.

BRASIL

Convenio para evitar la doble imposición y prevenir la evasión fiscal en materia de impuestos sobre la renta. Protocolo.
Firma: 14 de noviembre de 1974.
En vigor: 3 de diciembre de 1975.
B.O.E.: 31 de diciembre de 1975.

BULGARIA

Convenio para evitar la doble imposición y prevenir la evasión fiscal en materia de impuestos sobre la renta y el patrimonio.
Firma: 6 de marzo de 1990.
En vigor: 14 de junio de 1991.
B.O.E.: 12 de julio de 1991 y 21 de septiembre de 1991.

CANADA

Convenio para evitar la doble imposición y prevenir la evasión fiscal en materia de impuestos sobre la renta y sobre el patrimonio. Protocolo anejo.
Firma: 23 de noviembre de 1976.
En vigor: 26 de diciembre de 1980.
B.O.E.: 6 de febrero de 1981.

COSTA DE MARFIL

Acuerdo aéreo.
Firma: 15 de julio de 1976.
En vigor: 18 de junio de 1979.
B.O.E.: 24 de marzo de 1981.

CHECOSLOVAQUIA

Acuerdo sobre transporte aéreo.
Firma: 4 de septiembre de 1973.

En vigor: 7 de mayo de 1974.
B.O.E.; 18 de octubre de 1974.
Convenio para evitar la doble imposición y prevenir la evasión fiscal en materia de impuestos sobre la renta y sobre el patrimonio.
Firma: 8 de mayo de 1980.
En vigor: 5 de junio de 1981.
B.O.E.: 14 de julio de 1981.

CHILE
Convenio para evitar la doble imposición de impuestos sobre la renta en cuanto se refiere al gravamen del ejercicio de la navegación aérea.
Firma: 28 de diciembre de 1976.
En vigor: 12 de julio de 1978.
B.O.E.: 11 de julio de 1978.

REPUBLICA POPULAR CHINA
Convenio para evitar la doble imposición y prevenir la evasión fiscal en materia de impuestos sobre la renta y el patrimonio.
Firma: 22 de noviembre de 1990.
En vigor: 20 de mayo de 1992.
B.O.E.: 25 de junio de 1992 y 19 de octubre de 1992.
Canje de notas para corregir los errores advertidos en el texto original español del Convenio para evitar la doble imposición.
Firma: 16 de diciembre de 1992 y 12 de mayo de 1993.

DINAMARCA
Convenio para evitar la doble imposición en materia de impuestos sobre la renta y sobre el patrimonio.
Firma: 3 de julio de 1972.
En vigor: 20 de junio de 1973.
B.O.E.: 28 de enero de 1974.
Protocolo anejo explicando algunos artículos y párrafos del Convenio.
Firma: 3 de julio de 1972.
En vigor: 20 de junio de 1973.
B.O.E.: 28 de enero de 1974.

ECUADOR
Convenio para evitar la doble imposición y prevenir la evasión fiscal en materia de impuestos sobre la renta y el patrimonio.
Firma: 20 de mayo de 1991.
En vigor: 19 de abril de 1993.
B.O.E.: 5 de mayo de 1993.

ESTADOS UNIDOS
Anejo sobre exenciones fiscales al Convenio relativo a la mutua defensa.
Firma: 26 de septiembre de 1953.
En vigor: 26 de septiembre de 1953.
B.O.E.: 2 de octubre de 1953.
Canje de notas para evitar la doble imposición en ingresos derivados de las operaciones de buques.

Firma: 16 de abril y 10 de junio de 1980.
En vigor: 10 de junio de 1980.
Convenio para evitar la doble imposición y prevenir la evasión fiscal respecto de los impuestos sobre la renta. Protocolo.
Firma: 22 de febrero de 1990.
En vigor: 21 de noviembre de 1990.
B.O.E.: 22 de diciembre de 1990 y 24 de febrero de 1993.

FILIPINAS
Convenio para evitar la doble imposición y prevenir la evasión fiscal en materia de impuestos sobre la renta. Protocolo.
Firma: 14 de marzo de 1989.
En vigor:
B.O.E.:

FINLANDIA
Convenio para evitar la doble imposición en materia de impuestos sobre la renta y sobre el patrimonio.
Firma: 15 de noviembre de 1967.
En vigor: 30 de octubre de 1968.
B.O.E.: 11 de diciembre de 1968.
Canje de notas por el que se introduce un cuarto párrafo en el artículo 23 del Convenio.
Firma: 18 y 24 de agosto de 1970.
En vigor: 12 de febrero de 1974.
B.O.E.: 2 de febrero de 1974.
Canje de notas enmendando el artículo 19 del Convenio sobre doble imposición.
Firma: 22 de febrero de 1973.
En vigor: 22 de febrero de 1973.
B.O.E.: 24 de abril de 1974.
Canje de notas por el que se modifica el Convenio.
Firma: 27 de abril de 1990.
En vigor: 27 de diciembre de 1991.
B.O.E.: 28 de julio de 1992.

FRANCIA
Convenio para evitar la doble imposición y establecer normas de asistencia administrativa en materia de impuestos sobre la renta e impuestos sobre las herencias. Protocolo adicional y canje de notas.
Firma: 8 de enero de 1963.
En vigor: 29 de diciembre de 1963.
B.O.E.: 7 de enero de 1964.
(Los artículos 8 a 23 de este Convenio han sido derogados por el Convenio de 27 de junio de 1973).
Canje de notas rectificando algunos errores de traducción del Convenio para evitar la doble imposición, de 8 de enero de 1963.
Firma: 10 y 24 de mayo de 1963.
En vigor: 24 de mayo de 1963.

B.O.E.: 30 de enero de 1964.

Convenio para evitar la doble imposición en materia de impuestos sobre la renta y el patrimonio.

Firma: 27 de junio de 1973.

En vigor: 10 de marzo de 1975.

(Este Convenio deroga los artículos del 8 al 23, ambos inclusive, del Convenio de 8 de enero de 1963).

Acuerdo complementario al Convenio para evitar la doble imposición en materia de impuestos sobre la renta y sobre el patrimonio.

Firma: 6 de diciembre de 1977.

En vigor: 4 de abril de 1979.

B.O.E.: 30 de abril de 1979.

(Este Acuerdo modifica el artículo 10, párrafo 2, letra a) y párrafo 3, letra c) del Convenio de 27 de junio de 1973).

HUNGRIA

Convenio para evitar la doble imposición y prevenir la evasión fiscal en materia de impuestos sobre la renta y el patrimonio.

Firma: 9 de julio de 1984.

En vigor: 20 de mayo de 1987.

B.O.E.: 24 de noviembre de 1987.

INDIA

Convenio para evitar la doble imposición y prevenir la evasión fiscal en materia de impuestos sobre la renta y sobre el patrimonio.

Firma: 8 de febrero de 1993.

IRLANDA

Acuerdo para evitar la doble imposición sobre las rentas procedentes del ejercicio de navegación marítima o aérea.

Firma: 25 de febrero de 1975.

En vigor: 14 de febrero de 1977.

B.O.E.: 16 de abril de 1977.

ITALIA

Convenio para evitar la doble imposición en materia de impuestos sobre la renta y para prevenir la evasión fiscal. Protocolo.

Firma: 8 de septiembre de 1977.

En vigor: 14 de noviembre de 1980.

B.O.E.: 22 de diciembre de 1980.

Canje de notas modificando el artículo 8.

Firma: 22 de mayo y 2 de junio de 1978.

JAPON

Convenio para evitar la doble imposición en materia de impuestos sobre la renta. Protocolo anejo y Canje de notas relativo al párrafo 4 del artículo 23 del Convenio.

Firma: 13 de febrero de 1974.

En vigor: 20 de noviembre de 1974.

B.O.E.: 2 de diciembre de 1974.

JORDANIA

Acuerdo sobre transporte aéreo.
Firma: 18 de mayo de 1977.
En vigor: 23 de mayo de 1979.
B.O.E.: 21 de mayo de 1980.

LIBERIA

Convenio para el establecimiento de los servicios aéreos entre y más allá de sus respectivos territorios.
Firma: 20 de agosto de 1977.
En vigor: 20 de septiembre de 1978.
B.O.E.: 3 de septiembre de 1977 y 13 de abril de 1981.

LUXEMBURGO

Convenio para evitar la doble imposición en materia de impuestos sobre la renta y el patrimonio y para prevenir el fraude y la evasión fiscal.
Firma: 3 de junio de 1986.
En vigor: 19 de mayo de 1987.
B.O.E.: 4 de agosto de 1987.

MARRUECOS

Convenio para evitar la doble imposición en materia de impuestos sobre la renta y sobre el patrimonio.
Firma: 10 de julio de 1978.
En vigor: 16 de mayo de 1985.
B.O.E.: 22 de mayo de 1985.

MEJICO

Convenio para evitar la doble imposición en materia de impuestos sobre la renta y el patrimonio y prevenir el fraude y la evasión fiscal. Protocolo.
Firma: 24 de julio de 1992.
En vigor:
B.O.E.:

NORUEGA

Convenio para evitar la doble imposición en materia de impuestos sobre la renta y el patrimonio.
Firma: 25 de abril de 1963.
En vigor: 24 de mayo de 1964.
B.O.E.: 17 de julio de 1964.
Canje de notas corrigiendo diversos errores en el texto del Convenio.
Firma: 19 de agosto y 27 de octubre de 1964.
En vigor: 27 de octubre de 1964.
B.O.E.: 3 de diciembre de 1964.

PAISES BAJOS

Convenio para evitar la doble imposición en materia de impuestos sobre la renta y sobre el patrimonio. Protocolo anejo.
Firma: 16 de junio de 1971.

En vigor: 20 de septiembre de 1972.
B.O.E.: 16 de octubre de 1972.

PARAGUAY
Convenio sobre transporte aéreo.
Firma: 12 de mayo de 1976.
En vigor: 19 de octubre de 1976.
B.O.E.: 4 de noviembre de 1976.

POLONIA
Convenio para evitar la doble imposición con respecto a los impuestos sobre la renta y el capital.
Firma: 15 de noviembre de 1979.
En vigor: 6 de mayo de 1982.
B.O.E.: 15 de junio de 1982.

PORTUGAL
Convenio para evitar la doble imposición en materia de impuestos sobre la renta.
Firma: 29 de mayo de 1968.
En vigor: 26 de marzo de 1970.
B.O.E.: 31 de marzo de 1970.
Convenio para evitar la doble imposición y prevenir la evasión fiscal en materia de impuestos sobre la renta. Protocolo.
Firma: 26 de octubre de 1993.

REINO UNIDO
Convenio para evitar la doble imposición y prevenir la evasión fiscal en materia de impuestos sobre la renta y el patrimonio.
Firma: 21 de octubre de 1975.
En vigor: 25 de noviembre de 1976.
B.O.E.: 18 de noviembre y 15 de diciembre de 1976 (corrección de errores).

REPUBLICA DOMINICANA
Convenio de cooperación económica.
Firma: 2 de junio de 1973.
En vigor: 6 de agosto de 1974.
B.O.E.: 14 de octubre de 1974.
Artº. VIII: "Las dos partes contratantes se concederán... convienen también en adoptar las medidas necesarias para evitar la doble tributación que pudiera gravar a las empresas que se amparen en el presente Convenio. Con tal finalidad, las dos Partes contratantes, se declaran dispuestas a negociar un Acuerdo especial si la experiencia lo aconsejara".

RUMANIA
Convenio para evitar la doble imposición en materia de impuestos sobre la renta y el patrimonio.
Firma: 24 de mayo de 1979.

En vigor: 28 de junio de 1980.
B.O.E.: 2 de octubre de 1980.

SUECIA
Convenio para evitar la doble imposición en materia de impuestos sobre la renta y el capital.
Firma: 16 de junio de 1976.
En vigor: 21 de diciembre de 1976.
B.O.E.: 22 de enero y 15 de febrero de 1977.

SUIZA
Convenio para evitar la doble imposición en materia de impuestos sobre la renta y sobre el patrimonio.
Firma: 26 de abril de 1966.
En vigor: 2 de febrero de 1967.
B.O.E.: 3 de marzo de 1967.

TUNEZ
Convenio sobre transporte aéreo.
Firma: 11 de enero de 1977.
En vigor: 11 de julio de 1972.
B.O.E.: 21 de julio de 1977 y 7 de septiembre de 1991.
Convenio para evitar la doble imposición en materia de impuestos sobre la renta y el patrimonio.
Firma: 2 de julio de 1982.
En vigor: 14 de febrero de 1987.
B.O.E.: 3 de marzo de 1987.

RUSIA
Convenio para evitar la doble imposición sobre la renta y el patrimonio.
Firma: 1 de marzo de 1985.
En vigor: 7 de agosto de 1986.
B.O.E.: 22 de septiembre de 1986.

VENEZUELA
Convenio para evitar la doble imposición en relación con el ejercicio de la navegación marítima y aérea.
Firma: 6 de marzo de 1986.
En vigor: 18 de abril de 1988.
B.O.E.: 1 de febrero de 1989.

ZAIRE
Canje de notas para evitar la doble imposición a las compañías aéreas designadas en el Convenio de transporte aéreo de 14 de junio de 1969.
Firma: 14 de junio de 1969.
En vigor: 15 de noviembre de 1974.
B.O.E.: 10 de febrero de 1975.

ANEXO VIII

LEY 12/1992 DE 27 DE MAYO SOBRE CONTRATO DE AGENCIA

Capítulo Primero

Disposiciones generales

Artículo 1.º Contrato de agencia. Por el contrato de agencia una persona natural o jurídica, denominada agente, se obliga frente a otra de manera continuada o estable a cambio de una remuneración, a promover actos u operaciones de comercio por cuenta ajena, o a promoverlos y concluirlos por cuenta y en nombre ajenos, como intermediario independiente, sin ausmir, salvo pacto en contrario, el riesgo y ventura de tales operaciones.

Art. 2.º Independencia del agente. 1. No se considerarán agentes los representantes y viajantes de comercio dependientes ni, en general, las personas que se encuentren vinculadas por una relación laboral, sea común o especial, con el empresario por cuya cuenta actúan.

2. Se presumirá que existe dependencia cuando quien se dedique a promover actos u operaciones de comercio por cuenta ajena, o a promoverlos y concluirlos por cuenta y en nombre ajenos, no pueda organizar su actividad profesional ni el tiempo dedicado a la misma conforme a su propios criterios.

Art. 3.º Ambito de aplicación de la Ley y carácter imperativo de sus normas. 1. En defecto de ley que les sea expresamente aplicable, las distintas modalidades del contrato de agencia, cualquiera que sea su denominación, se regirán por lo dispuesto en la presente Ley, cuyos preceptos tienen carácter imperativo a no ser que en ellos se disponga expresamente otra cosa.

2. La presente Ley no será de aplicación a los agentes que actúen en mercados secundarios oficiales o reglamentados de valores.

Art. 4.º Prescripción de acciones. Salvo disposición en contrario de la presente Ley, la prescripción de las acciones derivadas del contrato de agencia se regirá por las reglas establecidas en el Código de Comercio.

Capítulo II

Contenido del contrato

Sección primera.-Actuación del agente

Art. 5.º Ejercicio de la agencia. 1. El agente deberá realizar, por sí mismo o por medio de sus dependientes, la promoción y, en su caso, la conclusión de los actos u operaciones de comercio que se le hubieren encomendado.

2. La actuación por medio de subagentes requerira autorización expresa del empresario. Cuando el agente designe la persona del sub-agente responderá de su gestión.

Art. 6.º Conclusión de actos y operaciones de comercio en nombre del empresario.- El agente está facultado para promover los actos u operaciones objeto del contrato de agencia, pero sólo podrá concluirlos en nombre del empresario cuando tenga atribuida esta facultad.

Art. 7.º Actuación por cuenta de varios empresarios.- Salvo pacto en contrario, el agente puede desarrollar su actividad profesional por cuenta de varios empresarios. En todo caso, necesitará el consentimiento del empresario con quien haya celebrado un contrato de agencia para ejercer por su propia cuenta o por cuenta de otro empresario una actividad profesional relacionada con bienes o servicios que sean de igual o análoga naturaleza y concurrentes o competitivos con aquellos cuya contratación se hubiera obligado a promover.

Art. 8.º Reconocimiento y depósito de los bienes vendidos.- El agente está facultado para exigir en el acto de la entrega el reconocimiento de los bienes vendidos, así como para efectuar el depósito judicial de dichos bienes en el caso que el tercero rehusara o demorase sin justa causa su recibo.

Sección segunda.-Obligaciones de las partes

Art. 9.º Obligaciones del agente.- 1. En el ejercicio de su actividad profesional, el agente deberá actuar legalmente y de buena fe, velando por los intereses del empresario o empresarios por cuya cuenta actue.

2. En particular, el agente deberá:

a) Ocuparse con la diligencia de un ordenado comerciante de la promoción y, en su caso, de la conclusión de los actos u operaciones que se le hubieren encomendado.

b) Comunicar al empresario toda la información de que disponga, cuando sea necesaria para la buena gestión de los actos u operaciones cuya promoción y, en su caso, conclusión, se hubiere encomendado, así como, en particular, la relativa a la solvencia de los terceros con los que existan operaciones pendientes de conclusión o ejecución.

c) Desarrollar su actividad con arreglo a las instrucciones razonables recibidas del empresario, siempre que no afecten a su independencia.

d) Recibir en nombre del empresario cualquier clase de reclamaciones de terceros sobre defectos o vicios de calidad o cantidad de los bienes vendidos y de los servicios prestados como consecuencia de las operaciones promovidas, aunque no las hubiera concluido.

e) Llevar una contabilidad independiente de los actos u operaciones relativos a cada empresario por cuya cuenta actúe.

Art. 10.º Obligaciones del empresario.- 1. En sus relaciones con el agente, el empresario deberá actuar legalmente y de buena fe.

2. En particular, el empresario deberá:

a) Poner a disposición del agente, con antelación suficiente y en cantidad apropiada, los muestrarios, catálogos, tarifas y demás documentos necesarios par el ejercicio de su actividad profesional.

b) Procurar al agente todas las informaciones necesarias para la ejecución del contrato de agencia y, en particular, advertirle, desde que tenga noticia de ello, cuando prevea que el volumen de los actos u operaciones va a ser sensiblemente inferior al que el agente hubiera podido esperar.

c) Satisfacer la remuneración pactada.

3. Dentro del plazo de quince días, el empresario deberá comunicar al agente la aceptación o el rechazo de la operación comunicada. Asimismo deberá comunicar al agente, dentro del plazo más breve posible habida cuenta de la naturaleza de la operación, la ejecución parcial o falta de ejecución de ésta.

Sección tercera.-Remuneración del agente

Art. 11.º Sistemas de remuneración.-1. La remuneración del agente consistirá en una cantidad fija, en una comisión o en una combinación de los dos sistemas anteriores. En defecto de pacto, la retribución se fijará de acuerdo con los usos de comercio del lugar donde el agente ejerza su actividad. Si éstos no existieran, percibirá el agente la retribución que fuera razonable teniendo en cuenta las circustancias que hayan concurrido en la operación.

2. Se reputa comisión cualquier elemento de las remuneraciones que sea variable según el volumen o el valor de los actos u operaciones promovidos, y, en su caso, concluidos por el agente.

3. Cuando el agente sea retribuido total o parcialmente mediante comisión, se observará lo establecido en los artículos siguientes de esta sección.

Art. 12.º Comisión por actos u operaciones concluidos durante la vigencia del contrato de agencia.-1. Por los actos y operaciones que se hayan concluido durante la vigencia del contrato de agencia, el agente tendrá derecho a la comisión cuando concurra alguna de las circustancias siguientes:

a) Que el acto u operaciones de comercio se hayan concluido como consecuencia de la intervención profesional del agente.

b) Que el acto u operaciones de comercio se hayan concluido con una persona respecto de la cual el agente hubiera promovido y, en su caso, concluido con anterioridad un acto u operaciones de naturaleza análoga.

2. Cuando el agente tuviera la exclusiva para una zona geográfica o para un grupo determinado de personas, tendrá derecho a la comisión, siempre que el acto u operación de comercio se concluyan durante la vigencia del contrato de agencia con personas pertenecientes a dicha zona o grupo, aunque el acto u operaciones no hayan sido promovidas ni concluidas por un agente.

Art. 13.º Comisión por actos u operaciones concluidos con posterioridad a la extinción del contrato de agencia.-1. Por los actos u operaciones de comercio que se hayan concluido después de la terminación del contrato de agencia, el agente tendrá derecho a la comisión cuando concurra alguna de las circunstancias siguientes:

a) Que el acto y operación se deban principalmente a la actividad desarrollada por el agente durante la vigencia del contrato, siempre que se hubieran concluido dentro de los tres meses siguientes a partir de la extinción de dicho contrato.

b) Que el empresario o el agente hayan recibido el encargo o pedido antes de la extinción de agencia, siempre que el agente hubiera tenido derecho a percibir la comisión de haberse concluido el acto u operaciones de comercio durante la vigencia del contrato.

2. El agente no tendrá derecho a la comisión por los actos y operaciones concluidos durante la vigencia del contrato de agencia, si dicha comisión correspondiera a un agente anterior, salvo que, en atención a las circunstancias concurrentes, fuese equitativo distribuir la misión entre ambos agentes.

Art. 14.º Devengo de la comisión.- La comisión se devengará en el momento en que el empresario hubiera ejecutado o hubiera debido ejercutar el acto u operaciones de comercio, o estos hubieran sido ejecutados total o parcialmente por el tercero.

Art. 15.º Derecho de información del agente.-1. El empresario entregará al agente una relación de las comisiones devengadas por cada acto u operación, el último día del mes siguiente al trimestre natural que se hubieran devengado, en defecto de pacto que establezca un plazo inferior. En la relación se consignarán los elementos esenciales en base a los que haya sido calculado el importe de comisiones.

2. El agente tendrá derecho a exigir la exhibición de la contabilidad del empresario en los particulares necesarios para verificar todo lo relativo a las comisiones que le correspondan y en la forma prevenida en el Código de Comercio. Igualmente, tendrá derecho a que se le proporcionen las informaciones de que disponga el empresario y que sean necesarias para verificar su cuantía.

Art. 16.º Pago de la comisión.- La comisión se pagará no más tarde de último día del mes siguiente al trimestre natural en el que se hubiere devengado, salvo que se hubiera pactado pagarla en un plazo inferior.

Art. 17.º Pérdida del derecho a la comisión.- El agente perderá el derecho a la comisión si el empresario prueba que el acto u operaciones concluidas por intermediación de aquél entre éste y el tercero no han sido ejecutados por circunstancias no imputables al empresario. En tal caso, la comisión que hubiera percibido el agente a cuenta de acto u operación pendiente de ejecución, deberá ser restituida inmediatamente al empresario.

Art. 18.º Reembolso de gasto.- Salvo pacto en contrario, el agente no tendrá derecho al reembolso de los gastos que le hubiera originado el ejercicio de su actividad profesional.

Art. 19.º Garantía de las operaciones a cargo del agente.- El pacto por cuya virtud el agente asuma el riesgo y ventura de uno, de varios o de la totalidad de los actos u operaciones promovidos o concluidos por cuenta de un empresario, será nulo si no consta por escrito y con expresión de la comisión a percibir.

Sección cuarta.-Prohibición de competencia

Art. 20.º Limitaciones contractuales de la competencia.-1. Entre las estipulaciones del contrato de agencia, las partes podrán incluir un restricción o limitación de las actividades profesionales a desarrollar por el agente una vez extinguido dicho contrato.

2. El pacto de limitación de la competencia no podrá tener una duración superior a dos años a contar desde la extinción del contrato de agencia. Si el contrato de agencia se hubiera pactado por un tiempo menor, el

pacto de limitación de la competencia no podrá tener una duración superior a un año.

Art. 21.º Requisitos de validez del pacto de limitaciones de las competencias.- El pacto de limitación de la competencia, que deberá formalizarse por escrito para su validez, sólo podrá extenderse a la zona geográfica o a ésta y al grupo de personas confiados al agente y sólo podrá afectar a la clase de bienes o servicios objeto de los actos u operaciones promovidos por el agente.

Sección quinta.-Formalización del contrato

Art. 22.º Derecho a la formalización por escrito.- Cada una de las partes podrá exigir de la otra, en cualquier momento, la formalización por escrito del contrato de agencia, en el que se harán constar las modificaciones que, en su caso, se hubieran introducido en el mismo.

Capítulo III

Extinción del contrato

Art. 23.º Duración del contrato.- El contrato de agencia podrá pactarse por tiempo determinado o indefinido. Si no hubiera fijado una duración por tiempo determinado o indefinido. Si no se hubiera fijado una duración determinada, se entenderá que el contrato ha sido pactado por tiempo indefinido.

Art. 24.º Extinción del contrato por tiempo determinado.-1. El contrato de agencia convenido por tiempo determinado, se extinguirá por cumplimiento del término pactado.

2. No obstante lo dispuesto en el número anterior, los contratos de agencia por tiempo determinado que continúen siendo ejecutados por ambas partes después de transcurrido el plazo inicialmente previsto, se considerarán transformados en contratos de duración indefinida.

Art. 25.º Extinción del contrato de agencia por tiempo indefinido: el preaviso.-1. El contrato de agencia de duración indefinida, se extinguirá por la denuncia unilateral de cualquiera de la partes mediante preaviso por escrito.

2. El plazo de preaviso será de un mes para cada año de vigencia del contrato, con un máximo de seis meses. Si el contrato de agencia hubiera estado vigente por tiempo inferior a un año, el plazo de preaviso será de un mes.

3. Las partes podrán pactar mayores plazos de preaviso, sin que el plazo para el preaviso del agente pueda ser inferior, en ningún caso al establecido para el preaviso del empresario.

4. Salvo pacto en contrario el final del plazo de preaviso coincidirá con el último día del mes.

5. Para la determinación del plazo de preaviso de los contratos por tiempo determinado que se hubieren transformados por ministerio de la ley en contratos de duración indefinida, se computará la duración que hubiera tenido el contrato por tiempo determinado, añadiendo a la misma el tiempo transcurrido desde que se produjo la transformación en contrato de duración indefinida.

Art. 26.º Excepciones a las reglas anteriores.-1. Cada una de las partes de un contrato de agencia pactado por tiempo determinado o indefinido podrá dar por finalizado el contrato en cualquier momento, sin necesidad de preaviso, en los siguientes casos:

a) Cuando la otra parte hubiere incumplido, total o parcialmente, las obligaciones legal o contractualmente establecidas.

b) Cuando la otra parte hubiere sido declarada en estado de quiebra, o cuando haya sido admitida su solicitud de suspensión de pagos.

2. En tales casos se entenderá que el contrato finaliza a la recepción de la notificación escrita en la que consta la voluntad de darlo por extinguido y la causa de la extinción.

Art. 27.º Extinción por causa de muerte.- El contrato de agencia se extinguirá por muerte o declaración de fallecimiento del agente. No se extinguirá por muerte o declaración de fallecimiento del empresario, aunque puedan denunciarlo sus sucesores en la empresa con el preaviso que proceda.

Art. 28.º Indemnización por clientela.- 1. Cuando se extinga el contrato de agencia, sea por tiempo determinado o indefinido, el agente que hubiese aportado nuevos clientes al empresario o incrementado sensiblemente las operaciones con la clientela preexistente, tendrá derecho a un indemnización si su actividad anterior puede continuar produciendo ventajas sustanciales al empresario y resulta equitativamente procedente por la existencia de pactos de limitación de competencia, por las comisiones que pierda o por las demás circunstancias que concurran.

2. El derecho a la indemnización por clientela existe también en el caso de que el contrato se extinga por muerte o declaración de fallecimiento del agente.

3. La indemnización no podrá exceder, en ningún caso, del importe medio anual de las remuneraciones percibidas por el agente durante los últimos cinco años o durante todo el período de duración del contrato si éste fuese inferior.

Art. 29.º Indemnización de daños y perjuicios.- Sin perjuicio de la indemnización por clientela, el empresario que denuncie unilateralmente el contrato de agencia de duración indefinida, vendrá obligado a indemnizar los daños y perjuicios que, en su caso, la extinción anticipada haya causado al agente, siempre que la misma no permita la amortización de los gastos que el agente, instruido por empresario, haya realizado para la ejecución del contrato.

Art. 30.º Supuestos de inexistencia del derecho a la indemnización.- El agente no tendrá derecho a la indemnización por clientela o de daños y perjuicios:

a) Cuando el empresario hubiese extinguido el contrato por causa de incumplimiento de las obligaciones legal o contractual establecidas a cargo del agente.

b) Cuando el agente hubiese denunciado el contrato, salvo que la denuncia tuviera como causa circunstancias imputables al empresario, o se fundara en la edad, la invalidez o la enfermedad del agente y no pudiera exigírsele razonablemente la continuidad de sus actividades.

c) Cuando, con el consentimiento del empresario, el agente hubiese cedido a un tercero los derechos y las obligaciones de que era titular en virtud del contrato de agencia.

Art. 31.º Prescripción.- La acción para reclamar la indemnización por clientela o la indemnización de daños y perjucios prescribirá al año a contar desde la extinción del contrato.

Disposición Adicional

La competencia para el conocimiento de las acciones derivadas del contrato de agencia correspondiente al juez del domicilio del agente, siendo nulo cualquier pacto en contrario.

Disposición Transitoria

Hasta el día 1 de enero de 1994, los preceptos de la presente ley no serán de aplicación a los contratos de agencia celebrados con anterioridad a la fecha de su entrada en vigor.

Por tanto, mando a todos los epañoles, particulares y autoridades, que guarden y hagan guardar esta ley.

ANEXO IX

TERMINOS JURIDICOS BASICOS ESPAÑOL/INGLES

RELACION JURIDICA: Legal relationship.
PERSONA JURIDICA: Corporation / legal entity corporate body.
CAPACIDAD JURIDICA: Legal capacity.
CAPACIDAD DE OBRAR: Authority to contract.
INCAPACIDAD: Legal or civil incapacity.
INCAPACITACION: Disqualification / disability.
HECHO JURIDICO: Legal fact.
ACTO JURIDICO: Legal proceedings / legal act / deed.
REPRESENTACION: Legal representation.
PODER: Power of attorney.
MANDATO: Mandate.
CADUCIDAD: Caducity / expiry.
PRESCRIPCION: Extinguishment / forfeiture / time-limit / time-bar.
RESCINDIR UN CONTRATO: Cancel a contract.

ANEXO X

CONVENIO SOBRE LA LEY APLICABLE A LA RESPONSABILIDAD POR PRODUCTOS, HECHO EN LA HAYA EL 2 DE OCTUBRE DE 1973*

(B.O.E. núm. 21, de 25 de enero de 1989)

Los Estados signatarios del presente Convenio,

Deseando establecer disposiciones comunes relativas a la legislación acerca de responsabilidad por productos en las relaciones internacionales,

Han decidido redactar un Convenio a estos fines y han acordado las siguientes disposiciones:

Art. 1º. El Presente Convenio determinará la legislación aplicable a la responsabilidad de los fabricantes y otras personas señaladas en el artículo 3º por los daños causados por un producto, comprendidos los derivados de la descripción inexacta del producto o la falta de indicación adecuada de sus cualidades, características o modo de empleo.

Cuando hubiere sido transferida la propiedad o el disfrute de un producto a la persona que sufra el daño por aquella a quien se imputa la responsabilidad, no se aplicará el convenio a las relaciones entre las mismas.

El presente Convenio será de aplicación independientemente de la jurisdicción o de la autoridad que haya de conocer del litigio.

Art. 2º. A efectos del presente Convenio:

a) la palabra «producto» comprenderá los productos naturales y los productos industriales, bien sean en bruto o manufacturados, muebles o inmuebles;

b) la palabra «daño» comprenderá cualquier daño a las personas o bienes, así como la pérdida económica; sin embargo, se excluirán el daño al

---

**Texto auténtico:* frances e inglés. *Estados parte:* España, Francia, Holanda, Luxemburgo, Noruega y Yugoslavia. No obstante, la ley designada por los arts. 4º, 5º y 6º se aplica sea o no la de un Estado contratante. En consecuencia, sustituye, en relación a la materia objeto del Convenio, al art. 10.9 del Código civil.

producto en sí y la consiguiente pérdida económica a menos que vayan unidos a otros daños;

c) la palabra «persona» expresará tanto las personas jurídicas como las personas físicas.

Art. 3º. El presente Convenio será aplicable a la responsabilidad de las siguientes personas:

1. fabricantes de productos acabados o de componentes;
2. productores de productos naturales;
3. proveedores de productos;
4. otras personas, comprendidos los reparadores y almacenistas, la cadena comercial de preparación y de distribución de un producto.

También se aplicará el presente Convenio a la responsabilidad de los agentes o empleados de las personas arriba señaladas.

Art. 4º. La legislación aplicable será el derecho interno del Estado en cuyo territorio se haya producido el daño, en el caso de que dicho Estado sea también:

a) el Estado de residencia habitual de la persona directamente perjudicada, o

b) el Estado en que se encuentre el establecimiento principal de la persona a quien se le imputa la responsabilidad, o

c) el Estado en cuyo territorio el producto ha sido adquirido por la persona directamente perjudicada.

Art. 5º. No obstante las disposiciones del artículo 4º, la legislación aplicable será el derecho interno del Estado de residencia habitual de la persona directamente perjudicada en el caso de que dicho Estado sea también:

a) el Estado en el que se encuentra el establecimiento principal de la persona a quien se le imputa la responsabilidad, o

b) el estado en cuyo territorio, hubiese sido adquirido el producto por la persona directamente perjudicada.

Art. 6º. En el caso de que no fuere aplicable alguna de las legislaciones señaladas en los artículos 4º y 5º, será aplicable el derecho interno del Estado en donde se halle el establecimiento principal de la persona a quien se le imputa la responsabilidad, a menos que el demandante base su reclamación en el derecho interno del Estado en cuyo territorio se hubiere producido el daño.

Art. 7º. No será aplicable la legislación del Estado en cuyo territorio se hubiere producido el daño ni la legislación del Estado de residencia habitual de la persona directamente perjudicada, previstas en los artículos 4º, 5º y 6º, si la persona a quien se le imputa la responsabilidad demuestra que no pudo razonablemente prever que el producto o sus propios productos del mismo tipo habrían de comercializarse en el Estado de que se trate.

Art. 8º. La Ley aplicable determinará en especial lo siguiente:

1. Los requisitos y la extensión de la responsabilidad;

2. Las causas de exención, así como cualquier limitación o partición de responsabilidad;

3. La índole de los daños que puedan dar lugar a la indemnización;

5. La transmisibilidad del derecho a la indemnización;

6. Las personas con derecho a indemnización por el daño que hayan personalmente sufrido;

7. La responsabilidad principal por hechos de sus empleados;

8. La carga de la prueba, en la medida en que las normas de la legislación aplicable al respecto pertenezcan al derecho de responsabilidad;

9. Las normas de prescripción y caducidad, fundamentadas en la expiración de un plazo, comprendido en el inicio, la interrupción y la suspensión de los plazos.

Art. 9º. La aplicación de los artículos 4º, 5º y 6º no obstará para que se tomen en consideración las normas de seguridad vigentes en el Estado en cuyo territorio se hubiere introducido el producto en el mercado.

Art. 10. Sólo podrá dejarse de aplicar alguna de las legislaciones declaradas competentes en el presente Convenio cuando fuere manifiestamente incompatible con el orden público.

Art. 11. La aplicación de los artículos precedentes del presente Convenio se hará con independencia de cualquier condición de reciprocidad. El Convenio se aplicará incluso cuando la legislación aplicable no sea la de un Estado contratante.

Art. 12. Cuando un Estado conste de varias unidades territoriales en que cada una tenga sus propias normas legales acerca de la responsabilidad por productos, cada unidad territorial será considerada como un Estado a los efectos de la determinación de la legislación aplicable según el Convenio.

Art. 13. Un Estado en el que diversas unidades territoriales tengan sus propias normas legales acerca de la responsabilidad por productos no estará tampoco obligado a aplicar el siguiente Convenio cuando un Estado con un sistema unificado de Derecho no estuviere obligado a aplicar la legislación de otro Estado en virtud de los artículos 4º y 5º del presente Convenio.

Art. 14. Cualquier Estado contratante que comprenda dos o más unidades territoriales que posean sus propias normas legales en materia de responsabilidad por productos podrá declarar en el momento de la firma, ratificación, aceptación o adhesión que el presente Convenio se extenderá a todas sus unidades territoriales o solamente a una o varias de ellas, y podrá en todo momento modificar esta declaración mediante una nueva.

Dichas declaraciones se notificarán al Ministerio de Asuntos Exteriores de los Países Bajos y en ellas se indicarán expresamente las unidades territoriales a las que se aplicará el Convenio.

Art. 15. El presente Convenio no deroga los Convenios relativos a materias específicas en que sean o vayan a ser partes los Estados contratantes y que se refieran a la responsabilidad de productos.

Art. 16. Cualquier Estado contratante, en el momento de la firma, ratificación, aceptación, aprobación o adhesión, podrá reservarse el derecho de:

1. no aplicar las disposiciones del artículo 8º, número 9;

2. no aplicar el Convenio a los productos agrícolas brutos.

No se admitirá ninguna otra reserva.

Asímismo, al notificar una ampliación del Convenio de conformidad con el artículo 19, cualquier Estado contratante podrá hacer una o varias de dichas reservas con efecto limitado a todos o algunos de los territorios mencionados en la ampliación.

Cualquier Estado contratante podrá retirar en cualquier momento una reserva que hubiese hecho; la reserva quedará sin efecto el primer día del tercer mes civil posterior a la notificación de la retirada.

Art. 17. El presente Convenio quedará abierto a la firma de los Estados que fueron miembros de la Conferencia de La Haya de Derecho Internacional Privado en su duodécima reunión.

Será ratificada, aceptada o aprobada y los instrumentos de ratificación, aceptación o aprobación serán depositados ante el Ministerio de Asuntos Exteriores de los Países Bajos.

Art. 18. Cualquier Estado que se haya convertido en Miembro de la Conferencia únicamente después de su duodécima reunión, o que pertenezca a la Organización de las Naciones Unidas o a un organismo especializado de la misma, o que sea Parte en el Estatuto del Tribunal Internacional de Justicia, podrá adherirse al presente Convenio después de su entrada en vigor en virtud del artículo 20.

El instrumento de adhesión será depositado ante el Ministerio de Asuntos Exteriores de los Países Bajos.

Art. 19. Cualquier Estado podrá declarar en el momento de la firma, ratificación, aceptación, aprobación o adhesión, que el presente Convenio se extenderá a la totalidad de los territorios cuya representación internacional ostente o a alguno o varios de ellos. Esta declaración surtirá efectos en el momento de la entrada en vigor del Convenio con respecto a dicho Estado.

Posteriormente, cualquier ampliación de esta índole será notificada al Ministerio de Asuntos Exteriores de los Países Bajos.

Art. 16.2: En el momento de la ratificación, España formuló la siguiente reserva: "España declara reservarse el derecho a no aplicar el Convenio a los productos agrícolas brutos".

Art. 20. El presente Convenio entrará en vigor el primer día del tercer mes civil siguiente al depósito del tercer instrumento de ratificación, aceptación o aprobación previsto en el artículo 17 párrafo 2.

Con posterioridad, el Convenio entrará en vigor:

Para cada Estado signatario que lo ratifique, acepte o apruebe, después, el primer día del tercer mes civil después del depósito del instrumento de ratificación, aceptación o aprobación.

Para el Estado que se adhiera, el primer día del tercer mes civil después del depósito de su instrumento de adhesión.

Para los territorios a los que se hubiere extendido el Convenio de conformidad con el artículo 19, el primer día del tercer mes civil después de la notificación contemplada en el presente artículo.

Art. 21. El presente Convenio tendrá una duración de cinco años a partir de la fecha de su entrada en vigor de conformidad con el artículo 20, párrafo primero, incluso para los Estados que lo hayan ratificado, aceptado o aprobado o que se hubieren adherido al mismo posteriormente.

El Convenio se renovará tácitamente de cinco en cinco años, a menos que se denuncie el mismo.

La denuncia será notificada, por lo menos, seis meses antes de la expiración del plazo de cinco años, al Ministerio de Asuntos Exteriores de los Países Bajos. Dicha denuncia podrá limitarse a determinados territorios a los que se aplique el Convenio.

La denuncia no tendrá efecto más que con respecto al Estado que la haya notificado. El Convenio continuará vigente para los demás Estados contratantes.

Art. 22. El Ministerio de Asuntos Exteriores de los Países Bajos notificará a los Estados Miembros de la Conferencia, así como a los Estados que se hubieren adherido de conformidad con lo dispuesto en el artículo 18, lo siguiente:

1. las firmas, ratificaciones, aceptaciones y aprobaciones mencionadas en el artículo 17;

2. la fecha en la que entrará en vigor el Convenio de conformidad con lo dispuesto en el artículo 20;

3. las adhesiones mencionadas en el artículo 18 y la fecha en la que surtirán efecto;

Art. 20: España ratificó el Convenio el 7 de noviembre de 1988. Con posterioridad a esta fecha, en relación a otros Estados, ver en las comunicaciones publicadas trimestralmente en el *BOE* por la Secretaría General Técnica del Ministerio de Asuntos Exteriores en cumplimiento del art. 32 del D 801/1972, de 24 de marzo, relativo a la ordenación de la actividad del Estado en materia de tratados internacionales.

4. las extensiones mencionadas en el artículo 19 y la fecha en la que surtirán efecto;

5. las reservas, la retirada de reservas y las declaraciones mencionadas en los artículos 14, 16 y 19;

6. las denuncias mencionadas en el artículo 21.

En fe de lo cual los infrascritos, debidamente autorizados, firman el presente Convenio.

Hecho en La Haya el 2 de octubre de 1973, en francés e inglés, siendo los dos textos igualmente auténticos, en un solo ejemplar, que se ha depositado en los archivos del Gobierno de los Países Bajos y del que se remitirá copia certificada conforme por vía diplomática a cada uno de los Estados Miembros de la Conferencia de La Haya de Derecho Internacional Privado en su duodécima reunión.

ANEXO XI

CONTRATACION INTERNACIONAL

Resumen bibliográfico

Contrato internacional y derecho imperativo. Ignacio Guardans. Cambó. Ed. Aranzadi. 1992.

El comercio internacional en el nuevo derecho español de la competencia desleal. Virgos Soriano. 1992, Marcial Pons.

Le vente internationale de marchandise. Heuze. V. 1993 Paris. Droit Uniforme. Marcial Pons.

La concurrencia de responsabilidad contractual y extracontractual. Cavanillas Múgica y Tapia Fernández. 1992. Marcial Pons.

Harmonisation of technical standards in the EC. Farr. S. 1992 London. Marcial Pons.

Las agrupaciones de interés económico. Serra Mallol. 1992. Tapia Libreros.

Arbitraje comercial internacional. Banco Exterior de España 1989.

Mediation in the settlement of business disputes. Yanming. H. 1991.

Aspectos jurídicos de los contratos atípicos. Bosch Editorial. 1989-90.

Manual práctico de contratación internacional. Cano Rico. Tecnos Editorial. 1987.

Comentario breve a la Ley de arbitraje. Civitas Editorial 1990. Montero Aroca

Theory and practice of multiparty commercial arbitration. Dore, Isaak. 1990.

Derecho uniforme sobre compraventa internacional. John O. Honndd. Ed. de Derecho Reunidos. 1987.

Revista de la Corte Española de Arbitraje. Ed. Civitas. 1992.

La intervención judicial en el arbitraje. Recursos jurisdiccionales y ejecución judicial de laudos. Julio González Soria. Cámara de Comercio de Madrid. 1988.

The New Spanish Law of Arbitration. Bernardo Cremadres. J. Int. Arb. 1989.

El arbitraje en la contratación internacional. José Luis Roca Aymar. Edita ESIC-ICEX. 1994.

Legislación sobre arbitraje interno e internacional. J. G. Fernández Rozas. Civitas. 1990.